언어 자료 분석을 위한 통계학

김 동 성

L a n g u a g e D a t a

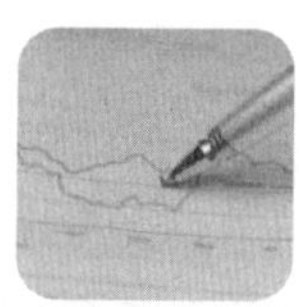
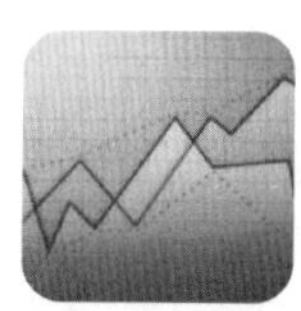

한국외국어대학교 출판부

서 문

I 일상적인 언어 현상을 언어 자료로서 접근하면, 우리의 일상적인 모든 언어 활동이 자료가 된다. 언어학자는 언어학적 연구를 위해서 언어에 대한 자료를 수집하고, 수집한 자료를 토대로 연구의 방향과 목적에 따라서 언어학적 자료를 모으게 된다. 이때 언어학자가 부딪혀야 되는 문제는 통계의 문제이다. 통계는 이러한 배경을 토대로 하는 모든 연구에서 가장 중요한 문제이자, 어려운 문제이다. 언어학자들이 대개 인문학적 배경을 토대로 하고 있기 때문에 통계학을 바탕으로 하는 연구에는 매우 취약하다.

통계학은 복잡한 계산을 다루고 있어서 펜과 종이를 통해서 하기는 어렵다. 따라서 쉽게 통계학에 접근할 수 있는 방식은 통계학 응용프로그램을 잘 다루는 것과 같다. 본 서적에서는 여러 응용프로그램 중 엑셀을 소개하고자 한다. 엑셀은 보편화되고 대중화된 오피스 자동화프로그램이면서, 기초적인 통계를 잘 다룰 수 있는 통계프로그램이기도 하다. 본 서적은 엑셀을 처음 다루는 사람들도 이해하기 쉬운 내용에서부터 통계를 다루는 내용까지 전반적인 부분을 다룬다.

본 서적은 학부 고학년과 대학원생을 대상으로 하는 전공수업의 교재로 집필되었다. 교재는 언어학과, 한국어학과, 영어학과, 중국어학과, 일본어학과 등과 같이 통계적 내용이 언어학/어학과 연관된 수업에서 필요한 부분에 맞추어졌다. 이를 위해서 실제 언어 현상을 통계의 예로 활용하였다. 실제 언어 자료를 토대로 통계적 지식을 설명하였다. 이를 통해서 통계적 지식을 학문적 내용에 직접적으로 활용하는 것을 목표로 하였다.

Ⅱ 2007년과 2009년에 저자는 고려대학교 언어학과에서 학부생을 대상으로 『언어와 통계』라는 수업을 진행하였다. 수업에서는 1985년도에 출판된 Christopher Butler의 『Statistics in Linguistics』라는 서적을 교재로 활용하였다. 통계학이 언어학을 전공하는 일반 학생들에게 어려운 내용이어서 쉬운 전달을 목표로 하였는데, 언제나 어렵다는 말을 들었다. 교재가 너무 어렵다는 말을 많이 들었다. 학생들은 한국어로 쓰인 서적을 원하였는데, 출판된 것이 없다는 것이 일반적인 학생들의 불만이었다. 그래서 Butler의 서적을 번역하려고 하고, 내용을 확인하던 중에 통계에 관련된 내용이 1985년 이래로 많이 발전하였으며, 일부 내용이 최근에 출판된 다른 서적과 약간 다르다는 것을 알게 되었다.

2009년도에는 한국외국어대학교 언어인지학과 대학원 수업에서 『코퍼스-계량언어학』이라는 제목으로 강의를 한 적이 있는데, 역시 서적이 어렵다는 지적을 받았다. 대학원 수업에 들어온 많은 학생들이 통계적 내용을 적용하기 위해서 애를 썼는데, 서적이나 기타 관련된 내용에서 어려움을 겪었다.

이와 같은 연유로 이 서적을 집필하게 되었다. 서적을 쓰면서 내용을 다시 정리하고, 다시 보기를 여러 차례를 하고 한국어로 된 서적을 쓰면서 여러 가지 번역의 문제도 고민하기 시작하였다. 다행히 용어인 경우에는 영어로 된 통계 용어를 통계학회가 번역한 것을 인터넷에서 발견하고 많이 참조하였다. 그 외에 설명을 위한 부분에서 여러 책을 보면서 무엇이 잘못되었는지를 고민하고 기술하려고 애썼다.

통계는 많은 지식이 필요한 학문이다. 통계란 단지 수를 다루는 학문이기보다 분석과 추론이 필요한 학문이다. 따라서 통계의 원리를 파악하는 것이 무엇보다 중요하므로, 기초부터 차근차근 학습해야 한다. 이 서적은 통계의 기초를 닦는다는 측면에서 일반 통계학과의 기초 수업에 활용되는 지식을 많이 다루었다. 그리고 언어자료에 통계를 적용한 예를 다루었다. 기초적인 지식은 학부생을 위한 것이고, 언어학과 연관된 지식은 대학원 학생들의 학문적 요구에 부합하기 위한 것이다.

이 서적 이외에도 언어 통계를 다룬 여러 서적이 있다. 그러한 종류의 대부분의 책들이 독자들이 통계학을 이해한다고 생각하고 기술되어서 어려운 내용부터 시작하기 때문에 통계를 전혀 모른 학생은 다른 서적을 통해서 기초적 통계 내용을 학습해야만 했다. 이 서적은 그러한 측면을 지양하고, 통계의 깊은 지식을 다루기 위해서 기초부터 접근하려고 했다. 어려운 언어 자료 통계에 대한 지식을 획득하기 위해서는 기초 지식이 필수적이다. 물론 통계학을 많이 이해하는 사람의 입장에서는 너무 쉬운 책이 될 수도 있다. 그러나 기초부터라는 정신은 매우 중요하다. 간단한 기초 지식을 활용해도 많은 언어 자료 분석을 위한 통계적 지식을 획득할 수 있으며, 더 나은 분석을 위해서도 기초에 대한 접근은 꼭 필요하다.

III 통계는 아무나 적용할 수 있는 보편화된 학문으로 누구나 원리를 파악하면 쉽게 적용할 수 있다. 그러나 누구나 통계의 깊은 지식을 전부 이해하지는 못한다. 물 위의 배는 아무나 만들 수도 있다. 널빤지와 톱, 못, 그런 것들이 있으면 가능하다. 그러나 아무나 어떤 배를 다 만들지 못한다. 거북선은 단지 나무만을 잇대어 만드는 것이 아니라, 정확히 설계 도면을 이해하는 장인만이 만들어낼 것이다. 학문의 깊은 맛을 아는 사람만이 세상의 진리에 접근할 수 있다.

이 저서는 통계의 깊은 맛을 음미하는데 도움이 되었으면 한다. 통계를 자기가 원하는 방향으로만 적용하는 것이 자신의 이론적 전개를 위해서는 필요할지는 모르나, 현명한 연구가는 더 깊은 맛을 음미하고 이를 토대로 진리를 파악할 것이다. 저자는 통계를 잘 이해하는 연구가는 자료를 잘 이해하고, 왜 어떠한 통계가 적용되는지를 고민하며, 통계 결과가 어떻게 활용될지를 아는 사람이라고 생각한다. 그리고 이 서적이 이러한 전문가를 길러내는 일에 일조하였으면 한다.

통계는 어려운 학문이다. 언제나 그러하듯이 어려운 것에 도전하는 용기가 필요하며, 깊이 있는 지식을 얻기 위한 오랜 끈기가 필요하다. 또, 지식만이 아닌 원리와 진리에 다가가기 위한 노력이 절실하다.

서적을 집필할 동기를 부여해준 수업을 개설하신 고대와 외대의 여러 선생님들, 그리고 수업에 참여한 학생들에게도 감사를 표한다. 물론 가족들에게도 감사의 말을 전한다. 책을 쓰면서 아내는 격려를 아끼지 않았다. 바쁜 집필과정을 묵묵히 참아준 아들 녀석에게도 고맙다는 말을 하고 싶다. 한정된 독자만을 가질 수도 있는 책의 출판을 허락해준 한국외국어대학교 출판부의 관계자들 모두에게 감사한다.

저자는 필요한 연구가에 도움이 되고 싶은 마음에서 "행동하는 양심"이라는 정신으로 이 책을 저작하였다. 물론 여러 가지 통계적 내용을 완전히 아주 정확하게 이해하고 저술해야 하지만, 일단 행동한다는 심정으로 필요한 연구가에 도움이 되는 저작을 서둘렀다. 따라서 책의 모든 잘못과 오류는 저자의 몫임을 밝혀둔다. 침묵하는 양심은 방조가 아니라 참여가 된다는 것도 저자의 생각이다.

2010년 2월

김 동 성

Contents

1. 서론

1.1. 대상과 목적

실제적으로 언어는 일종의 자료의 더미이다. 우리가 매일 일상적으로 사용하고 활용하는 것이 언어이므로, 이 언어를 연구 대상으로 삼기 위해서는 자료를 모으고 축적해야 한다. 이런 과정에서 쌓인 자료를 대상으로 하는 것이 언어학이다. 따라서 언어 자료를 분석하는데 있어서 통계학은 매우 중요한 연구의 틀이다.

언어학 연구에 있어서 통계학의 도입은 오랜 전통을 가지고 있다. 언어의 생성력에 많은 관심이 있는 생성문법의 이전의 시대는 언어 자료를 모으고 수집해서 분석하는 구조주의 시대이었다(강범모 2003). 이 시대에 자료를 분석하기 위한 틀로 통계학이 활용되었다. 현재는 언어 자료인 코퍼스(corpus)를 활용하는 언어학의 분야인 코퍼스 언어학이 다시 부각되고 있는데, 이 분야에서 통계학을 활용하는 것은 매우 자연스러운 일이다.

통계학을 언어학에 도입하는 것이 과연 타당한 일인지 아닌지에 대한 논의가 우선적으로 필요하다. 촘스키(Chomsky)는 인간의 언어를 설명하는데 있어서 언어 자료인 코퍼스를 사용하는 것이 타당하지 않다고 여러 가지 근거에 의거해서 주장한다(강범모 2003). 각각을 나열하면 다음과 같다.

첫째, 언어학의 본질은 인간의 언어능력(competence)과 언어수행력(performance)을 구분하고, 언어능력을 규명하는데 있다. 그런데, 코퍼스는 언어수행력의 결과이므로, 언어능력을 충분히 규명하지 못한다.

둘째, 언어 자료는 무한한데, 유한한 개수의 단어로만 구성된 코퍼스가 언어를 제대로 반영할 수 없다.

셋째, 코퍼스는 왜곡될 수 있다. 코퍼스는 언어 자료로서 통계는 자료를 분석할 때 중요한 척도가 된다. 예를 들면, New York에 거주하는 사람의 수가 Dayton Ohio에 사는 사람보다 더 많으므로, 이론적으로 New York을 발화할 가능성이 Dayton Ohio를 발화할 가능성 보다 더 많을 것이다. 이러한 특성이 반영된 코퍼스에 어떠한 언어학적 의미를 부여할 수 있을까?

넷째, 언어에 대한 올바른 자료는 언어 직관만을 사용하면 충분하고 개인별로 언어에 대한 직관을 모두 갖고 있다. 따라서 굳이 코퍼스를 참조해서 연구할 필요성은 없다.

이러한 촘스키의 주장은 여러 측면에서 문제점을 내포한다. 문제의 핵심은 코퍼스를 배제하고 언어 직관만을 동원한 연구만이 인간의 언어를 설명할 수 있는지 없는지를 먼저 평가해야 한다. 그런데 이 핵심에 접근하기 위한 방편으로 언어 자료를 활용해야 하는데, 이 자료는 결국 코퍼스가 된다. 따라서 코퍼스를 연구하는 것이 언어 직관에 접근하기 위한 수단이 된다. 한 번도 접해보지 못한 모르는 언어의 언어 직관이나 어린 아이의 언어 직관과 같이 관찰이 필요한 경우에 우리는 코퍼스를 사용해야만 인간의 언어 직관에 도달할 수 있다.

다음으로 개인차에 대한 문제이다. 개인의 직관은 전체 언어 사용에서 일부분만을 차지하므로, 전체 언어 사용을 개인이 다 대변할 수 없다. 우리가 다른 사람의 글을 읽으면서 문법에 있어서 약간씩 개인차를 발견한다. 다시 말하면, 우리는 약간씩 서로 다른 문법에 대한 직관을 갖고 있다. 개인별로 직관차가 있을 수 있기 때문에 자신의 직관만이 올바르다고 주장하는 것은 옳지 않다. 따라서 오로지 개인의 직관만 동원한 경우의 연구가 완전히 올바르다고 말할 수 없다. 자료에 근거해서 연구해야 하며, 개인별 직관의 차이도 연구의 대상으로 삼아야 한다.

마지막으로 통계에 대한 문제이다. 영어 사전이나 백과사전과 같이 사전을 구성하는 경우에, 표제어나 목록을 결정해야 한다. 이 경우에 세상에 존재하는 모든 것을 다 설명할 수는 없기 때문에, 자주 사용되는 것들 또는 중요한 것들을 결정해야 한다. 이러한 경우에 New York과 Dayton, Ohio 중 어느 하나를 결정해야 하는 경우에 무엇을 선택해야 하는가? 발화가 더 많이 되는 New York으로 결정하는 것이 더 바람직 할 것이다. 통계는 무한한 수의 집합을 대상으로 할 수도 있지만, 현실적으로 무한한 수의 통계를 측정하는 것은 불가능하다. 따라서 전체를 대변할 수 있는 일부를 추출해서 측정해야 가능하다.

그러나 언어 직관만을 강조하는 생성문법과 언어 자료에 근거한 코퍼스 언어학은 상호대립하는 것이 아니고 상호보완적이다. 생성문법의 입장에서 직관만을 옹호한 촘스키의 주장에는 많은 문제점이 있다. 반대로 코퍼스 언어학만을 옹호하는 입장의 연구에도 많은 문제점이 있을 수 있다. 따라서 서로 상호보완적인 자세만이 연구를 언어학에 대한 올바른 연구를 더 튼실하게 진행할 수 있다.

1.2. 책의 구성

언어 자료는 불규칙적이고 복잡하다.[1] 이에 대한 접근을 위해서는 일반적이고 보편적인 통계가 어떻게 구성되었는지를 잘 이해해야 한다. 이를 위해서 이 책은 언어 자료 분석을 위한 통계학 중 기본적인 통계를 다루었다. 규칙적인 분포를 설명하는 기본 통계학을 다루는데, 빈도, 평균, 확률, 정규분포, 추정, 검정, 모수/비모수 통계, 카이제곱 검정, F-분포, 상관성, 회귀분석을 차례로 소개한다.

이 책에서는 기본적인 통계학의 부분을 설명하고 해당 부분을 활용해서 언어 자료를 분석한 여러 학자들의 연구 내용도 소개하였다. 그러나 통계학을 활용된 연구의 양이 적어서 많은 내용이 소개되지 못하였다. 특히 한국어에 대한 연구는 다른 언어에 대한 연구에 비해서 상대적으로 적어서 많은 내용이 수록되지 못하였다. 일부분은 언어 자료에 통계학을 적용한 연구를 발견하지 못해서 언어 자료 분석이 아닌 언어 실험과 연관된 부분만을 포함하였다.

각 장마다 연습문제를 수록하였다. 어떤 문제는 간단한 연산이 필요한 것도 있고, 어떤 문제는 학문적 고민이 필요한 것도 있다. 간단한 연산이 필요한 경우에는 연습문제 풀이 부분에서 설명하고, 학문적 고민이 필요한 경우는 설명하지 않았다. 이 부분은 더 나은 답을 찾기 위해서 고민해야 하는 부분이므로 독자들의 사고의 몫이며 향후 심도있는 연구로 돌린다.

통계는 수학적인 모델이지만, 종이와 연필만으로 계산하기에 매우 복잡하다. 따라서 많은 통계학자들은 통계 패키지 활용을 권장하고 있다. 흔히 통계학은 손으로 계산하는 분야가 아니고 통계 패키지의 결과를 확인하고 분석해서 결정을 내리는 학문 분야이라고 하는데, 그만큼 통계학에서 통계 패키지의 사용은 매우 중요하다. 여러 분야에서 각기 다른 유형의 통계 패키지가 사용되는데, 경영학과 연관된 SAS, 사회과학적 연구를 위한 SPSS, 과학적 또는 공학적 용도로 활용되는 MATHLAB, 여러 다목적 용도로 활용되면서 무제한 라이센스가 제공되는 R등이 그 중 많이 알려져 있다. 이 중 사회과학적 용도로 사용되는 SPSS가 사용성이 간편해서 가장 널리

---

1) 언어 자료는 이상적인 통계모형이 아니다. 많은 자료들이 규칙적으로 분포하는 것이 아니고 불규칙적이고 복잡하게 분포한다. 그러므로 언어 자료의 분석을 위해서는 좀 더 고차원적인 통계가 필요하다. 대표적인 것이 Shannon (1951)의 정보 이론(information theory)이나 로그 함수를 활용한 로그 통계 모형이다.

사용된다. Microsoft에서도 오피스 자동화 프로그램의 일종인 엑셀에서 가장 기본적인 통계 기능을 제공한다. 엑셀의 경우에 프로그램 자체가 널리 이용되고 사용성이 우수하며 간단한 통계인 경우에는 엑셀이 편리하게 활용된다. 특히 엑셀의 통계 기능은 사용성이 매우 간단해서 누구나 편리하게 이용할 수 있다. 이 책에서는 엑셀을 활용하는 방식을 설명한다. 각 장마다 해당 통계적 방식을 엑셀에서 어떻게 적용하는지를 설명한다.

기본적으로 통계 패키지의 가격이 너무 비싸서 일반인 사용하기가 어렵다. 따라서 통계 패키지 중 무료인 R을 사용하는 연구자들이 많이 늘어나고 있다. R은 기본적으로 많은 사람들이 기부나 무료 협업을 통해서 만든 무료 패키지이다. 또한 프로그램의 소스를 공개하는 오픈소스(open source) 정책을 쓰고 있다. 많은 연구자들이 R을 많이 사용하고 있는데, 문제는 다른 상업용 패키지보다 덜 자연스러운 인터페이스이다. 그러므로 R은 컴퓨터 프로그램을 작성하는 것처럼, 통계 결과를 위해서 일일이 한 줄 한 줄 작성해야 하는 고통이 뒤따른다. 그러나 R의 분석력은 여느 상업용 통계 패키지와 동일하기 때문에 통계적 연구를 위해서는 유용하다.[2] 또한 리눅스, 윈도우, 맥킨토시 등 여러 OS에 맞는 버전도 있어서 모든 사용자가 손쉽게 사용할 수 있다. 저자도 관심을 갖고 있어서 향후에 독자들에게 R과 관련된 정보를 제공하기를 희망하고 있다.

1.3. 보충문헌

통계학과 연관된 서적은 매우 방대해서 보충문헌으로 어느 것이 제일 좋다고 말하는 것은 바람직하지 않다. 그렇지만 저자가 이 책을 저술하면서 여러 책을 참고하였는데, 이 중 많은 도움이 된 책을 나열하면 다음과 같다.

기본적인 통계에 대한 소개는 Ross의 『Introductory Statistics』를 참조하였다. 또한 책을 저술하면서 Anderson et al.의 『Essentials of Modern Business Statistics with Microsoft Excel』을 많이 참조하였다. 이 책은 경영학 통계를 위한 서적인데, 엑셀과 관련된 내용도 많이 포함하고 있어서 참고하기에 좋은 서적이다. 그 외에 Pagano의 『Understanding Statistics in the Behavioral Sciences』는 실험과 관련된

2) R과 관련되어서는 http://www.r-project.org/index.html를 참조하기 바람.

통계를 참고하기에 좋은 서적이다. 만약 통계에 대한 기초가 전혀 없는 초심자라면 타카하시의 『만화로 쉽게 배우는 통계학』을 권고한다. 만화로 쓰인 서적이라고 매우 쉽다고 생각하면 오산이다. 어려운 통계학을 매우 쉽게 잘 설명하였다.

언어학과 연관된 통계학 서적은 Butler의 『Statistics in Linguistics』을 권고한다. 이 서적은 통계학을 언어학에 어떻게 적용하는가에 대한 내용으로 좋은 기본서이다. Johnson의 『Quantitative Methods in Linguistics』도 언어학 전반에 걸쳐서 통계학을 적용한 서적이다. 이 서적은 고급 통계를 많이 사용하고 있어서 더 향상된 고급 통계를 이해하고 활용하고자 하는 사람에게 적합하다. 코퍼스 언어학에 통계를 적용한 서적으로는 Oakes의 『Statistics for Corpus Linguistics』이 있다. 이 서적도 Johnson의 서적과 같이 고급 통계를 다루고 있다. 뮐레도 통계적 지식을 언어학에 적용한 『통계언어학』을 저술하였다.

언어에 통계적 지식을 적용하는 방식을 간단하고 빠르고 참고하기 위해서 추천하는 서적은 Manning and Schütze의 『Foundations of Statistical Natural Language Processing』이다. 이 서적은 자연언어 처리 분야에 통계적 방식을 활용하는 방식을 설명하기 위해서 저술된 것으로 처음 몇 장에서 코퍼스 언어학과 통계학을 잘 설명하고 있다. 특히 언어 자료와 연관된 부분을 이해하기 위해서는 이 책을 보는 것을 권장한다.

이전 절에서 설명한 바와 같이 통계 패키지 R은 매우 유용하다. R을 활용해서 언어와 통계를 잘 설명한 책은 Baayen의 『Analyzing Linguistic Data: A Practical Introduction to Statistics Using R』, Gries의 『Quantitative Corpus Linguistics with R: A Practical Introduction』이 있다. SPSS와 연관되어서 통계학을 다룬 서적은 김홍규의 『사회통계분석 SPSS/PC+』가 있으며, 엑셀을 활용한 통계학 설명은 박상규의 『엑셀을 활용한 통계의 이해』가 있다.

언어 자료와 연관되어서 통계를 다룬 서적은 Baayen이 저술한 『Word Frequency Distribution』이 있다. 또한 언어 실험과 연관되어서 참고가 될 만한 서적은 Woods et al.의 『Statistics in Language Studies』와 Rietveld and van Hout의 『Statistical Techniques for the Study of Language and Language Behavior』가 있다. 모두 고급 통계 지식을 다루고 있어서 통계에 대한 해박한 지식이 필요하다.

저작을 위해서 본 서적에서는 소프트웨어로 엑셀과 파워포인트를 활용하였다. 저작권 보호를 위해서 사용에 대한 다음 문구를 남긴다.

본 서적에 사용된 "스크린 샷은 Microsoft Corporation으로부터 허가를 받아 사용하였습니다."3)

3) 관련 사이트를 참조하였다(http://www.microsoft.com/korea/about/legal/permissions/default.mspx).

2. 통계와 엑셀의 기초

2.1. 통계의 개념

통계는 우리의 일상생활에서 늘 부딪히는 것이다. 우리는 아침에 일어나서 TV를 켜고 통계에 대한 내용을 근거로 하는 보도를 시청한다. 그리고 자기 전 마감 뉴스까지도 통계에 근거한 내용의 보도를 시청한다. 예를 들어서 우리는 뉴스를 보도하는 기자가 경제에 대해서 이런 내용을 말하는 것을 들을 수 있다. “매년 GNP가 상승하고 있는데, 통계적 결과에 의하면 앞으로의 경제는 이렇게 바뀔 것이다.” 이러한 내용에서 통계는 과거의 사실에 기초해서 현재의 사실을 분석하고 미래의 사실까지 예측한다.

통계의 역사는 인류 문명의 시작인 고대 이집트로 거슬러 올라간다. 고대 이집트 문명은 비옥한 나일강의 삼각주에 근거한다. 나일강은 홍수시에 항상 범람하는데, 농사를 짓는 이들에게 홍수가 끝나고 나면 토지에 대한 모든 것이 문제가 된다. 홍수 후에 나일강 삼각주는 밀려오는 흙더미로 인하여 홍수 전의 토지 구획을 알아볼 수가 없다. 따라서 홍수 전에 설정한 소유지에 대한 구획은 더 이상 의미가 없다. 그러나 어떻게 해서든지 홍수 전의 내용과 유사하게라도 소유지 구획을 설정할 필요성이 있다. 그래서 생각한 것이 통계이다. 어느 구획에서 어느 정도의 땅에서 과거에 어느 정도의 곡식이 산출되었는지를 결정한다. 이 경우에 측량과 통계는 필수적이다. 측량은 땅을 측정하고 통계는 과거의 산출량을 토대로 앞으로의 수확량을 추정하는 작업을 한다.

현대 시대에 통계는 피할 수 없는 일상의 일부분이다. 현재 경제 상황을 기술하는 것은 전체 인구 중 어느 정도의 퍼센트가 생산력을 갖는지와 연관성이 있다. 또한 현재 자동차의 석유 소비량을 측정하기 위해서는 전체 자동차의 연료 소비량의 평균을 구할 필요성이 있다. 또한 새로운 약의 효용성을 측정하기 위해서는 어느 정도 완치율이 있는지를 관찰할 필요성이 있다. 이와 같이 현재의 상황을 기술하고 보여주는 면에서 통계가 활용된다.

통계적 사실은 불확실한 미래를 예측하는 데도 활용된다. 통계학에는 아주 단순하면서도 설명력이 풍부한 베이즈 확률(Bayesean probability)이 있다. 베이즈 확률의 탄생은 사회의 필요성에 기인하였다. 베이즈 확률은 통계에 바탕을 두고 과거의 확률을 통해서 현재를 관찰하고 미래의 확률을 추정한다. 서양의 17~18세기 중상주의 시대에서 상업은 매우 중요한 경제의 기반이었다. 특히 배를 통한 무역이 주가 되는 시대에서 배의 무사 귀항은 매우 중요한 문제이었다. 따라서 배가 무사히 귀항할지를 예측하는 것이 필요했다. 이러한 예측은 어떠한 과거의 조건에서, 특히 날씨와 같은 기후 같은 조건들에서 무사히 귀항하는지에 대한 관측을 해보고, 이를 토대로 현재의 상태를 관찰해서 이루어졌다. 바꾸어 말하면 과거의 정보에 바탕을 두고 현재를 관찰해서 미래의 불확실성을 예측하려고 하였다. 5장에서 베이즈 확률에 대해 자세히 논의할 것이다.

통계는 자료를 수집하고 자료의 구성 내용을 살펴보는 작업을 한다. 자료를 수집하는 작업은 통계에서 매우 중요한 부분으로 어떠한 것이 통계적 원인이 되어서 어떠한 통계적 결과가 도출되는가를 고찰하게 된다. 통계는 단순히 원인과 결과를 기술하기도 하지만, 원인과 결과의 쌍이 정확한지도 검증한다. 여기서 사실만을 기술하고, 그 기술된 통계적 내용에 대한 것을 기술통계(descriptive statistics)라고 하고, 기술된 내용을 토대로 어떠한 가설이나 주장을 검증하는 것을 추론통계(inferential statistics)라고 한다.

제약회사의 신약 실험과 연관된 통계의 예를 살펴보자. 제약회사의 신약 실험에서 중요한 것은 신약을 어떠한 성격을 지닌 피험자에게 어떠한 방식으로 제공되었으며, 신약의 효과가 어떻게 나타나는가이다. 과학적 방식으로 실험을 계획하고 실행하며 결과를 측정하기 위해서 피험자 집단을 크게 신약이 투여되는 집단과 투여되지 않는 집단으로 구분하고 실험하기도 한다. 두 집단 모두가 신약을 투여하는 것으로 설명되지만, 실상은 한 집단은 투여를 하지 않고 투여한 집단과의 차이를 관찰하게 된다. 물론 기술적으로 약을 투여하지 않기 위해서 신약이 투여되지 않는 집단에게는 위약(placebo)과 같은 약을 투여하기도 한다. 이렇게 위약을 투여한 집단은 통제된 집단으로 통제집단(control group)이라고도 한다. 이 경우에 통계 자료는 통제집단과 비통제집단과의 차이점을 수집하고 이를 비교한다. 신약의 경우에 단순히 실험 결과에 대한 통계를 나타내는 기술통계를 활용하기도 하지만, 신약이 효능이 있는지 없는지에 대한 가설이나 주장을 검증하는 추론통계도 활용한다.

통계는 관찰되는 사실을 수량적으로 기술하기도 하지만, 사실이 발생하는 사건을 토대로 확률(probability)을 예측할 수 있다. 확률은 통계에서 사실들에 대한 사건(event)들을 설명하기 위한 모델로서 사건 발생을 기술하기도 하지만, 통계적 추정이나 예측에 기여하기도 한다. 따라서 현재 발생되고 앞으로 발생할 통계량도 일정한 확률 모델 안에서 설명되기도 한다. 예를 들어서 검은 공과 흰 공이 각각 4개와 3개 섞여 있는 주머니 안에서 한 번에 공을 하나씩 꺼내는 무작위 사건이 발생할 경우를 고려해보자. 이 경우에 흰 공이 선택되는 사건을 확률로 표현하기도 하지만, 흰 공이 현재 선택되는 사건과 앞으로 흰 공이 또 선택되는 사건도 확률 모델 안에서 표현된다. 이와 같이 확률은 통계량을 추정하거나 기술하는 모델로도 활용된다. 5장에서 확률과 관련된 부분을 자세히 설명할 것이다.

2.2. 모집단과 표본

모집단(population)은 통계학에서 연구의 관심이 되는 집단의 모든 원소들을 말한다. 만약 3학년 1반의 성적을 산출하는 통계가 필요하면, 3학년 1반 전체 구성원들이 모집단이 되고, 또는 대한민국 국민이나 전 세계인들의 나이를 대상으로 통계를 구성하면 대한민국 전체 구성원이나 전 세계인들이 모집단이 된다. 모집단은 집단의 전체 원소를 말하므로 목적에 따라서 다르게 구성된다.

만약 모집단의 수가 너무 많으면 측정하는 것이 어렵고 힘들게 된다. 이 경우에 전체 모집단 중 일부 집단만을 대상으로 하는 표본(sample)만으로 측정하고 처리하면 더 쉬워진다. 예를 들어서 전체 한국인들의 키의 평균에 대한 통계를 조사하기 위해서 전체 한국인들을 대상으로 하면 조사의 기간이나 노력이 너무 많이 든다. 또 인구는 계속 변동하기 때문에 전체 한국인을 대상으로 한 치의 오차가 없이 통계를 적용하는 것은 사실상 어렵다. 이 경우에 일정한 숫자의 남녀를 표본으로 삼아서 통계를 측정하면 더 쉽고 가능한 통계적 방법이 된다.

이와 같이 전체 집단이 너무 클 경우에 일정량의 표본을 모집단에서 추출해서 통계를 적용하면 더 쉽다. 그러나 추출된 표본이 전체 모집단을 대변하는지는 통계에서 고민할 대상이 된다. 다시 말하면 추출된 표본이 대표성(representative)을 띠는가가 문제이다. 대표성은 표본추출(sampling)시에 어떠한 방식으로 추출하는가와 연관이 있다. 전체 한국인을 모집단으로 하면서 표본을 일부 성인 남녀로만 한정하면, 추출된 표본이 과연 전체 모집단을 대표할 수 있는가가 문제가 된다. 따라서 한국인을 대표하는 집단을 구성하고 그 집단을 대상으로 통계량을 측정해야 대표성의 문제를 해결할 수 있다. 모집단의 특성을 잘 나타내는 표본이 가장 좋은 표본이 된다.

언어 자료의 통계량을 측정하기 위해서 코퍼스를 활용하는데, 코퍼스의 수집은 표본의 대표성의 문제를 잘 보여준다. 코퍼스는 우리의 언어 사용(language use)을 대변하는 텍스트이다. 코퍼스를 구축할 때 어떠한 텍스트를 수집해야 하는가는 표본 추출의 문제와 같다. 우리는 매일 매일 언어를 항상 사용하기 때문에 셀 수 없는 수의 언어 사용이 수집되어서, 전체 언어 사용이라는 모집단을 구성하는 것은 불가능하다. 한 사람이 24시간 중 20시간, 1초에 1단어만 발화한다면 72,000여 개의 단어가 매일 생산이 된다. 그런데, 100여 명의 사람의 발화를 수집한다면 7,200,000개라는 엄청난 양이 될 것이다. 수를 늘려간다면 셀 수 없는 숫자의 단어가 생산될 것이다. 따라서 모집단 전체를 수집하기란 어렵고, 일부 발화만을 표본으로 추출한다. 그런데, 이 경우에 어떠한 언어 사용을 수집하는가가 문제가 된다. 만약 소설에 사용된 언어 사용에 대한 통계를 위해서 한 명의 소설가의 소설 중 하나의 소설만을 대상으로 한다면 이것은 올바른 추출이 되지 못할 것이다. 전반적인 소설의 모습을 알아보기 위해서는 여러 개의 다양한 소설가의 소설들을 수집해야 할 것이다. 이와 같이 코퍼스는 균형 잡힌(balanced) 텍스트이어야 한다.

표본을 추출하는 방식에는 여러 가지가 있으나, 크게 단순 무작위 추출법(simple random sampling), 층화 추출법(stratified sampling), 군집 추출법(cluster sampling), 다단계 추출법(multi-stage sampling), 계통 추출법(systematic sampling) 등이 있다. 각각을 살펴보면 다음과 같다.

단순 무작위 추출법은 모집단에 포함되어 있는 모든 구성원이 추출될 확률을 같게 하여 추출하는 방법으로서 단순하게 무작위로 추출한다. 여기서 무작위 방식은 확률을 조절하기 위한 방식으로 특정한 방식이 없이 마음대로 일관되지 않게 처리한다는 의미이다. 층화 추출법은 표본을 추출하기 전에 모집단의 성격에 따라 여러 개의 층으로 분류한 다음 각 층에서 단순무작위추출법에 의해 표본을 추출하는 방법이다. 이 방식은 다양하게 응용할 수 있는데, 일차적으로 단순하게 무작위로 추출하고 이차적으로 다시 무작위로 추출하는 층화 무작위 추출법(stratified random sampling)로도 응용될 수 있다. 또는 일차적으로 단순하게 비율적으로 추출하고, 이차적으로 다시 무작위로 추출하는 비율 층화 무작위 추출법(proportional stratified random sampling)으로도 응용될 수 있다. 군집 추출법은 모집단이 자연적으로나 혹은 인위적으로 집단을 형성하고 있을 때 이러한 집단 중 몇 개를 무작위로 선택하여, 선택된 집단 전체를 조사하는 방법이다. 다단계 추출법은 몇 개의 단계를 거쳐서 최종표본이 추출되도록 설계된 추출법이다. 마지막으로 계통 추출법은 표본을 공간적으로나 혹은 시간적으로 일정한 간격으로 추출하는 방법이다.

2.3. 변인과 측정

자료 수집의 대상이 원소(elements)라면, 변인(variable)은 원소들의 구체적인 특성이다. 음운론에서 음성 자질에 의해서 음소를 구분해 내는데 한국어의 경우에 'ㅂ, ㅃ, ㅍ' 음소는 아래 표와 같은 음성자질에 의해서 구분된다.[4]

[표 2-1] 음성자질표

자질	ㅂ	ㅃ	ㅍ
공명성	-	-	-
자음성	+	+	+
성절성	-	-	-
지속성	-	-	-
지연개방성	-		-
설정성	-	-	-
전방성	+	+	+
긴장성	-	+	+
기식성	-	-	+
고설성	-	-	-
저설성	-	-	-
후설성	-	-	-
원순성	-	-	-

4) 신지영 · 차재은 (2005) 참조.

여기서 'ㅂ, ㅃ, ㅍ'는 원소가 되고, 공명성, 자음성, 성절성 등과 같은 구분은 원소들의 변인들이 된다. 다시 말하면 공명성, 자음성, 성절성 등등은 음소의 특성을 나타내는 자질이 되며, 이 자질을 토대로 음소를 분류할 수 있다.

통계에서 모집단 전체나 표본 집단의 원소들의 측정된 집합을 관측치(observation)라고 하는데, 관측치는 원소들에 대해서 각각의 변인을 측정한 자료(data)로 구성된다. 바꾸어 말하면, 일반적인 대상물이 통계에 쓰이기 위해서는 원소들이 변인을 기준으로 측정되어서 자료가 되었을 때에서야 가능하다. 측정(measurement)은 대상물을 자료로 가공되게 해서 통계적 행위가 가능하게 한다.

변인은 크게 연속변인(continuous varibale)과 비연속변인(discontinous variable)으로 나뉜다. 연속변인은 연속적이어서 구분이 쉽지 않지만, 비연속 변인은 비연속적이어서 구분이 쉽다. 연속변인과 비연속변인은 아날로그와 디지털의 구분과 같다. 아날로그는 연속적이어서 구분이 쉽지 않지만, 디지털은 비연속적이어서 구분이 쉽다. 이것은 언어학에서 음성학과 음운론의 차이와 같다. 음운론의 기본 단위는 음소로 구분이 되는 것들이다. 그러나 음성학은 음성 자체를 구분하므로 음성은 비연속적이어서 구분이 명확하지 않다. 예를 들어서 '파'라는 음을 들었을 때, 우리는 'ㅍ+ㅏ'의 결합이라고 안다. 그러나 실제 '파' 음을 녹음하고 이를 측정하면 어디부터 어디까지가 'ㅍ'이고 어디부터 어디까지가 'ㅏ'인지 구분하기가 어렵다. 연속변인과 비연속변인들은 통계적 측정에서도 차이가 있다.

자료를 수집하기 위한 측정은 크게 명명척도(nominal scale), 순서척도(ordinal scale), 구간척도(interval scale), 비율척도(ratio scale)라는 단위로 나뉜다. 각각을 살펴보면 다음과 같다.

명명척도는 척도를 적용하면 명확하게 구분되는 척도들이다. 예를 들어서 품사는 명명척도가 된다. 영어의 경우에 명사, 동사, 형용사, 부사, 전치사와 같이 품사구분을 적용하면 어떠한 영어 단어를 주더라도 다섯 개중 하나로 구분될 것이다. 순서척도는 척도 자체가 순서를 나타낸다. 언어 직관 실험에서 이러한 척도는 잘 나타난다. 언어 직관을 활용한 실험에서 문법적 문장과 비문법적 문장을 구분하기도 하지만, 문법성의 정도도 측정한다. 가장 자연스러운 문장과 덜 자연스러운 문장, 자연스럽지 않지만 그런 대로 문법적인 문장, 비문법적 문장과 같이 문법성의 정도가 어떠한지도 측정한다. 이 경우에 적용되는 측정은 순서척도가 된다. 구간척도는 등급 척도라고도 할 수 있다. 100점 만점 시험에서 성적의 결과를 A+(100~95점),

A(94~90점), B+(89~85점), B(84~80점), C+(79~75점), C(74~70점), D+(69~65점), D(64~60점), F(60점 미만)와 같이 구분하였다면, 이러한 등급은 구간척도가 된다. 비율척도는 비율로 측정되는 척도를 말한다. 이 척도는 비율을 통해서 측정되는데, 길이와 같은 것이 이에 속한다. 예를 들어서 신문기사의 길이가 긴지 짧은지는 비율적으로 결정된다. 언어학적으로 발화속도는 일정한 시간동안 발화된 양이다. 발화속도가 1초당 2.24단어라고 일 때, 1초당 1.12단어 발화속도 보다 2배 더 빠르게 된다. 이 경우에 시간에 대한 측정은 비율적으로 측정된 것이며, 측정의 기준은 비율척도가 된다. 등급제 평가 또한 비율척도이다. 1등급(상위 5%), 2등급(6~10%), 3등급(11~20)%, 4등급(21~30%), 5등급(31%이하)라는 측정법이라면 이 방식은 비율척도이다. 절대영도는 존재하지 않지만 가상의 영도로 비율로 측정된 값이어서 비율척도의 예가 된다.

척도는 측정을 하기 위한 변인들을 결정하는 작업이다. 자료를 어떠한 척도를 적용해서 어떻게 측정하는가가 맨 처음 시작하는 일이다. 또한 척도를 얼마큼 정확하게 적용하는가는 연구자의 몫이다. 엄밀하고 정교하게 적용한 결과와 느슨하고 적당하게 적용한 결과는 다르다. 이러한 점에 있어서 우리는 엄밀하고 정교한 적용의 결과가 느슨하고 적당한 적용의 결과보다 더 낫다는 판정을 내리기가 쉽다. 그러나 통계에 있어서 엄밀성은 통계학의 생명이지만, 실제로는 정교한 통계적 측정만이 전적으로 적당하지는 않다. 이러한 문제를 오컴의 면도날(Occam's razor)이라고 한다. 철학적으로 복잡한 문제이지만, 단순히 말하면 이렇다. 만약 우리는 날이 무딘 면도날과 날이 너무 선 면도날 두 개를 갖고 있으며, 빵 안에 우리가 찾고 있는 치즈 덩어리가 군데군데 있을 때 어떤 면도날이 치즈를 더 잘 찾아낼 수 있는가를 고민한다고 생각해 보자. 문제는 날이 샌 면도날은 빵을 잘게 잘라내어서 원하는 바를 찾기는 하지만 빵에 들어있는 치즈도 잘게 잘라내어서 찾아낸 치즈는 쓸모가 없을 수 있다. 그러나 날이 무딘 면도날은 빵을 듬성듬성 잘라내게 되고 그 안에서 우리가 원하는 치즈 덩어리를 골라내는 작업이 더 쉬워지게 된다. 여기서 얻을 수 있는 교훈은 어떠한 작업을 어떻게 하는가에 따라서 어떤 척도를 어떻게 사용해야 하는가를 결정해야 한다는 것이다. 우리는 원하는 작업에 맞는 척도를 적용해야 한다. 우리가 원하는 작업에 맞는 엄밀성에 맞는 척도를 골라내야 한다. 통계는 결과를 보기 전까지 모르는 블랙박스 작업이다. 따라서 원하는 결과를 얻을 수 있는 무딘 날이 더 쓸모가 있을 수도 있다.

2.4. 엑셀의 기초

엑셀은 2003버전과 2007버전을 많이 활용하는데, 본 서적에서는 엑셀 2007버전을 활용한다. 엑셀은 Microsfot사에서 사무 자동화 프로그램인 오피스의 일종으로 개발하였으며, 기업의 업무 환경에서 제일 많이 활용되고 있다. 재무나 회계에서 가장 유용한 프로그램인데, 기초적인 통계 작업을 할 수 있는 환경이 잘 갖추어져 있다. 1장에서 논의한 바와 같이 통계 패키지에는 여러 프로그램이 있는데, 본 서적에서는 엑셀을 통계 패키지로 활용할 것이다.

엑셀의 기초는 엑셀의 셀(cell)을 이해하는 것으로 시작한다. 셀은 엑셀에서 하나의 행렬을 가리킨다. 행과 열은 각각 아라비아 숫자와 알파벳으로 번호가 매겨져 있다.

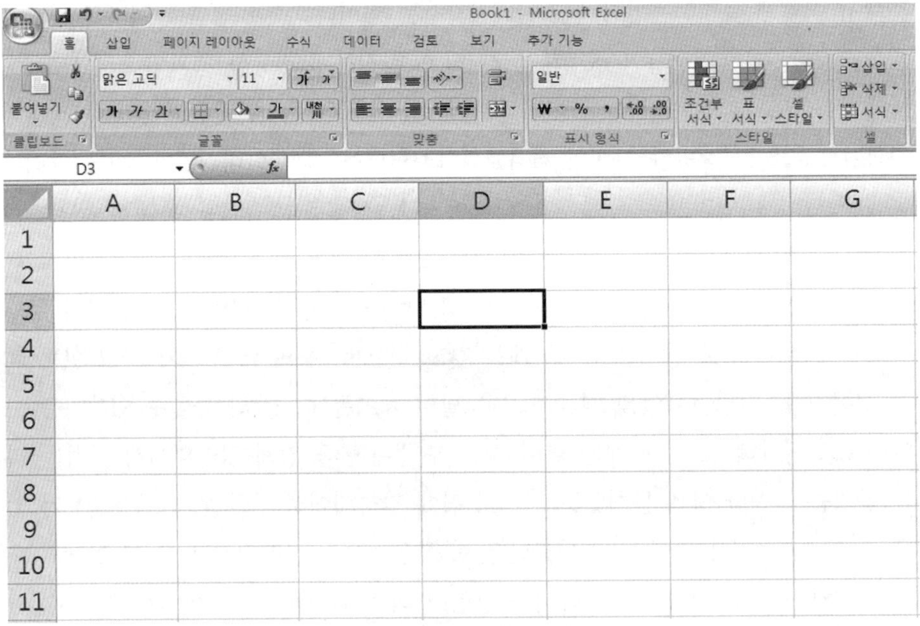

〈그림 2-1〉 엑셀의 셀

〈그림 2-1〉에서 3행 D열의 셀을 보여주고 있다. 각각의 셀에 데이터를 입력하게 되는데, 해당 셀을 다른 셀에서 가리킬 수도 있다. 이러한 셀을 참조하는 기능을 셀 참조 기능이라고 한다.

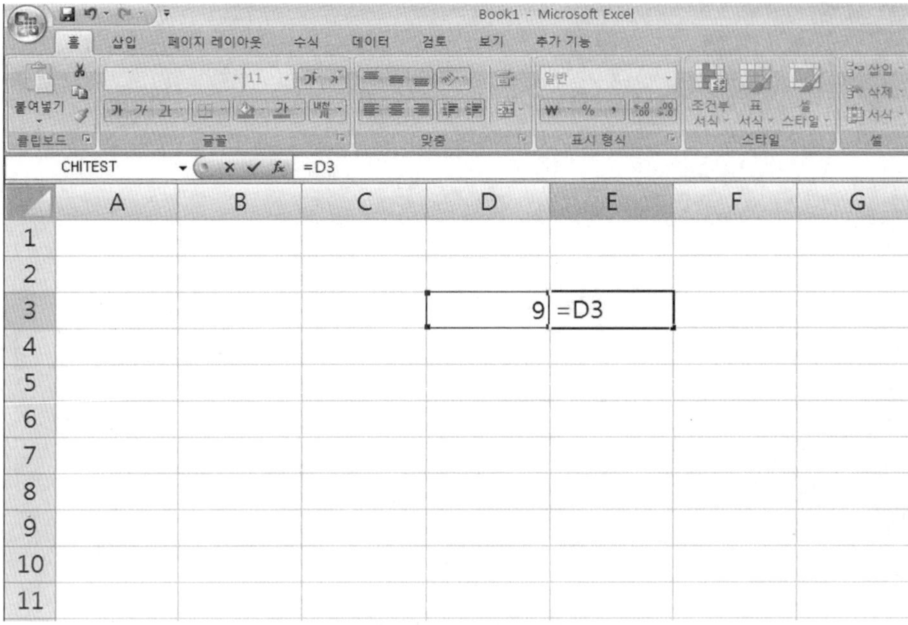

〈그림 2-2〉 셀 참조 기능

〈그림 2-2〉에서 D3셀에 9을 입력하고 바로 옆 E3 셀에 '=D3'라고 입력하면 D3 셀을 가리키게 된다. 따라서 D3셀과 E3셀 모두 9가 입력된다. 이러한 셀 참조 기능에는 상대참조, 절대참조, 혼합참조 방식이 있다. 상대참조는 일반적으로 계산에 사용되는 것으로 셀을 참조하여 계산한 수식을 복사하면 수식에 사용된 참조의 셀이 자동으로 변경된다. 셀의 수식을 복사하는 방향에 따라서 열이 변경되거나 행이 변경된다. 절대참조는 셀을 참조하여 계산한 수식을 복사하면 수식에 사용된 참조 셀의 변화가 없어서 계산이 변하지 않는다. 혼합참조는 상대참조와 절대참조를 혼합한 것으로 행 번호 또는 열 번호 중 하나만 절대 참조형식으로 지정된다.

〈그림 2-3〉에서 '=D3'는 상대참조 방식으로 이 셀을 복사하면 셀에 입력된 참조 내용이 변경된다. '=$D$3'는 절대참조 방식으로 이 방식은 참조 내용을 고정시키게 된다. 두 방식을 혼합한 것이 혼합참조인데, 열을 고정하거나 행을 고정시킬 수 있다. 고정하고 싶은 부분에 '$'기호를 붙이면 된다.

각 셀에 원하는 수식을 일일이 입력할 수도 있고, 엑셀 함수를 활용할 수도 있다.

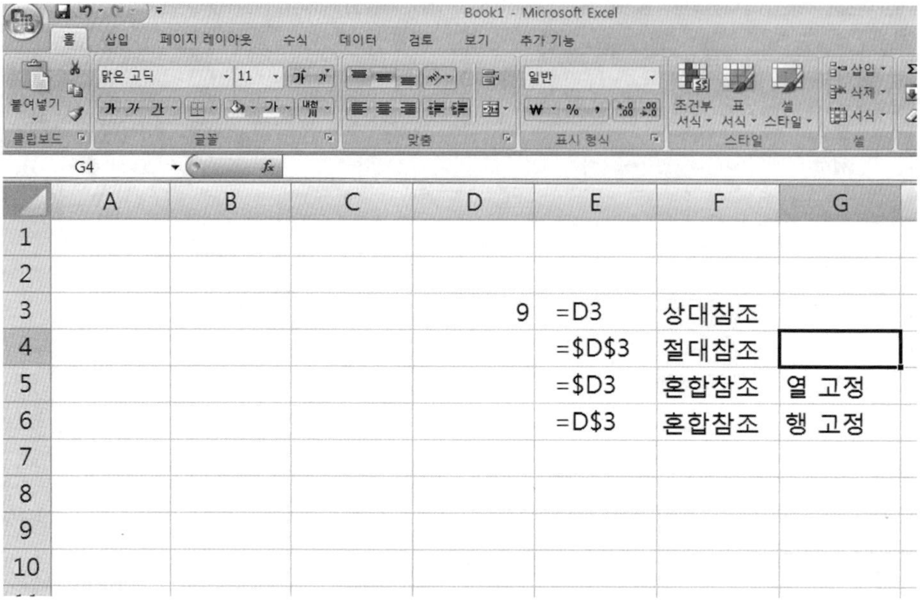

〈그림 2-3〉 참조방식

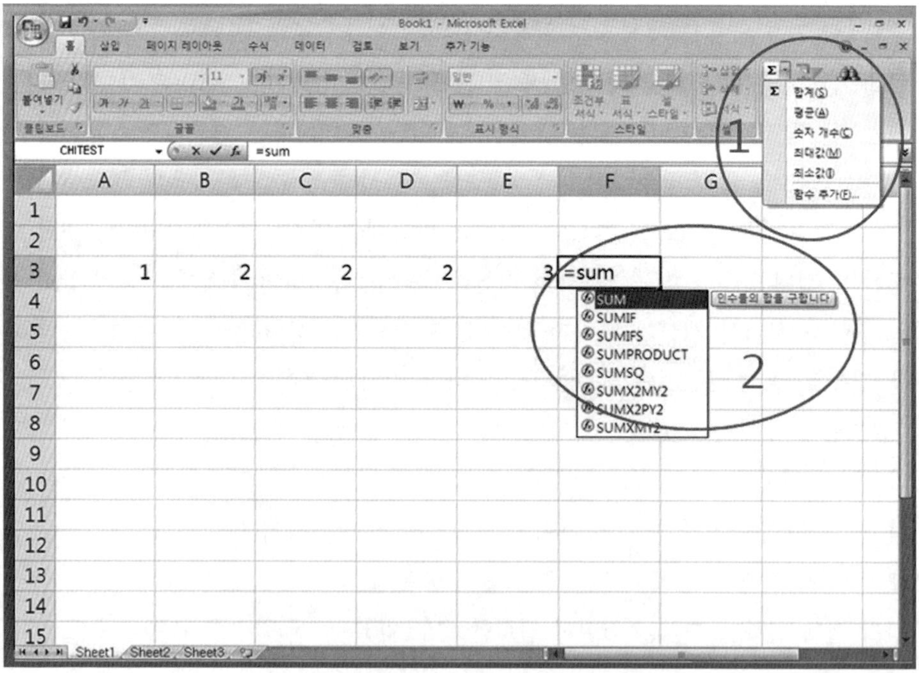

〈그림 2-4〉 수식입력 방식

〈그림 2-4〉에서 1번 방식은 수식함수를 활용하는 방식이고, 2번 방식은 직접입력 방식이다.

엑셀에서 활용하는 연산자는 다음과 같다. 산술, 비교, 문자열, 참조가 있는데, 이러한 연산을 나타내는 수식과 내용은 [표 2-2]와 같다.

[표 2-2] 엑셀 연산자

종류	이름	연산자	사용예
산술	사칙연산	+, -, *, /	=A1+A2
	백분률	%	=A1%
	지수	^	=A1^10
비교	=	같다	=A1=B1
	〈	~보다 작다	=A1〈B1
	〉	~보다 크다	=A1〉B1
	〈=	~작거나 같다	=A1〈=B1
	〉=	~크거나 같다	=A1〉=B1
	〈〉	~같지 않다	=A1〈〉B1
문자열	&	문자열 집합	="외국어"&"대학"
참조	:	두 참조를 포함하여 두 참조 사이에 있는 셀을 모두 한 참조로 만드는 범위 연산자	=A1:A15
	,	여러 참조를 한 참조로 만드는 결합연산자	=SUM(A1:A14, B1:B4)
	공백	두 참조에서 공통인 셀을 한 참조로 만드는 교점 연산자	=SUM(B5:B16 A7:D6)

아래 〈그림 2-5〉는 세종 1,000만 코퍼스에서[5] 추출한 품사들의 빈도이다. 이 이외에도 더 많은 품사분류가 실재하나 여기에서는 설명의 편의상 약간만 소개한다. 일반적으로 코퍼스에서 추출한 내용 검토하면 일반명사가 제일 많이 출현하고, 숫자나 고유명사도 그 다음으로 많이 출현한다. 코퍼스에는 외국어도 많이 출현한다. 문법표지를 나타내는 어기나 연결어미, 종결어미, 의존명사가 실질 어휘(content words) 다음으로 많이 출현한다.

5) 국립국어원에서 21세기 세종계획의 일환으로 작성한 것으로 언어 자원을 일반인들이 연구 목적이나 기타 목적으로 사용하도록 작성한 것이다. 세종계획은 http://www.sejong.or.kr을 방문하면 자세한 내용을 찾아 볼 수 있으며, 코퍼스 및 기타 언어 자원과 자료를 다운로드 할 수 있다. 세종코퍼스는 언어 자원으로 일반적인 언어 사용에 대한 예를 텍스트 형태로 모아 놓은 것인데, 언어를 자원화하기 위한 목적으로 작성된 것이다. 코퍼스에 관한 자세한 사항은 강범모(2003)이나 McEnery and Wilson (1996)을 참조하기 바람.

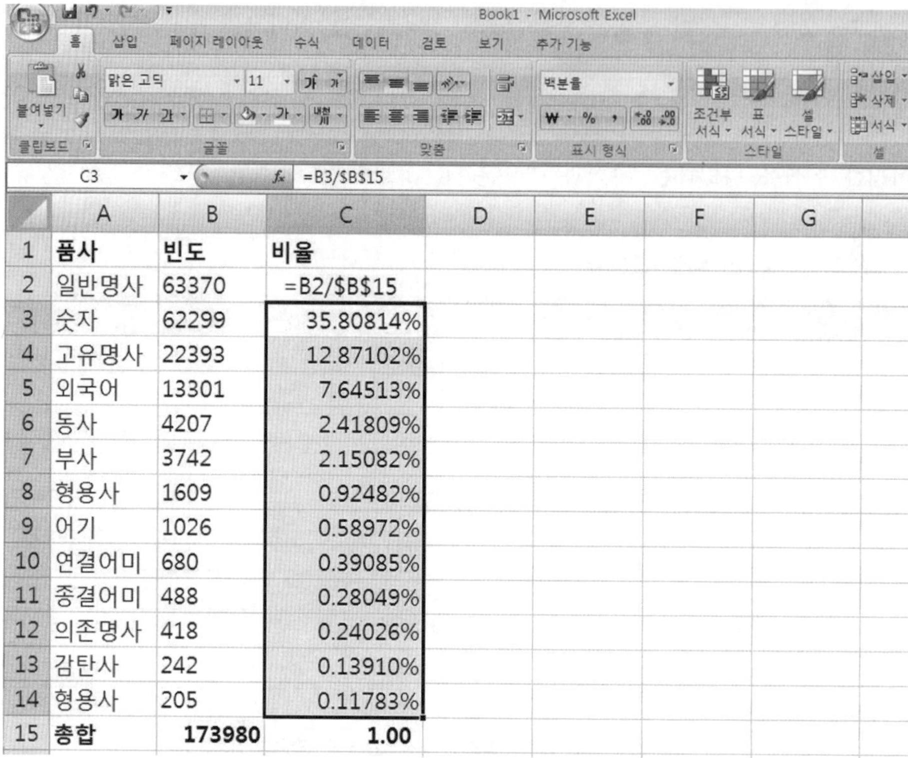

	A	B	C
1	품사	빈도	비율
2	일반명사	63370	=B2/$B$15
3	숫자	62299	35.80814%
4	고유명사	22393	12.87102%
5	외국어	13301	7.64513%
6	동사	4207	2.41809%
7	부사	3742	2.15082%
8	형용사	1609	0.92482%
9	어기	1026	0.58972%
10	연결어미	680	0.39085%
11	종결어미	488	0.28049%
12	의존명사	418	0.24026%
13	감탄사	242	0.13910%
14	형용사	205	0.11783%
15	총합	173980	1.00

〈그림 2-5〉 빈도 예

여기서 일반명사부터 형용사까지의 총빈도를 구하는 셀은 'B15'이다. 이 셀을 활용해서 총 빈도에 대한 각각의 빈도의 비율을 구하는 방식은 다음과 같다. 즉 일반명사가 총 빈도에서 얼마만큼의 비율을 차지하는지를 찾아내기 위한 방식이다. C열에서 구하는 방식은 전체 빈도 'B15'로 각각의 빈도를 나눈 것이다. 참조방식에서 각각의 빈도는 상대참조로 하고, 전체 빈도는 '$B$15'인 절대참조로 하였다. 'C2' 셀을 보면 알 수 있는데, 이 셀을 다른 셀에 복사를 하면 상대참조는 각각의 셀에 맞게 변경되지만, 절대참조는 변경되지 않는다. 즉 각각의 빈도는 변하고, 총빈도는 변화하지 않는다. 'C5' 셀의 경우에 자신의 빈도인 'B5' 셀과 전체 빈도인 'B15' 빈도를 가리키기 위해서는 'B5/$B$15' 형태가 된다.

엑셀의 기초 통계에 대한 마지막으로 챠트(chart)를 그리는 방식을 소개한다. 차트는 워크시트에 입력된 자료를 그래프로 나타내는 것을 말한다. 워크시트(work sheet)에 입력된 자료가 차트에서는 개체의 막대나 선, 원의 조각 등으로 표시된다.

차트의 종류는 다음과 같다. 세로막대형은 시간의 변화에 따른 데이터의 변화를 나타내거나 개별적인 항목의 비교 등에 주로 사용된다. 가로막대형은 용도는 세로막대형과 유사한데 특정시기의 데이터 수치를 나타내거나 항목들 사이의 비교된 내용을 표로 나타낸다. 꺾은선형은 특정시기에 데이터 변화를 일정한 간격으로 나타내는데 활용되며, 데이터 변동율을 나타내는데 효과적이다. 원형 및 도넛형은 전체에 대한 비율이나 관계를 나타내며 한 데이터 계열을 가지고 사용자 중심 요소를 강조해서 나타낼 때 편리하다. 분산형은 몇몇 데이터 계열의 수치 데이터들 사이의 관계를 보여주는 것으로 불균등한 간격이나 군집을 나타낼 때 편리하다. 영역형은 변동 크기 자체를 강조해서 나타내며, 데이터 변동 크기를 나타내는 데 효과적이다. 방사형은 중심점에서 퍼져 나오는 축을 가지며, 데이터 계열이 많을 때 효과적이다. 3차원 표면형은 두 데이터 집합 사이의 최적 조합을 나타내는데 편리하다. 이 이외에도 도넛형, 거품형, 주식형과 같은 형태가 있다. 자료를 도식화할 수 있는 방식에서 하나를 선택하면 된다. 〈그림 2-6〉에서는 차트의 종류를 보여주고 있다.

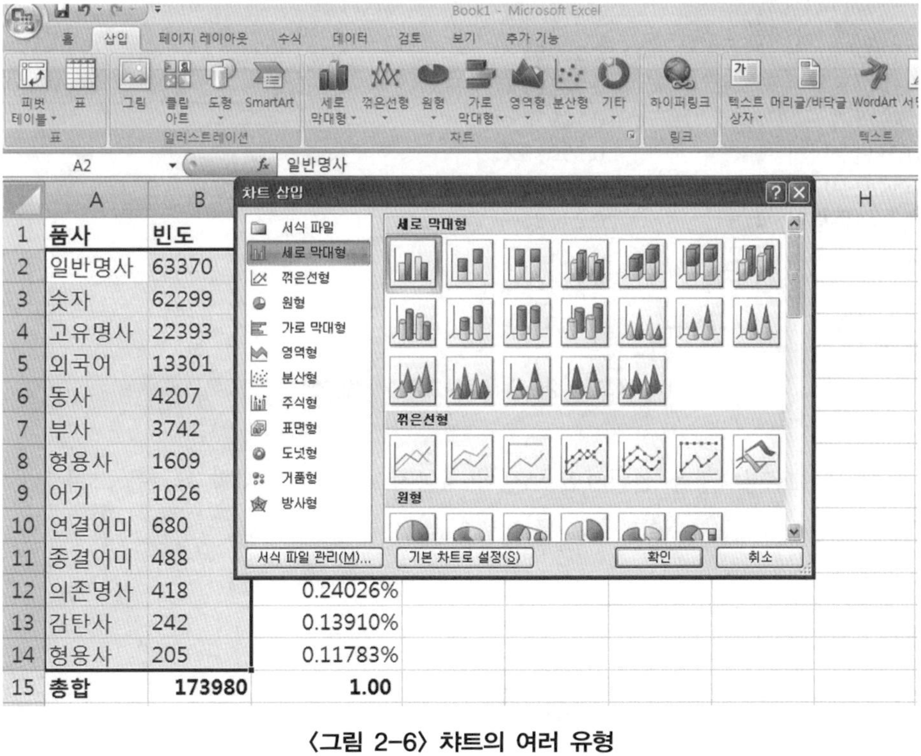

〈그림 2-6〉 챠트의 여러 유형

〈그림 2-5〉의 품사유형별 빈도를 챠트로 나타내면 다음과 같은 순서로 작성하면 된다. 먼저 엑셀 2007은 챠트를 그리는 방식이 매우 쉽게 설계되어 있다. 챠트를 그리기 위한 1단계 작업은 데이터의 구역을 설정하는데, 여기서는 품사와 빈도열을 선택하였다. 그 다음 [삽입] 메뉴를 클릭하면, 여러 챠트의 종류가 나타난다. 이 중 하나를 선택하면 된다. 여기서는 세로막대형을 선택하였다.

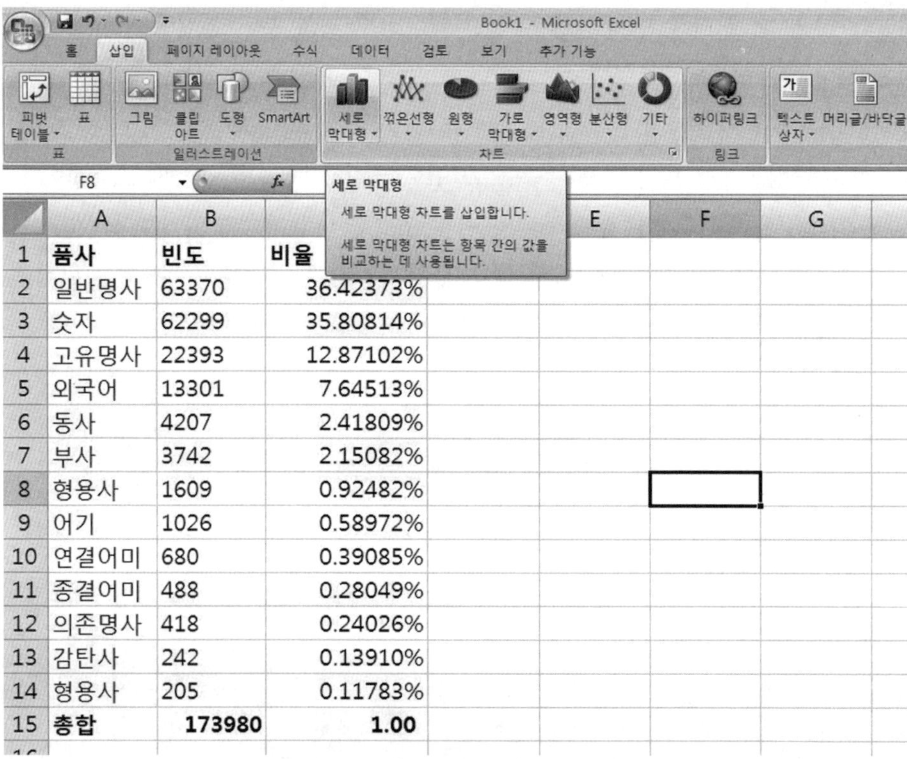

	A	B	C
1	품사	빈도	비율
2	일반명사	63370	36.42373%
3	숫자	62299	35.80814%
4	고유명사	22393	12.87102%
5	외국어	13301	7.64513%
6	동사	4207	2.41809%
7	부사	3742	2.15082%
8	형용사	1609	0.92482%
9	어기	1026	0.58972%
10	연결어미	680	0.39085%
11	종결어미	488	0.28049%
12	의존명사	418	0.24026%
13	감탄사	242	0.13910%
14	형용사	205	0.11783%
15	총합	173980	1.00

〈그림 2-7〉 챠트 그리기 1단계

다음은 세로막대형을 선택하면 엑셀이 자동적으로 세로막대형 챠트를 그려준다. 챠트에서는 품사를 X축으로 빈도를 Y축으로 한다.

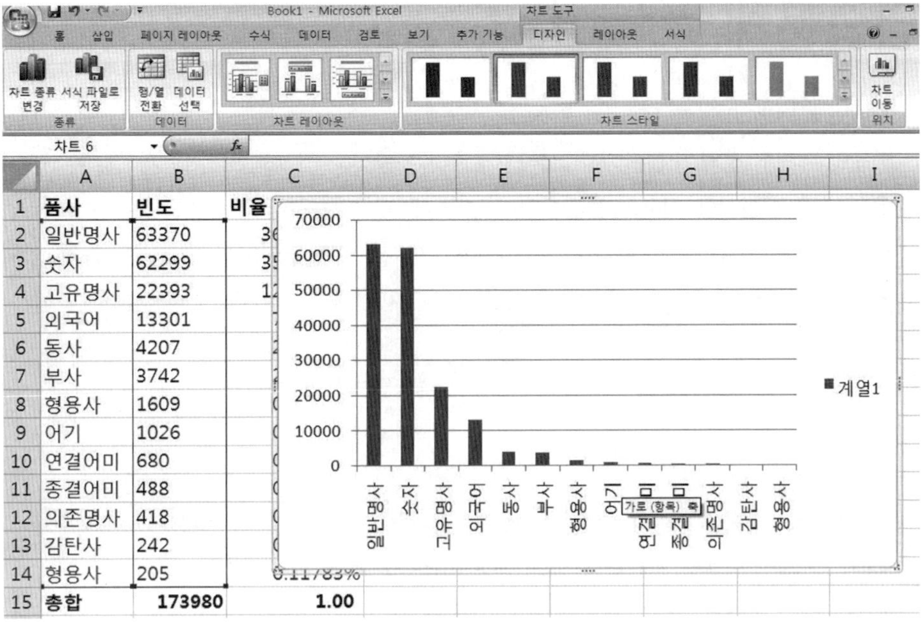

〈그림 2-8〉 챠트 그리기 2단계

2. 통계와 엑셀의 기초

연습문제

1. 다음의 예에서 전체 모집단에서 표본을 추출하는 방식을 생각해 보시오. 제시할 수 있는 표본 추출의 방식에 어떠한 문제점이 있는지 제한이 있는지에 대해서도 생각해 보시오.
   - 박경리의 '토지'라는 소설과 이상의 '날개'라는 시의 특성을 보여주기 위한 통계작업
   - 20대 젊은층과 60대 노년층의 언어 사용의 차이를 분석하기 위한 작업을 위한 통계 작업
   - 미국영어와 영국영어의 특성을 파악하기 위한 통계작업

2. 다음과 같이 통계실험을 계획하는데 있어서 명명척도, 순서척도, 구간척도, 비율척도라는 통계적 척도 중 어느 척도를 어떻게 사용해야 하는지 설명하시오.
   - 코퍼스 데이터를 활용해서 어휘들의 친밀도 측정하기 위해서 사용해야 하는 통계적 척도
   - 영어와 한국어의 시제의 문법화 차이를 보여주기 위한 자료를 통한 검증방식
   - 통사적 복잡성을 측정하기 위해서 두 개의 텍스트에서 복잡도를 측정하기 위해서 고려해야 하는 측정방식

3. 엑셀을 활용해서 아래 그림과 같은 구구단을 완성하시오.

구구단 계산하기								
1단	2단	3단	4단	5단	6단	7단	8단	9단
1	2	3	4	5	6	7	8	9
2	4	6	8	10	12	14	16	18
3	6	9	12	15	18	21	24	27
4	8	12	16	20	24	28	32	36
5	10	15	20	25	30	35	40	45
6	12	18	24	30	36	42	48	54
7	14	21	28	35	42	49	56	63
8	16	24	32	40	48	56	64	72
9	18	27	36	45	54	63	72	81

〈그림 2-9〉 구구단 계산

3. 빈도

3.1. 도수분포

통계에서 제일 기본이 되는 것은 도수 또는 빈도(frequency)를 측정하는 것이다. 이를 토대로 도수분포표를 작성하는데, 세어서 개수를 표시한다. 형태소 분석이 된 세종 코퍼스의 다음 예를 고려해 보자.

9BTAA0154-0000090	세계경제의	세계/NNG + 경제/NNG + 의/JKG
9BTAA0154-0000100	혼미와	혼미/NNG + 와/JC
9BTAA0154-0000110	불확실성에도	불/XPN+확실/XR+성/XSN+에/JKB+도/JX
9BTAA0154-0000120	불구하고	불구/XR + 하/XSV + 고/EC
9BTAA0154-0000130	올해	올해/NNG
9BTAA0154-0000140	우리	우리/NP
9BTAA0154-0000150	경제는	경제/NNG + 는/JX
9BTAA0154-0000160	대체로	대체로/MAG
9BTAA0154-0000170	회복세를	회복세/NNG + 를/JKO
9BTAA0154-0000180	나타낼	나타내/VV + ㄹ/ETM
9BTAA0154-0000190	것이라는	것/NNB + 이/VCP + 라는/ETM
9BTAA0154-0000200	전망이	전망/NNG + 이/JKS
9BTAA0154-0000210	우세하다.	우세/NNG + 하/XSA + 다/EF + ./SF

〈그림 3-1〉 세종 코퍼스의 예

형태소 분석은 어절[6] 단위로 형태소 분석의 예를 표시한다. 예를 들어서 '것이라는'의 경우에는 '것(NNB: 의존명사) + 이(VCP: 긍정지정사) + 라는(ETM: 관형형전성어미)'[7]으로 분석하여 표시된다. 〈그림 3-1〉을 토대로 형태소에 대한 도수분포표를 작성할 수 있다.

6) 어절은 한국어와 일본어와 같은 교착어(agglutinative language)에서 발견되는데, 한국어의 경우에 띄어쓰기 단위가 하나의 어절이 된다. 형태소들이 결합된 것으로 형태소 분석의 기본 단위가 된다. 한국어는 어절, 일본어는 분세츠(bunsetsu)라고 불린다.

7) 형태소 표지에 대한 내용은 강범모(2003; p. 155)을 참조.

[표 3-1] 형태소 분석 도수분포표

대분류	중분류	소분류	개수
체언	명사 NN	일반명사 NNG	8
		의존명사 NNB	1
	대명사 NP		1
용언	동사 VV		1
	지정사 VC	긍정지정사 VCP	1
수식언	부사 MA	일반부사 MAG	1
관계언	격조사 JK	주격조사 JKS	1
		관형격조사 JKG	1
		목적격조사 JKO	1
		부사격 조사 JKB	1
	보조사 JX		2
	접속조사 JC		1
의존형태	어미 E	종결어미 EF	1
		연결어미 EC	1
		관형형전성어미 ETM	2
	접두사 XP	체언접두사 XPN	1
	접미사 XS	명사파생접미사 XSN	1
		동사파생접미사 XSV	1
		형용사파생어미 XSA	1
	어기 XR		2
기호		마침표 SF	1

총 31개의 형태소가 출현하였으며, 각각의 도수는 [표 3-1]과 같다. 이 표는 대분류, 중분류, 소분류로 형태소를 분석하고 있다. 대분류는 형태소를 체언, 용언, 수식언, 관계언, 의존형태, 기호로 분류하고, 중분류는 체언을 명사, 대명사로 용언을 동사와 지정사 등으로 분류한다. 분류의 방식에 따라 서로 다른 도수분포표를 작성할 수도 있다.

[표 3-8] 다른 분류에 따른 형태소 도수분포표

대분류		중분류		소분류	
표지	개수	표지	개수	표지	개수
체언	10	명사 NN	9	일반명사 NNG	8
				의존명사 NNB	1
		대명사 NP	1		1

대분류		중분류		소분류	
용언	2	동사 VV	1		1
		지정사 VC	1	긍정지정사 VCP	1
수식언	1	부사 MA	1	일반부사 MAG	1
관계언	7	격조사 JK	4	주격조사 JKS	1
				관형격조사 JKG	1
				목적격조사 JKO	1
				부사격 조사 JKB	1
		보조사 JX	2		2
		접속조사 JC	1		1
의존형태	10	어미 E	4	종결어미 EF	1
				연결어미 EC	1
				관형형전성어미 ETM	2
		접두사 XP	1	체언접두사 XPN	1
		접미사 XS	3	명사파생접미사 XSN	1
				동사파생접미사 XSV	1
				형용사파생어미 XSA	1
		어기 XR	2		2
기호	1		1	마침표 SF	1

위의 [표 3-2]와 같이 서로 다른 분류 방식에 따라서 각각 다른 도수가 측정된다. [표 3-1]에서 측정한 소분류에서는 일반명사가 제일 많이 측정되고, 어기와 보조사가 다음으로 많이 측정된다. 그런데, [표 3-2]의 대분류를 살펴보면 체언과 의존형태가 제일 많이 측정되고 관계언도 많이 측정된다. 그러나 중분류를 살펴보면 격조사와 어미, 접미사도 높은 비율을 차지하고 있음을 알 수 있다. 따라서 연구자가 어떠한 분류 방식에 의한 통계를 활용하는가에 따라서 서로 다른 결과를 얻게 된다. 측정의 단위에 따라 다른 도수가 측정이 되므로, 어떠한 측정 단위를 사용하였는가를 중요하게 고려한다.

도수를 측정하는 방식에는 개체를 세는 위와 같은 방식도 있지만 계급구간(class interval)을 활용하는 방식도 있다. 이 방식은 자료를 그룹화해서 범위에 따라 개수를 세게 된다. 문장의 길이를 측정하기 위해서 형태소 단위로 측정한 가상의 경우를 고려해 보자.

[표 3-3] 문장당 형태소 길이

문장당 형태소 길이	개수
12	1
11	0
10	2
9	3
8	3
7	4
6	3
5	3
4	3
3	2
2	1
1	0

형태소 크기를 3개씩 구간으로 구분하여서 표시하면 다음과 같은 표가 가능하다. 이와 같이 계급구간을 활용하면 자료를 여러 형태의 관측 범주로 구분하고 이에 따라서 도수를 측정한다.

[표 3-4] 구간별 문장당 형태소 길이

문장당 형태소 길이	개수
12~10	6
9~7	10
6~4	9
3~1	3

빈도는 절대빈도(absolute frequency)와 상대빈도(relative frequency)로 구분된다. 절대빈도는 일반적으로 세어서 산출되는 빈도이다. 예를 들어서 100개의 원소들 중 10개가 해당 범주에 속한다면 10개가 절대빈도가 된다. 반면에 상대빈도는 전체 개수에서 절대빈도가 차지하는 비율을 말한다. 100개 중 10개라면 0.1이 상대빈도가 된다.[8)]

빈도는 여러 유형으로 표현이 가능하다. 2장에서 논의한 바와 같이 여러 유형의

8) 2장의 〈그림 2-5〉에서 엑셀을 활용한 상대빈도 측정을 설명하였다.

그래프가 가능한데, 각각의 특성이 있다. 이러한 특성을 고려해서 그래프를 작성해야 한다. 엑셀을 활용하는 방식은 2장에서처럼 매우 쉽다. [표 3-2]를 기준으로 작성해 보면 다음과 같다. 먼저 대분류와 중분류에 해당하는 데이터를 엑셀의 셀에 입력하고 선택한다.

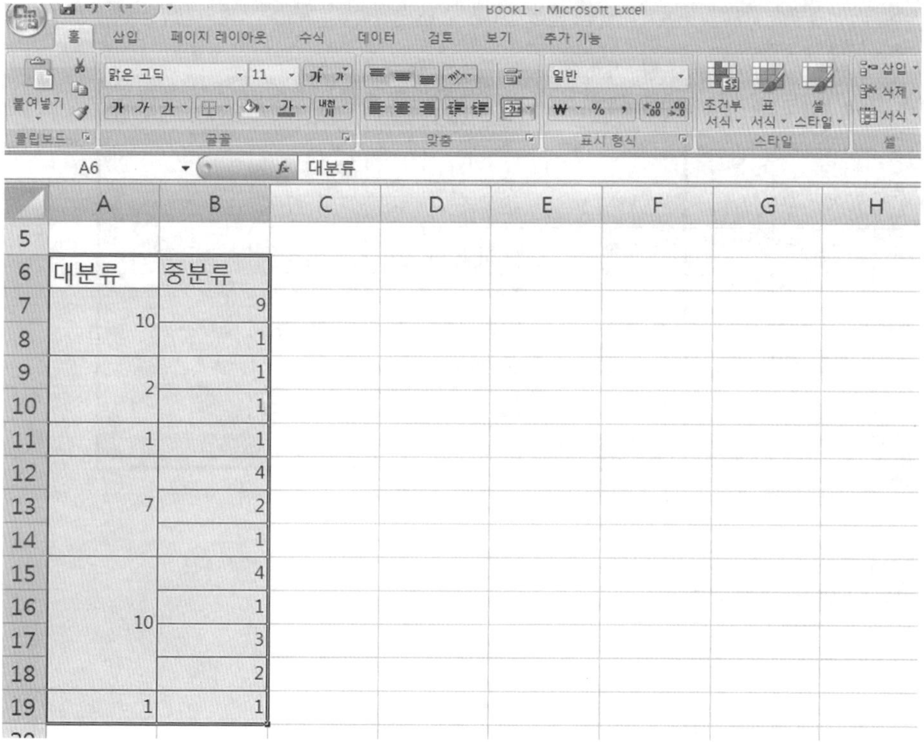

〈그림 3-2〉 셀에 입력 및 선택

엑셀의 삽입 메뉴 중 그래프를 선택하고 챠트 삽입을 선택한다. 여기서는 가로 막대형 그래프와 꺾은선형 그래프를 활용한다.

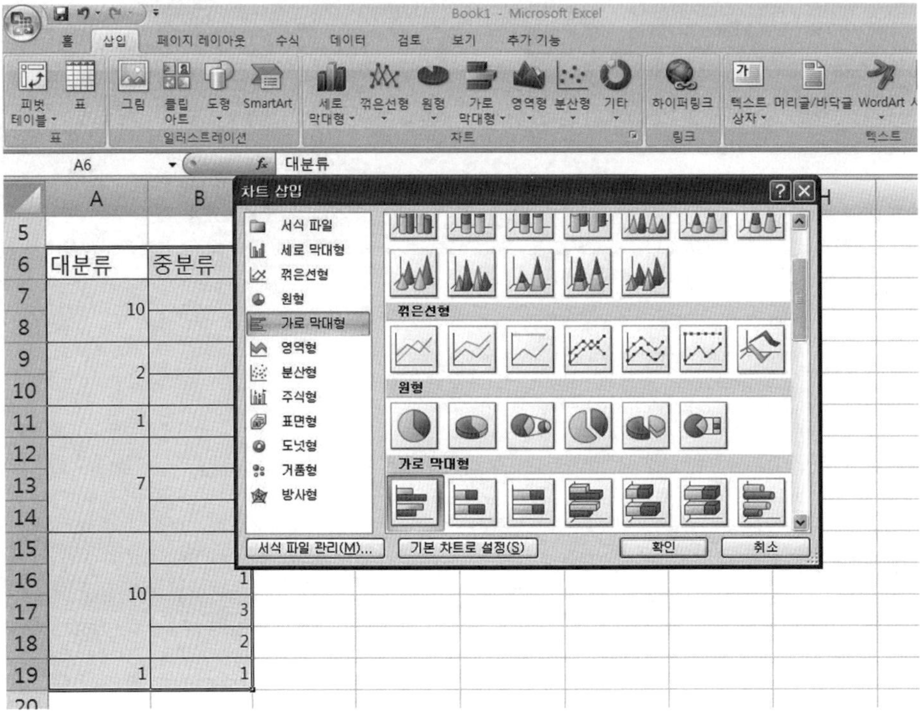

〈그림 3-3〉 챠트 선택

가로막대형을 선택하면 〈그림 3-4〉와 같은 그래프를 볼 수 있다.

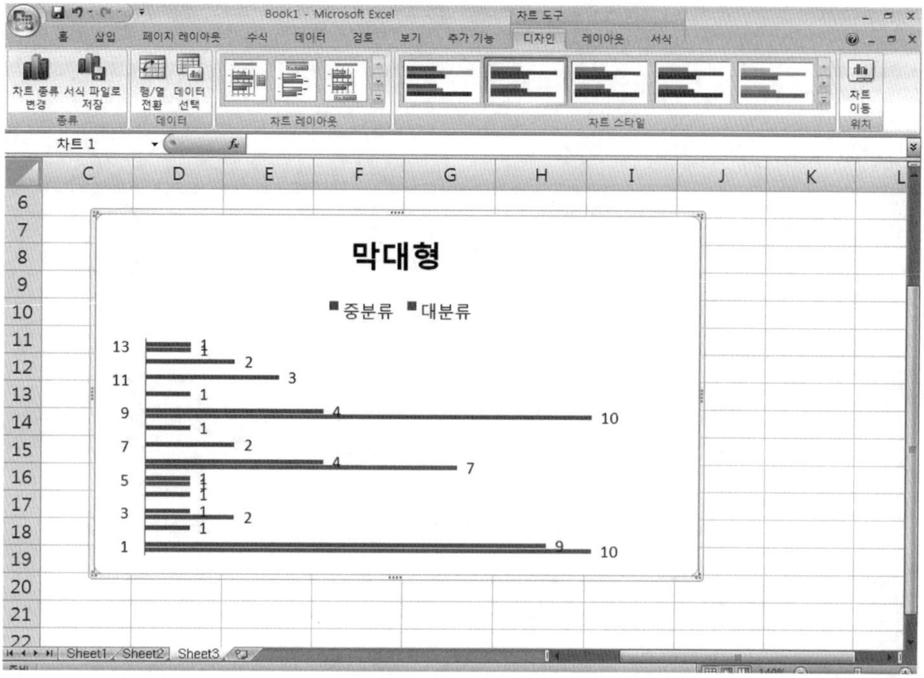

〈그림 3-4〉 가로막대형 그래프

3. 빈도

꺾은선형 그래프도 같은 방식으로 작성하면 〈그림 3-5〉와 같이 만들어 낸다.

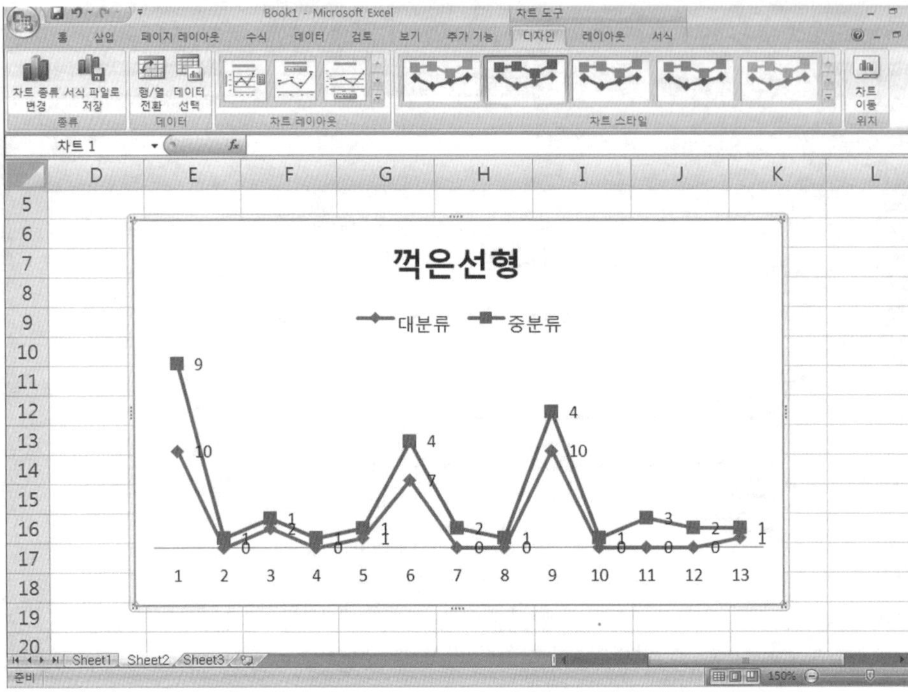

〈그림 3-5〉 꺾은선형 그래프

3.2. 다른 자료 표현 방식

이전 절에서 설명한 그래프 방식 이외에도 여러 가지 다른 자료의 표현 방식이 있다. 그 중 그래프를 활용해서 통계적인 의미를 찾기에 적절한 산포도(scatter diagram)를 소개한다. 산포도는 엑셀에서 분산형 챠트로 명명되어 있는데, 두 정량적 변수 간의 관계를 보여주는 그래프이다. 통계를 통해서 두 개의 서로 다른 성격의 변수가 측정되었다면, 각각을 X축과 Y축 변수로 활용하고 두 변수 사이의 관계를 살펴보는 그래프이다.

현대 사회는 인터넷이 활용되기 때문에 상상하기 힘든 정도의 엄청난 자료가 매일 매일 쌓인다. 인터넷 상에서 댓글의 경우에는 하나의 주제에 대해서 매일 매일 다른 사람들이 많은 글을 쏟아 놓고 있다. 이러한 상황에서 많은 댓글을 자동으로 분류한다면 매우 편리한 시스템이 될 것이다.

언어 자료 중에서 영화 평을 모아 놓은 자료가 있다. 이 자료는 긍정적인 영화평과 부정적인 영화평을 분류하는 작업을 자동으로 하기 위해서 작성되었다. 영화평 언어 자료는 인터넷 상의 영화에 대한 댓글을 자동으로 분류하는 자동화 시스템의 구축을 목적으로 한다. 영화평 자동 분류 시스템들은 영화평에 대해서 긍정적인 평을 하는 글인지 아니면 부정적인 평을 하는 글인지를 자동으로 분류한다. 자동화 작업은 인터넷 환경에서 자료 분류를 위한 작업에서 비롯되었다.

관련 영화평 언어 자료는 Bo Pang and Lilian Lee가 구축한 자료가 널리 알려져 있는데, 긍정적인 평을 한 언어 자료와 부정적인 언어 평을 한 자료로 분류하였다.[9] 하나의 영화평을 하나의 파일로 만들었는데, 하나의 댓글과 같은 역할을 한다. 하나의 파일은 정보검색(information retrieval)의 측면에서 하나의 문서라고도 할 수 있다. 부정 영화평 중 하나의 문서를 예로 들면 다음과 같다.

yet another brainless teen flick , this one is about , surprise , drugs and sex .
stars katie holmes and sarah polly couldn't look more bored .
their characters are cardboard cut-outs of every cliched teenager out there .
one thing you need to know is i really hated this movie .
everything about it annoyed the hell out of me .
the acting , and script , the plot , and ending .
the director (of the fluke hit swingers) could have very well directed a bunch of no-name actors and had a watchabe film .
the "big" stars of go pretty much drown the project of any originality .
i felt like i was watching dawson's creek episode 200 .
although the film still would have stayed at red despite its cast .
the " surprise " ending was sooo predictable .
since when is a male character's sudden outing of the closet considered a surprise in hollywood anymore ? ?
go is dawson's creek + varsity blues - she's all that = go home and watch something else .

〈그림 3-6〉 부정의 영화 평 중 하나

Bo Pang and Lilian Lee가 구축한 자료는 문서 1,000개의 부정 영화평과 1,000개의 긍정의 영화평으로 구성되어 있으며, 하나의 문서는 〈그림 3-6〉과 같이 매우 적은 양의 텍스트로 구성되어 있다. [표 3-5]에서는 8개의 어휘에 대한 해당 문서에서의 출현빈도와 해당 어휘가 출현하는 문서의 개수를 전체 부정의 영화평 문서에서 찾아보았다.

9) 관련 사이트는 http://www.cs.cornell.edu/people/pabo/movie-review-data/을 참조

[표 3-11] 출현빈도 및 출현 문서 개수

어휘	출현빈도	출현문서 개수
need	168	142
disappointed	25	22
angry	35	20
complex	41	36
worse	168	140
completely	229	188
beautiful	94	84
wonderful	51	48

위의 [표 3-5]를 기준으로 출현빈도와 출현문서 개수에 대한 산포도는 두 변수 간에 관계성을 살펴보자. 이러한 작업은 자동 분류 작업에서 다음과 같이 활용될 수 있다. 해당 어휘들이 부정의 영화평에서 자주 쓰인 어휘라면 부정의 영화평을 모아 놓은 문서에서 자주 출현하게 된다. 따라서 출현빈도와 출현문서 개수 사이에는 상관성이 높을 것이다. 다시 말하면 해당 어휘들이 출현하는 다른 문서가 등장하면 부정의 영화평으로 분류하면 될 것이다. 산포도에서 X축 변수는 출현빈도이고 Y축 변수는 출현문서 개수이다. 〈그림 3-7〉에서 두 변수들 간에 상관성을 보기 위해서 추세선(trendline)을 그려보도록 하자. 산포도는 분포의 특성을 보여주게 되며 추세선은 두 변인 간 관계의 특성을 나타낸다. 추세선은 각 변수들 간의 상관성를 수치적인 선이나 곡선으로 측정해서 관련성을 도식적으로 표현한다. 상관성 분석과 회귀분석에서 이러한 분포도와 추세선은 매우 유용하게 사용되는 통계자료이다. 자세한 논의는 13장의 상관성 분석에서 다룰 것이다.

두 변인들 사이의 상관성은 X축의 변인이 증가하면 Y축의 변인도 증가한다. 따라서 양의 상관성 관계를 나타내게 된다. 〈그림 3-7〉은 [표 3-5]의 어휘들이 특정한 문서에 집중적으로 나타나는지 아니면 여러 문서에 골고루 분포하는지를 나타낸다. 〈그림 3-7〉의 어휘들은 출현빈도가 증가하면 출현문서 개수도 증가한다. 빈도의 증가와 문서 개수의 증가는 서로 일정하게 비율적으로 증가한다. 통계적으로 이 어휘들은 일정하게 여러 문서에 골고루 분포되어 있으며, 특정한 문서에 집중으로 분포하지 않는다.

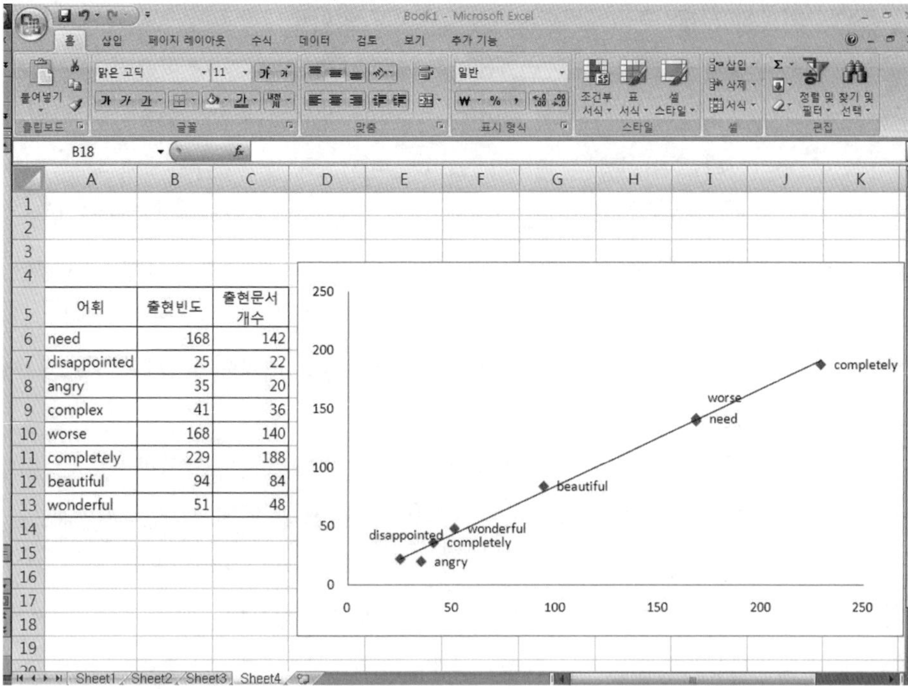

〈그림 3-7〉 출현빈도와 출현문서 개수 사이의 산포도와 추세선

3.3. 언어 자료와 빈도

언어 자료의 기초 분석을 위해서 빈도자료를 추출한다. 텍스트에서 빈도를 추출하는 작업은 기본적으로 엑셀을 활용하지 않고 기초적인 언어처리 프로그램을 활용하거나, 빈도 추출 프로그램을 직접 만들어서 사용한다. 엑셀을 활용하지 않는 이유는 엑셀을 활용할 경우에 엑셀이 감당할 수 있는 데이터의 규모가 있는데, 대부분의 언어 자료의 양이 엑셀이 감당하기에 너무 많다. 따라서 엑셀을 활용하는 범위가 정해져 있어서 다른 대규모 처리 프로그램을 활용하는 것이 좋다. 엑셀을 활용하면 매우 제한적인 처리만 가능하고, 언어처리 프로그램은 엑셀보다는 덜 제한적이지만 아주 자연스러운 것은 아니다. 언어 처리 프로그램은 세종계획에서도 배포하고 있으므로 다운로드하여서 사용하면 편리하다. 또 프로그래밍을 학습한 사람은 직접 빈도 추출 프로그램을 작성해서 활용하면 된다. 어느 것도 다 편리하나 언어 처리 프로그램을 직접 작성하는 것이 다양한 언어 처리 프로그램을 위해서도 더 유익하다.

김동성 외 (2007)에서는 Perl이라는 프로그래밍 언어를 활용해서 빈도 추출 프로그램 작성법을 설명하고 있다. 프로그래밍 작업의 장점은 다양한 형태의 텍스트를 원하는 방식으로 처리할 수 있다는 것이다. 따라서 프로그래밍을 활용하면 다양한 유형의 텍스트 형태를 처리할 수 있다. 그러나 프로그래밍은 학습하기에 쉬운 문제는 아니다. 저자는 지금 언어 자료 처리에 연관된 언어학을 시작하는 초심자라면, 특히 언어 자료 처리에 관심이 많은 사람이라면 프로그래밍을 배울 것을 권고한다. 프로그래밍의 세계는 매우 어려운 것이 아니며, 누구나 접근할 수 있는 세계이다. 언어 자료 처리만을 위한 프로그래밍 기법은 전체 프로그래밍에서 일부분이므로 어느 정도의 학습이면 가능하다고 생각한다.

빈도를 통한 언어 자료의 분석은 가장 손쉬우면서 기본적인 분석 방식으로 널리 사용된 방식이다. 빈도는 손쉬우면서도 데이터의 특성을 직접적으로 나타내므로, 다양한 형태의 언어 자료 분석에서 활용된다. 빈도와 언어가 어떠한 연관성이 있는지 살펴보도록 하자. 먼저 빈도는 심리적인 요인과 연관이 많다. 또한 언어 자료를 통한 의미 있는 자료의 추출과 연관성이 많다. 심리적으로 인간이 언어를 머릿속으로 처리할 때, 빈도가 높은 것과 낮은 것의 처리에 있어서 차이가 있다. 단어의 경우에 빈도가 높은 어휘는 빈도가 낮은 어휘에 비해서 기억을 더 잘한다. 예를 들어서 'dog'라는 단어는 'canine'이라는 단어보다 더 기억이 잘된다. 이러한 빈도가 기억에 있어서 심리적 요인이 되는 효과를 빈도효과(frequency effect)라고 한다.[10)]

언어 자료 통계에서도 빈도는 효율적인 분석 방법이다. 일련의 텍스트에서 연어(collocation)를 추출할 수 있다. 연어는 특이한 언어적 의미를 갖고 있다. 아래 (1)의 문장에서 술어와 목적어는 하나의 쌍을 이루는데, 그 결합의 정도가 다르다.

(1) a. <u>연습</u>을 <u>하다</u>.
b. <u>철수</u>를 <u>비난하다</u>.
c. <u>단맛</u>을 <u>보다</u>.

'연습을 하다'의 경우와 '철수를 비난하다'의 결합의 정도보다 '단맛을 보다'의 결

10) 심리적 요인과 언어학이 연관된 분야는 심리언어학(psycholinguistics)이라고 한다. 이 분야에서 빈도효과와 연관된 분야를 참조하려면 Garman (1990)을 찾아 볼 것.

합의 정도가 더 세다. '하다'와 '비난하다'의 경우에 '연습'과 '철수'가 아닌 다른 단어와 결합하는 것이 '단맛'과 '보다'의 경우보다 더 자유롭다. 다시 말하면, '단맛'은 '보다'와 결합하는 경우가 더 많으며, 결합의 강도가 다른 경우보다 더 강하다는 것을 말한다. 이와 같이 결합의 강도가 센 경우를 두 단어가 연어관계에 있다고 한다.

연어 관계는 단어 간의 여러 결합관계 중 다른 유형의 특성을 지닌다(Manning and Schütze 1999). 첫 번째는 의미가 합성되어서 만들어지는 합성성(compositionality)의 원리를 지키지 않는다. 보통 'white'와 'house'를 결합해서 'white house' 어구를 만들면 'white'와 'house'의 의미가 결합되어 있는 단어를 만들어진다. 한국어로는 '하얀 색의 집'이라고도 번역될 수 있다. 그런데 'White House'는 '백악관(미국 대통령이 거주하는 저택)'으로 '하얀 색의 집'이라는 의미가 아니라 특정 고유명사를 의미한다. 마찬가지로 'white wine'의 경우에는 '하얀색의 포도주'가 아니라 여러 종류의 포도주 중 '백포도주'를 말한다. 이와 같이 연어의 경우에 의미가 결합되는 단어들 간의 의미를 합성해서 만들어지는 것이 아니고, 새로운 의미가 생성이 된다.

둘째는 대체가 불가능하다. 예를 들어서 'white wine'의 경우에 'white' 대신에 다른 단어를 넣어서 대체하지 못한다. 가령 'snowy/creamy wine'이라는 단어로 바꾸면 다른 유형의 wine을 의미한다. 'white wine'의 원래 색은 노란색이지, 물과 같이 맑은 색이거나 하얀 크림색은 아니다. 만약 'white wine'을 노란색 와인이라는 의미로 'yellow wine'으로 대체하면 원래의 'white wine'의 의미가 전달되지 못한다.

셋째는 수식어나 다른 문법적 기능을 통해서 수식되지 못한다. 이것은 숙어나 속담의 예가 적절한데, 숙어나 속담인 경우에는 관용적인 표현으로 이미 굳어진 용례가 된다. 따라서 수식어를 통해서 수식하지 못한다. 영어의 경우에 '매우 가난하다'라는 의미로 'as poor as church mice'라는 관용표현이 있는데, 복수형이 가능하지 않다(*as poor as church mouse). 또 한국어의 경우에 '힘이 약화되었다'라는 의미로 '이빨 빠진 호랑이'라는 어구가 있다. 이 경우에 '이빨이 잘 빠진 호랑이'와 같이 '잘'이라는 부사를 사용해서 수식하면 원래의 의미를 상실한다.

이와 같은 연어 관계는 언어 자료에서 추출해야 될 중요한 것 들이다. 연어 관계의 언어 자료는 사전을 집필하는데 매우 필요하며 언어 교육과 관련된 측면과 정보 검색의 측면에서도 중요하다. 연어 관계의 추출은 언어 자료를 통계적으로 처리하면 얻을 수 있다. 이러한 연유로 언어 자료를 통계적으로 처리하면서 연어 관계의 추출은 중요하게 취급된다. 어떠한 통계적 방식으로 의미 있는 자료를 얻을 수 있는가가 중요하다.

빈도는 앞에서도 설명한 바와 같이 여러 작업 중 간단하면서도 유용하게 활용될 수 있으며 연어관계 추출과 연관된 작업에서도 매우 유용하다. Manning and Schütze (1999)에서는 Jueston and Katz (1995)를 인용하면서 빈도를 통한 연어관계의 두 단어 추출을 소개하였다. Jueston and Katz (1995)의 연구는 연어관계에 있는 여러 두 단어쌍 중 특수 용어를 추출하고자 하는데, 출현 빈도를 활용하였다.

예를 들어서 통계용어인 'linear function'이나 'regression coefficient'와 같은 두 단어는 연어 관계로 앞에서 언급한 연어 관계의 세 가지 조건을 충족하는데, 이러한 단어쌍을 추출하는데 출현빈도를 활용한다. 그런데, 언어 자료에서 가장 많이 출현하는 단어는 의미 없는 형식어휘들이다. 뉴욕 타임즈 코퍼스에서 출현 빈도가 높은 연이은 두 단어를 추출하면 'of the, in the, to the...'와 같이 의미 없는 단어쌍만이 추출된다. 이와 같이 출현빈도만을 고려하면 연이은 두 단어쌍은 연어 관계와는 상관이 없다. 따라서 다른 형태의 추출 기준을 활용해야 한다.

연어 관계에 있는 단어들을 살펴보면 일정한 유형의 품사 표지를 갖고 있다. Manning and Schütze (1999)에서는 이러한 점에 주목해서 품사 표지에 의해서 어휘를 추출하여 보면 추출된 어휘들이 'New York (형용사 명사), United States (형용사 명사), Los Angeles (명사 명사),...'와 같이 출현빈도만을 고려할 때보다 더 언어학적으로 가치가 있는 자료를 산출한다.

또한 영어에서 강한, 센, 강력한 의미의 형용사인 'strong'과 'powerful'은 동의어이나, 서로 다른 명사류를 수식한다. 예를 들어서 'support'의 경우에는 'strong'이 수식하지만 'powerful'은 수식하지 않는다. Manning and Schütze (1999)에서는 'strong'은 'support, safety, sales, opposition'과 같은 명사를 수식하는 것이 코퍼스에서 관찰되며, 'powerful'은 'force, computers, position, men'과 같은 명사를 수식하는 것으로 관찰된다고 한다.

한국어의 경우에 빈도 사용을 제안한 논의는 다음과 같다. 강현화(2005)에서는 한국어 교육과 관련된 문제에서 빈도의 사용을 제안하였다. 일반 교과서에 실린 한국어 기초 형용사에는 '기쁘다, 즐겁다, 재미있다, 신나다, 홍겹다, 홍미롭다, 슬프다, 우울하다, 애처롭다, 서럽다, 애석하다, 애타다, 속상하다'가 발견된다. 이 중 '기쁘다, 즐겁다, 슬프다'가 여러 자료에서 빈도가 높은 어휘들로 우선적으로 학습되어야 할 어휘들이라고 제안한다.

강범모(1999)에서는 한국어 텍스트 장르의 언어 특성을 논의하면서 언어학적 지식을 활용하고 있다. 강범모(1999)는 신문, 수필, 논문, 연극, 인터뷰등과 같이 다양한 장르의 한국어 텍스트에서 언어학적 지식을 추출하였다. 사용한 언어학적 지식은 대명사, 명사형, 시제와 상, 종속절, 어휘 사용 등 82개에 달한다. 이러한 표지를 통해서 각각의 장르의 특성을 추적해 보았는데, 출현빈도에 기반을 둔 평균과 표준편차 등을 활용하였다. 단순히 출현빈도만을 활용하였지만, 여러 개의 언어학적 지식이 활용되면 더 다양한 형태의 분석이 가능해진다. 이러한 문제는 2장에서 논의된 바와 같이 표본의 추출과 관련되어서 어떠한 기재를 활용해서 표본을 추출하는지가 통계에 중요한 역할을 하는 것과 일맥상통한다. 똑같은 대상물일지라도 어떠한 척도를 적용하고 어떠한 표본을 추출하는지가 통계의 가장 기본적인 요소인 빈도에 영향을 미치게 된다.

강범모(1999)의 연구를 자세히 소개하면 다음과 같다. 강범모(1999)는 수필, 소설, 논문 등의 여러 장르의 텍스트에서 출현빈도만을 활용해서 일인칭 사용, 과거시제 사용, 형용사 사용과 같은 언어학적 특징을 찾아보았다. 이를 바탕으로 각각의 언어학적 특징을 기준으로 여러 장르의 텍스트의 빈도지수를 표현하였다. 강범모(1999)에 따르면 일정한 장르의 텍스트에서는 일정한 유형의 언어학적 특징의 빈도가 높게 나타난다. 예를 들어서 수필의 경우에는 일인칭의 사용, 소설은 형용사의 사용, 논문은 과거시제의 사용이 두드러지며 각각의 빈도 지수가 높게 나타난다. 강범모(1999)의 연구에서는 이러한 빈도지수를 개별적으로 구분하였다. 즉, 일인칭 사용, 형용사 사용, 과거시제 사용 등을 각각 개별적으로 나타냈다.

빈도는 간단하면서도 유용한 기재를 제공한다. 통계의 기본이 빈도이므로, 빈도를 통한 분석이 통계의 시작이 된다. 바꾸어 말하면 빈도는 통계의 시작일 뿐, 통계의 전체적 모습을 보여준 것이 아니다. 따라서 강범모(1999)의 연구는 더 많은 분석 가능성을 담고 있다. 언어현상은 다면적으로 더 풍부한 해석이 가능하다. 즉 하나의 텍스트는 여러 가지 언어학적 특성이 다면적으로 나타난다. 다시 말하면 소설이라는 텍스트 안에는 일인칭 사용, 형용사 사용, 과거시제 사용 등과 같은 여러 언어학적 특성이 복합적으로 나타나며, 일인칭 사용이 다른 언어학적 특성보다 더 두드러지게 된다. 따라서 각각의 언어학적 특성의 조각들을 모으면 다면체 통계가 이루어진다.

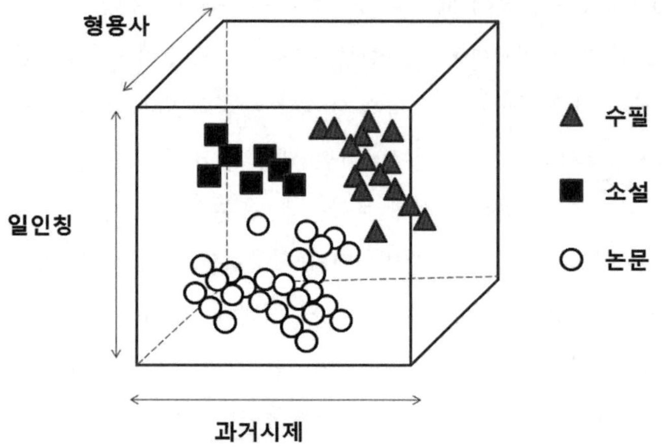

〈그림 3-8〉 다면체 통계

〈그림 3-8〉에서는 통계적 분류에 따라서 수필, 소설, 논문이라는 텍스트 장르의 다면적 분포를 가상으로 보여주었다. 빈도를 통해서 밝혀진 다양한 유형들은 통계적으로 복잡하게 얽혀있으므로 복잡하고 더 향상된 통계 분석을 통해서 어떻게 서로 영향을 미치는지를 살펴보아야 한다.[11]

11) 〈그림 3-8〉을 활용하면 어떠한 요인이 어떤 통계적 항목에 어떻게 작용하는가를 분석하는 요인분석(factor analysis)이 가능하다. 또한 이러한 분석을 활용해서 요인을 줄여서 동시에 보여주는 분석도 필요하다. 이러한 분석은 많은 통계적 지식이 필요하므로, 본 서적의 범위를 벗어난다. 따라서 이러한 부분에 대한 설명은 추후의 논의로 미룬다.

연습문제

1. 〈그림 3-9〉에서 제시된 것은 언어 자료에서 발견되는 품사표지이다. 이 품사표지를 대상으로 엑셀을 활용해서 막대형 그래프, 영역형, 원형 그래프를 작성하시오.

일반명사	63370	보조용언	61
숫자	62299	부사격조사	60
고유명사	22393	접속부사	56
외국어	13301	관형형전성어미	51
동사	4207	체언접두사	47
부사	3742	접속조사	20
형용사	1609	선어말어미	19
어기	1026	목적격조사	12
연결어미	680	주격조사	10
종결어미	488	줄임표	10
의존명사	418	형용사파생형어미	9
감탄사	242	동사파생형어미	9
관형사	205	호격조사	7
대명사	143	명사전성형어미	6
수사	116	인용격조사	6
명사파생형어미	97	관형격조사	5
보조사	66	긍정격지정사	4

〈그림 3-9〉 품사표지 도수분포

2. 산포도는 X축과 Y축의 상관성을 살펴보기에 좋은 그래프이다. 특히 추세선은 산포도에서 X축과 Y축 변수들의 상관성의 정도를 나타낸다. 산포도와 추세선을 활용해서 상관성을 측정하기에 좋은 변수들이 어떠한지 세 가지를 제시하고 연구의 방법을 설명하시오. 다음은 예시이다.

- 발 크기와 키 상관성을 살펴본다. 발이 크면 키가 큰지 아니면 크지 않은지 두 변수 간의 상관성을 살펴본다.
- 언어 자료 중에서 문장의 길이와 형태소의 개수의 상관성을 살펴본다. 문장이 길면 형태소 유형의 개수가 많은지 살펴본다. 문장이 길어도 형태소 유형의 개수가 많지 않다면 동일한 형태소가 여러 문장에서 많이 활용될 것이다. 반대의 경우에는 다양한 유형의 형태소가 여러 문장에서 활용될 것이다.

3. 다음의 언어 자료는 세종 코퍼스 중 구문 분석을 한 코퍼스이다. 이 코퍼스를 통해서 다음 자료의 빈도를 측정하고 그래프를 그려보아라.

- 형태소 및 어절의 빈도
- 구문표지들의 빈도(S, NP, VP, AP,...)
- 기능표지들의 빈도(NP_SBJ, VP_SBJ, NP_OBJ,...)
- 형태소 품사표지들의 빈도(JKB, NNG, VV, EP,...)

```
; 도대체 민주 사회란 무엇인가.
(S      (AP 도대체/MAG)
        (S        (NP_SBJ   (NP 민주/NNP)
                            (NP_SBJ 사회/NNG + 란/JX))
                  (VNP 무엇/NP + 이/VCP + ㄴ가/EF + ./SF)))

; 자유롭고 평등하고 거짓이 없는 풍토를 말하지 않는가.
(VP     (NP_OBJ   (S_MOD    (VP 자유/NNG + 롭/XSA + 고/EC)
                            (S_MOD    (VP 평등/NNG + 하/XSA + 고/EC)
                                      (S_MOD    (NP_SBJ 거짓/NNG + 이/JKS)
                                                (VP_MOD 없/VA + 는/ETM))))
                  (NP_OBJ 풍토/NNG + 를/JKO))
        (VP       (VP 말/NNG + 하/XSV + 지/EC)
                  (VP 않/VX + 는가/EF + ./SF)))

; 여기서 거짓이란 특히 공직자의 거짓이 없어야 함을 말한다.
(S      (NP_SBJ   (NP_AJT 여기/NP + 서/JKB)
                  (NP_SBJ 거짓/NNG + 이란/JX))
        (VP       (S_OBJ    (AP 특히/MAG)
                            (S_OBJ    (NP_SBJ   (NP_MOD 공직자/NNG + 의/JKG)
                                                (NP_SBJ 거짓/NNG + 이/JKS))
                                      (VP_OBJ   (VP 없/VA + 어야/EC)
                                                (VP_OBJ 하/VX + ㅁ/ETN + 을/JKO))))
                  (VP 말/NNG + 하/XSV + ㄴ다/EF + ./SF)))

; 그야말로 손으로 햇빛을 가리는 격이다.
(VNP    (AP 그야말로/MAG)
        (VNP      (VP_MOD   (NP_AJT 손/NNG + 으로/JKB)
                            (VP_MOD   (NP_OBJ 햇빛/NNG + 을/JKO)
                                      (VP_MOD 가리/VV + 는/ETM)))
                  (VNP 격/NNB + 이/VCP + 다/EF + ./SF)))
```

〈그림 3-10〉 세종 구문 분석 코퍼스의 예

4. 평균과 분산

4.1. 평균

통계적 연산에서 가장 처음 시행해야 하는 것은 평균(mean)을 측정하는 것이다. 평균은 여러 변수의 값을 모두 더하고 전체 개수로 나눈 것이다. 표본의 경우에 표기는 $\overline{x}$와 같이 하고 (1)과 같이 구한다.

$$(1)\ \overline{x}=\frac{\sum_{i=1}^{n}x_i}{n}$$

텍스트 세 개에서 명사의 개수를 세어보았는데, 각각 50, 51, 49, 50, 50이 나왔다면 $\frac{50+51+49+50+50}{5}=50$이 된다. 모집단의 경우에도 동일한데, 표기를 $\overline{x}$가 아니라 μ로 한다. 평균은 현재 집단의 통계가 어디에 위치하는가를 찾아내는 역할을 한다. 집단 A와 집단 B의 위치가 어디에 위치하는가를 알기 위해서는 각 집단의 평균이 어디에 위치하는가를 알아내야 한다. 이를 토대로 각 집단의 위치를 추적해 낼 수 있다.

전체 값에서 중앙이 되는 값을 중앙값(median)이라고 한다. 50, 51, 49, 50, 50의 경우에 중앙값은 50이 된다. 그 다음으로 평균과 관계되어서 필요한 것은 최빈수(mode)이다. 이 값은 가장 많은 빈도를 갖은 값이다. 50, 51, 49, 50, 50의 경우에는 50이 세 번, 49, 51이 각각 한 번씩만 나왔으므로, 최빈값은 50이 된다.

이렇게 평균, 중앙값, 최빈수을 측정하는 이유는 평균이 일치하는 경우도 있지만, 다른 경우가 많다. 만약 평균, 중앙값, 최빈수가 동일한 경우는 통계적으로 의미있는 특별한 경우이다. 자세한 내용은 6장에서 상세히 논의될 것이다. 엑셀에서 평균, 중앙값을 구하는 방식은 다음과 같다. AVERAGE, MEDIAN, MODE 함수가 있는데, 각 함수의 범위를 설정하면 된다.

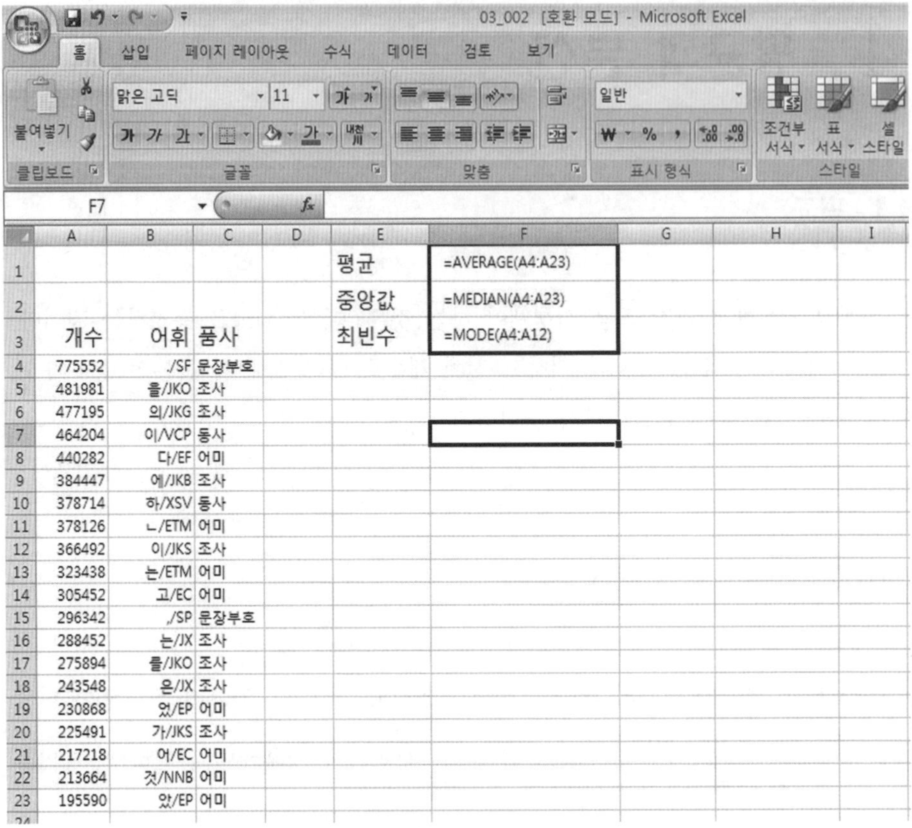

〈그림 4-1〉 엑셀에서 평균, 중앙값, 최빈수 구하기

평균과 연관된 값들이 어느 곳에 분포해 있는지 조사해 보는 것인 사분위수(quartile)와 백분위수(percentile)이다. 백분위수는 말 그대로 %로 환산한 값이다. 45%란 것은 그 값이 45%에 속한다는 것이다. 사분위수는 전체를 $\frac{1}{4}$로 나누어서 처음 25%를 1사분위수, 다음 50%까지를 2사분위수, 그 다음 75%까지를 3사분위수, 그 다음 100%까지를 4사분위수라고 한다. 45%란 것은 2사분위수에 속하는 값이다. 엑셀에서 백분위수는 PERCENTILE 함수로, 사분위수는 QUARTILE 함수를 사용한다. 각각의 함수는 범위와 각각의 값을 입력해야 한다. 만약 85%의 백분위수를 원하면 0.85로 입력하고 사분위수 3사분위수가 필요하면 3이라고 입력하면 된다.

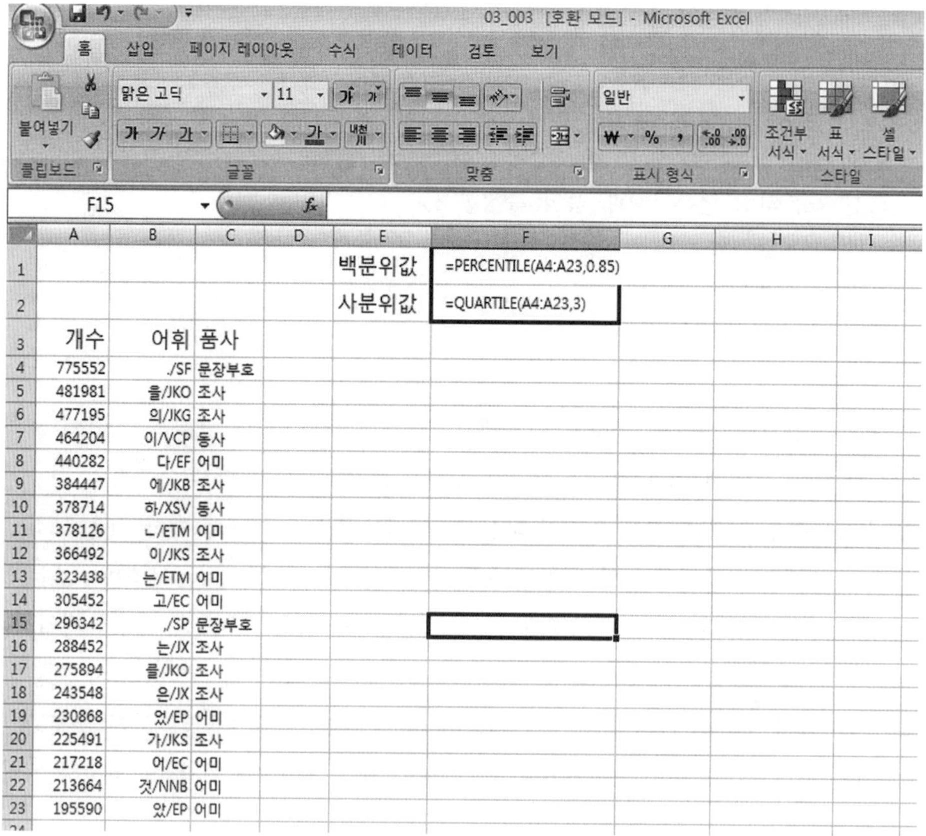

〈그림 4-2〉 백분위수와 사분위수 구하기

4.2. 분산

다음으로는 평균에서 얼마나 많이 떨어져 있는가를 나타내는 분산(variance)을 통해서 집단의 통계량을 측정해낸다. 분산은 자료들이 얼마나 균일한지를 나타낼 수 있으며, 자료의 분포 특성을 표현한다. 예를 들어서 분산이 적은 경우는 많은 경우보다 더 평균에 집중하고 있는 형태로, 집단의 분포가 평균으로 몰리는 균일한 집단을 나타낸다. 반면에 평균에서 멀리 떨어진 집단은 분산이 크며 평균에서 퍼져 있는 유형으로 균일하지 않은 집단이 된다.

여기서 분산은 모집단의 분산을 측정한 경우와 표본의 분산을 측정한 경우가 다르다. 모집단의 분산은 (2)와 같이 측정한다.

$$(2)\ \sigma^2 = \frac{\sum_{i=1}^{n}(x_i - \mu)^2}{n}$$

또한 표본의 분산은 (3)과 같이 측정한다.

$$(3)\ s^2 = \frac{\sum_{i=1}^{n}(x_i - \overline{x})^2}{n-1}$$

여기서 표본의 분산을 구하는 경우에 모집단의 평균인 μ와 표본의 평균인 $\overline{x}$를 사용하는 것은 쉽게 이해되나, $n-1$을 하는 것은 설명이 필요하다. 표본의 경우에 모집단을 추정해야 하는데, 표본의 분산을 구하는 경우에 하나를 빼는 것은 모집단 분산을 한쪽으로 치우치지 않게 추정하게 한다. 여기서 하나는 평균이 되며, 표본에서 평균을 제거한 후에 개수를 세게 된다. 평균은 어느 집단이나 도수에서 제일 많이 차지하게 되는데, 집단의 특성, 즉 표본의 특성을 제거하게 된다. 결국 표본의 특성 중 가장 중요한 특성인 표본의 평균이 없애서 모집단을 더 정확하게 추정하고자 하는 노력의 일환이다. 모집단을 추정하는 부분은 7장 추정에서 더 자세히 논의하게 될 것이다.

분산은 모집단이든 표본이든 제곱을 한 결과이다. 표준편차(standard deviation)는 분산에서 제곱을 하지 않은 양의 수를 말한다. σ는 모집단 표준편차를 말하고, s는 표본 표준편차를 말한다.

$$(4)\ \text{a. } \sigma = \sqrt{\sigma^2} = \sqrt{\frac{\sum_{i=1}^{n}(x_i - \mu)^2}{n}}$$

$$\text{b. } s = \sqrt{s^2} = \sqrt{\frac{\sum_{i=1}^{n}(x_i - \overline{x})^2}{n-1}}$$

엑셀에서 분산과 표준편차를 쉽게 구하는 방식은 VAR과 STDEV를 사용하면 된다. 평균을 구할 때와 같이 범위만 설정하면 된다.

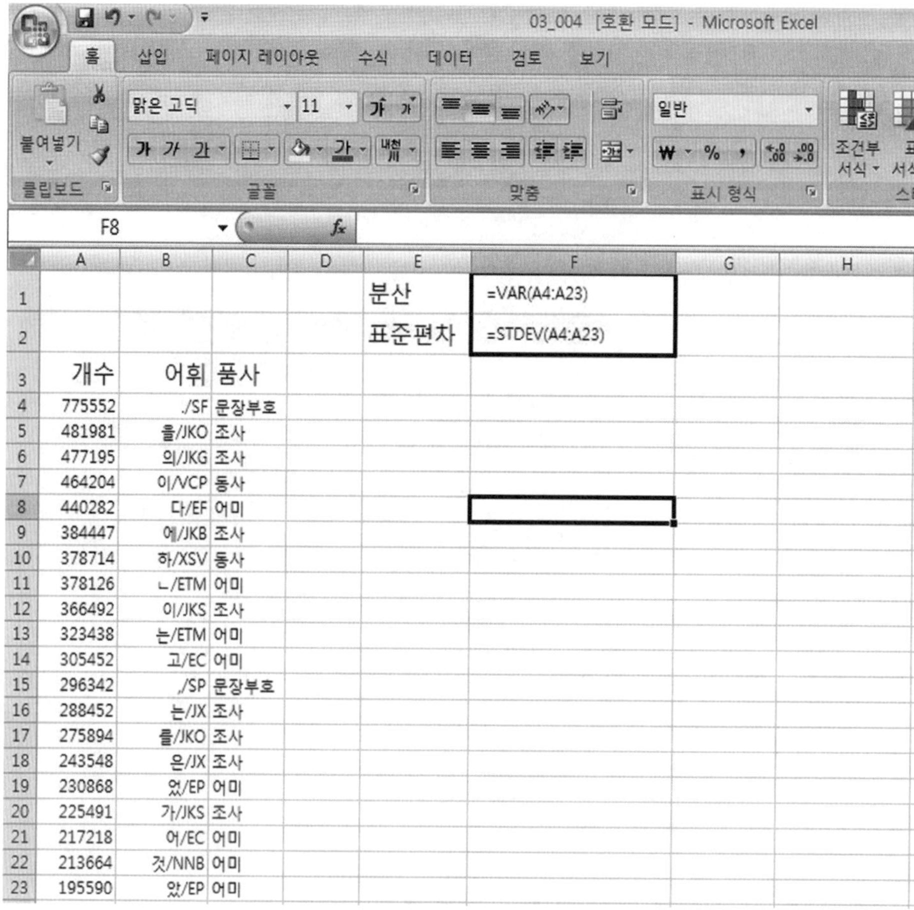

	A	B	C	D	E	F
1					분산	=VAR(A4:A23)
2					표준편차	=STDEV(A4:A23)
3	개수	어휘	품사			
4	775552	./SF	문장부호			
5	481981	을/JKO	조사			
6	477195	의/JKG	조사			
7	464204	이/VCP	동사			
8	440282	다/EF	어미			
9	384447	에/JKB	조사			
10	378714	하/XSV	동사			
11	378126	ㄴ/ETM	어미			
12	366492	이/JKS	조사			
13	323438	는/ETM	어미			
14	305452	고/EC	어미			
15	296342	,/SP	문장부호			
16	288452	는/JX	조사			
17	275894	를/JKO	조사			
18	243548	은/JX	조사			
19	230868	었/EP	어미			
20	225491	가/JKS	조사			
21	217218	어/EC	어미			
22	213664	것/NNB	어미			
23	195590	았/EP	어미			

〈그림 4-3〉 분산과 표준편차 구하기

엑셀에서는 전체 통계를 편리하게 나타내는 [기술 통계법]이라는 도구가 있다. 이 도구는 [데이터] 탭에서 [데이터 분석]을 누르면 선택 창이 나오는데, [기술 통계법]을 선택하고 범위를 설정하면 된다.

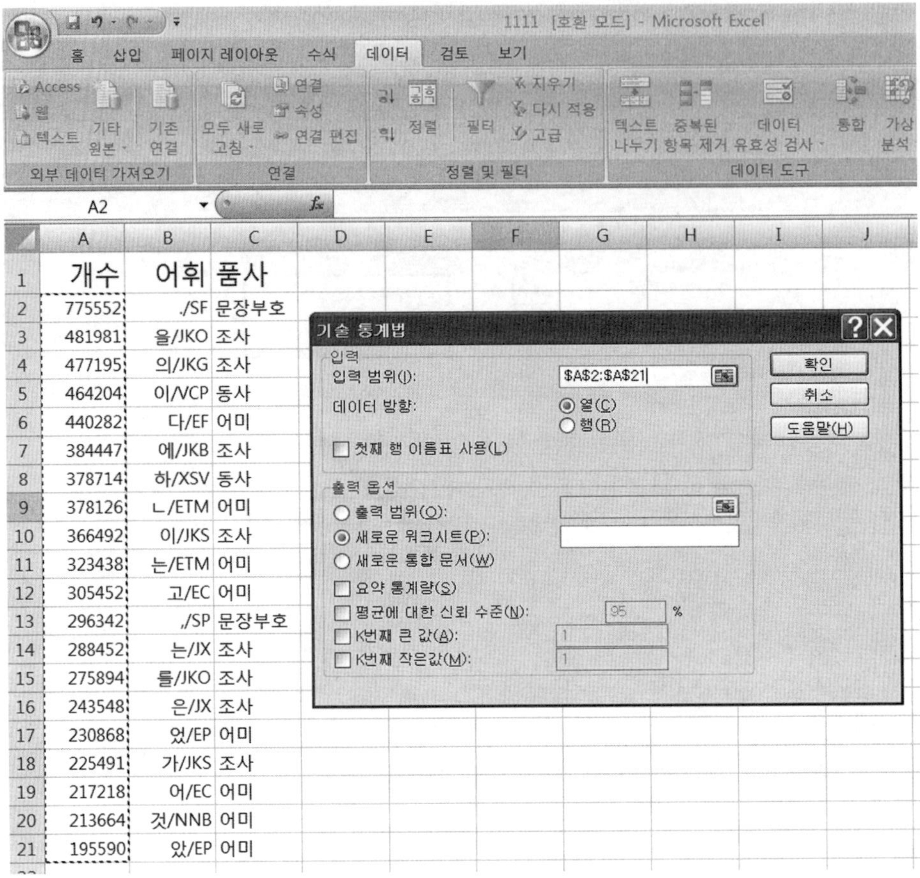

〈그림 4-4〉 기술 통계법 선택

결과는 〈그림 4-5〉와 같이 나타난다.

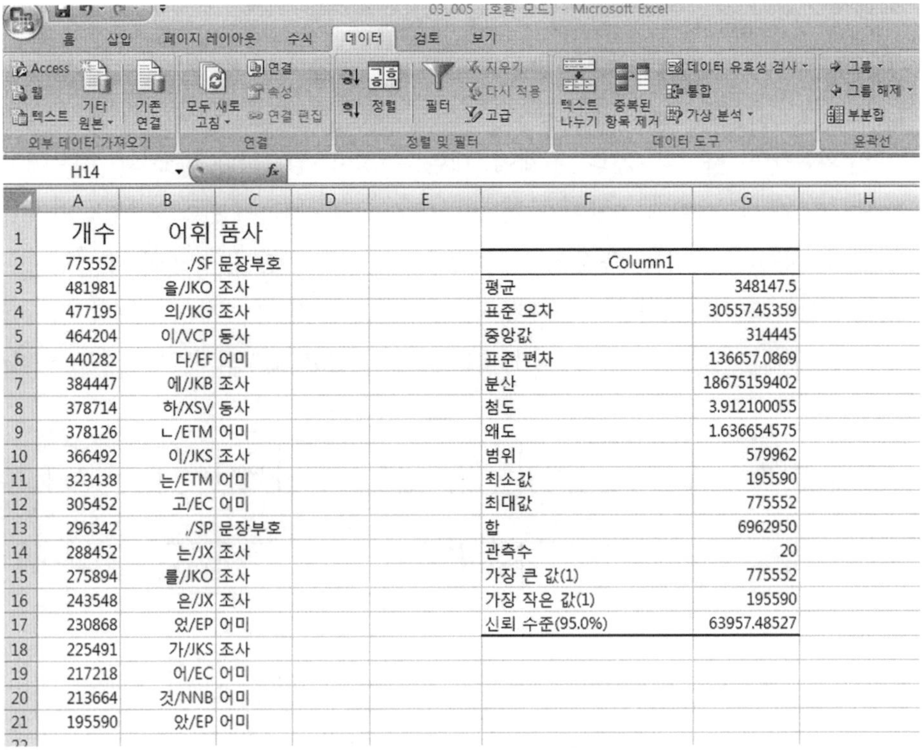

	개수	어휘	품사		Column1	
2	775552	./SF	문장부호			
3	481981	을/JKO	조사		평균	348147.5
4	477195	의/JKG	조사		표준 오차	30557.45359
5	464204	이/VCP	동사		중앙값	314445
6	440282	다/EF	어미		표준 편차	136657.0869
7	384447	에/JKB	조사		분산	18675159402
8	378714	하/XSV	동사		첨도	3.912100055
9	378126	ㄴ/ETM	어미		왜도	1.636654575
10	366492	이/JKS	조사		범위	579962
11	323438	는/ETM	어미		최소값	195590
12	305452	고/EC	어미		최대값	775552
13	296342	./SP	문장부호		합	6962950
14	288452	는/JX	조사		관측수	20
15	275894	를/JKO	조사		가장 큰 값(1)	775552
16	243548	은/JX	조사		가장 작은 값(1)	195590
17	230868	었/EP	어미		신뢰 수준(95.0%)	63957.48527
18	225491	가/JKS	조사			
19	217218	어/EC	어미			
20	213664	것/NNB	어미			
21	195590	았/EP	어미			

〈그림 4-5〉 기술 통계법의 결과

4.3. 언어 자료와 평균, 분산

언어 자료 분석에서 가장 단순한 분석법은 이전 장의 빈도인데, 그보다 약간 더 향상된 방식이 분산을 활용하는 방식이다. 이전 장에서 연어 관계의 파악을 위해서 빈도를 활용하는 측면을 설명하였다. 빈도와 유사하게 분산도 연어 관계를 나타낼 수 있는 지표가 된다. 통계적으로 분산이 낮으면 평균에서 가까이 분포하는 것으로 항상 일정한 거리에 있는 것으로 분석된다. 따라서 분산이 낮은 경우는 일정한 관계를 갖는 연어일 확률이 높다.

분산을 활용해서 연어 관계를 파악하기 위해서는 두 단어 간의 거리를 측정하기 위한 특별한 장치가 필요하다. 다음의 문장에서 "knock"과 "door"가 연어 관계인지 살펴보자.

(5) a. We endeavor to **knock** at the **door**.

b. When do I **knock** on the hotel room **door**?

단어와 단어 사이의 거리 관계에 대한 측정이 필요하다. (5a)의 경우에는 "knock"과 "door" 사이에 2 단어가 있으며, (5b)의 경우에는 4 단어가 있다. 따라서 이 단어 사이의 거리를 측정하기 위해서는 몇 개의 단어가 들어가는 윈도우(window)를 고려할 것인가가 문제가 된다. 윈도우를 9, 7, 5개를 고려할 적마다 (5b)의 경우에는 "knock"과 "door"가 고려될 수도 있고 고려되지 않을 수도 있다.

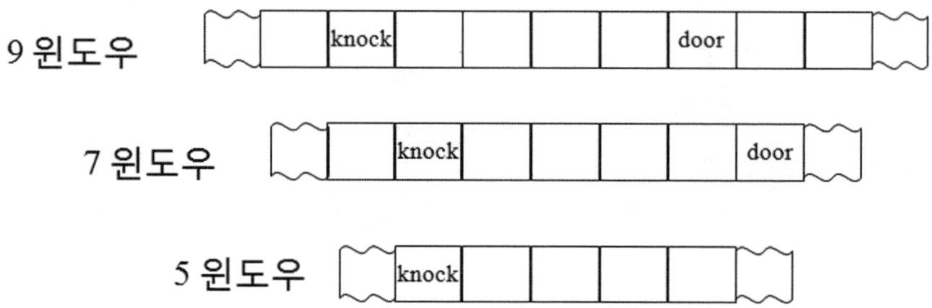

<그림 4-6> 9. 7. 5 윈도우

윈도우를 5개로 설정하고 (5a, b)에 적용하면 (5a)의 관계가 포착되지만, (5b)의 관계는 포착되지 않는다.

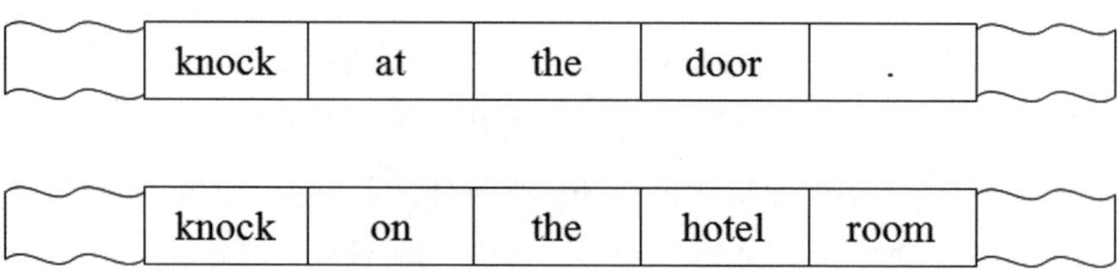

<그림 4-7> 5 윈도우 적용

분산은 평균과 차이를 나타내므로, 이를 활용해서 적용하면 다음과 같다. Smadja (1993)에서는 두 단어 사이의 거리인 $\bar{d}$와 해당 윈도우에서 측정되는 거리인 d_i 사이의 차이인 분산을 측정한다.

$$(6)\ s^2 = \frac{\sum_{i=1}^{n}(d_i - \overline{d})^2}{n-1}$$

여기서 두 단어 사이의 거리를 offset이라고 하는데, offset이 모든 경우에 0이 되면 분산이 0이 되므로, 연어가 될 것이다. 반대로 offset이 예측하기 어렵다면, 분산은 매우 높고, 연어가 되지 않을 것이다.

다음 (7)의 문장을 고려해 보자.

(7) a. She **knocked** on his **door**.

b. They **knocked** at the **door**.

c. 100 women **knocked** on Donaldson's **door**.

d. A man **knocked** on the metal from **door**.

여기서 각각의 offset은 3, 3, 5, 5가 되므로 평균은 $\frac{3+3+5+5}{4} = 4$이 되고,

표준편차는 $\sqrt{\frac{(3-4)^2 + (3-4)^2 + (5-4)^2 + (5-4)^2}{4-1}} \approx 1.15$이 된다.

이를 토대로 실제 코퍼스에서 발견되는 두 단어의 연어 관계를 측정해보면 연어 관계로 고려되는 지명을 나타내는 단어쌍이나 흔히 사용되는 단어쌍의 분산이 다른 경우보다 더 낮은 것을 알 수 있다. 예를 들어서 'New York, hundred dollars,...'와 같은 단어쌍의 분산이 'ring New, subscribed by,...'와 같이 의미 없는 단어쌍의 분산보다 더 낮다.

이러한 분산을 언어 자료에 적용하면 단어와 단어 사이의 거리를 윈도우와 같이 정해진 틀이 아닌 역동적 틀에서 측정할 수 있는 장점이 있다. 언어 자료를 들여다보면 두 단어 사이의 거리가 일정하게 정해진 것이 아니라 역동적으로 변하게 되는데 이런 경우에도 단어 간의 관계성을 발견할 수 있다. 또한 이러한 관계 측정 방식은 두 단어 사이에 다른 요소가 개입되어 있더라도 일정하게 동일한 것으로 측정할 수 있다.

여기서는 어느 어휘가 통계적 검증에 따라 확정되는 것이 아니라 어느 어휘는 다

른 어휘에 비해서 상대적으로 관계성이 입증된다. 통계적으로 입증되기 위해서는 다른 방식을 활용해야 한다. Smadja (1993)에서는 Z-분포를 활용한 Z-검정을 사용한다. 자세한 내용은 8장 검정에서 자세히 논의하게 될 것이다.

연습문제

1. 아래는 코퍼스에서 발견되는 '감다'의 예인데, '머리'가 포함되어 있다. 한국어에서 '감다'의 경우에 '머리'와 연어를 구성할 확률이 높다. 위에서 논의한 분산을 활용해서 측정해 보시오. 측정 시에 다음을 고려하시오.

> ① 머리를 감는 몸짓을 하다.
> ② 나는 머리를 뒤로 젖히고 눈을 감았다.
> ③ 머리를 감는 몸짓을 하게 하고
> ④ 머리에 붕대를 감고
> ⑤ 머리를 기대어 눈을 감았다.
> ⑥ 머리를 팔로 휘어 감고
> ⑦ 머리를 그의 가슴에 대고 눈을 감았다.

〈그림 4-8〉 분산의 예

- 윈도우를 어떻게 설정할 것인가? 한국어의 경우에 윈도우를 설정하면서 무엇을 고려해야 하는지 생각해 보자. (어절 단위 또는 형태소 단위)
- 단어와 단어 간의 거리의 평균을 구하는 작업에서 어떤 것을 고려해야 하는가? 즉, '머리를 감다'와 같이 동일한 의미를 지니는 단위만을 고려할 것인지 아니면 모두 다를 포함할 것인지 고려해보라. 즉 '눈을 감다'의 경우는 '머리를 감다'의 의미가 아니므로 고려의 대상에서 제외할 것인지 생각해 보라.
- 통사적 요소가 이러한 고려에 포함이 되는지 생각해 보라. 즉, 같은 어구 내에서만을 고려의 대상으로 할 것인지 아니면 전체를 포함할 것인지 고려해 보라. 즉, '머리를 그의 가슴에 대고 눈을 감았다.'의 경우는 [[머리를 그의 가슴에 대고] 눈을 감았다.]와 같이 분석될 수 있으므로, '감았다'와 '머리'는 서로 다른 어구 내에 포함되어서 분석의 대상에서 제외할 수 있는데, 이러한 점을 고려할 것인가?

5. 확률

5.1. 확률의 기초

확률은 빈도를 중심으로 하는 초보적인 기초 통계의 일부이다. 흔히 통계는 대상에 대한 관찰이고, 확률은 미래에 대한 예측을 담고 있다고 생각하나, 실상 확률은 통계적 추정을 보편화하는 기초가 된다.

통계적 추정의 의미를 조금 더 자세히 살펴보면 다음과 같다. 통계적으로 관찰될 수 있는 사례들이 동일한 유형으로 관찰될 수 있다면 이를 바탕으로 여러 집단의 통계적 분포를 추정할 수도 있다. 반대로 다른 사례에서 통계적 관찰을 진행할 때 각각 다른 통계적 추정만이 가능하다면 다른 사례에서 공통점이나 보편성은 없을 것이다. 만약 통계적 관찰에서 서로 다른 추정만이 가능하다면 통계학을 하나의 보편화된 학문으로 발전시키지는 못할 것이다. 그런데, 여러 통계적 관찰들은 서로 동일하거나 유사한 분포를 보인다. 이를 토대로 하면 서로 보편화 될 수 있는 분포적 특성을 찾을 수 있으며, 여러 가지 서로 다른 통계적 관찰을 하나의 보편적 틀안에서 추정하는 것이 성립한다. 그러므로 확률적 추론이 통계를 하나의 사례만을 연구하는 개별 사례를 특징적으로 연구하는 학문이 아닌 보편적 특징을 기반으로 보편적 사실을 추구할 수 있는 기초를 제공하게 된다.

확률은 통계적 관찰이 가능한 사건(event)들이 발생 가능한 전체 확률 공간(probability space)에서 어떻게 발생하는지를 기술하는 것을 일차적 목표로 하고 이러한 기술들이 보편화될 수 있는 근거를 제시하는 것을 이차적 목표로 한다. 보편적 근거들을 모아서 통계적 관찰들의 보편적 특성들을 추출한다. 여기서 사건은 어떠한 통계적 사실이 발생하는 것을 의미한다. 예를 들어서 '주사위를 던져서 1이 나왔다'는 것은 통계적 사실이 발생한 하나의 사건이다. 확률은 발생 가능한 모든 사건들에서 특정한 사건이 발생한 비율이 된다. 여기서 가능한 모든 사건들은 전체 확률 공간의 모든 사건의 합이 된다. 주사위의 경우에 전체 확률 공간은 전체 1에서 6까지 발생하는 모든 사건들의 합집합이고, '주사위가 던져져서 1에서 6까지의 숫자 중에서 1이 발생하였다'는 것은 확률이 된다. 따라서 이 경우에 확률은 $\frac{1}{6}$이 된다.

확률은 비율로 나타나는 것으로 0과 1 사이의 어느 하나의 숫자가 된다. 1은 모든 확률 공간에서 늘 항상 발생하는 것으로, 항상 발생하는 것이다. 예를 들어서 '태양은 동쪽에서 떠서 서쪽으로 진다'라는 명제는 항상 참이고 항상 발생하는 확률적으로 1인 사건이다. 반대로 0인 것은 절대적으로 일어나지 않는 사건이다. '태양은 서쪽에서 떠서 동쪽으로 진다'는 명제는 항상 0인 확률로 항상 거짓인 명제이다. 수학적으로 확률은 0과 1사이에 분포하는 함수이다. 확률 함수를 P라고 할 때, P의 함수 F는 0과 1 사이를 투사하는 함수이다. 개별 사건 C의 확률인 $P(C)$가 관찰되는 공간인 표본 공간(sample space)에서 1에서 i번째까지 발생할 확률은 (1)과 같이 모든 결과가 합산되는 것으로 관찰된다.

(1) $P(C_1^i) = P(C_1) + P(C_2) + P(C_3) + \ldots + P(C_i) = \sum_1^i P(C_i)$

예를 하나 들어 보자. 영어에서 초성, 중성, 종성으로 구성된 단어를 고려해 보자. 초성, 중성, 종성에는 각각 자음과 모음의 조합이 가능한데, 자음이 두 개 포함될 확률은 어떻게 계산할 수 있을까? 먼저 모든 조합은 다음과 같다.

(2) {자음+자음+자음, 모음+자음+자음, 자음+모음+자음,
자음+자음+모음, 모음+모음+자음, 모음+모음+모음}

이 중에서 {자음+자음+자음, 모음+모음+모음}은 발음이 불가능하다. 따라서 제외하면, 네 가지 경우만이 가능한 조합이다. 그 중에서도 자음이 두 개만 있는 경우는 {자음+모음+자음, 자음+자음+모음, 자음+모음+자음}의 세 가지 경우가 가능하므로, 총 네 개의 확률공간에서 세 개의 사건이 확률적으로 발생 가능하다. 따라서 이를 모두 더하면 $\frac{3}{4}$이 도출된다.

확률은 수학적으로 사칙연산 중 덧셈과 뺄셈, 곱셈과 연관된 연산을 따른다. 덧

셈의 법칙은 그대로 따르고 뺄셈의 경우에는 여집합(complementary set) 연산을 따른다. 여집합은 발생하는 사건에 포함되지 않는 즉, 발생하지 않는 사건들로 구성된다. 사건 A의 여사건은 A^C로 구성되는데, 다음의 공식을 통해서 여사건(complement of event)의 확률을 연산한다.

(3) $P(A) = 1 - P(A^C)$

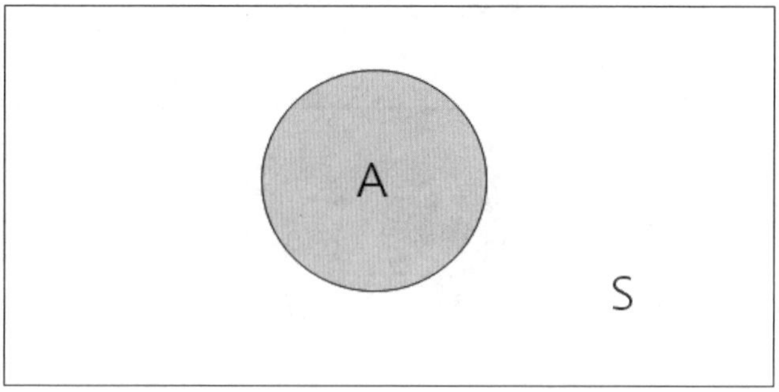

〈그림 5-1〉 여사건

〈그림 5-1〉은 사건 A에 대한 여사건은 S에서 A를 뺀 사건으로 구성되는데, 이를 벤다이어그램으로 나타낸 것이다. A에 대한 여사건들은 $1 - P(S)$로 연산한다. 전체 사건에서 A가 아닌 사건을 연산하면 여사건으로 구성된다. 예를 들면, 음소는 자음과 모음으로 구성된다. 자음이 아니면 모음이 되므로, 언어에서 하나의 음소를 선택했을 때 자음이 발생할 확률이 아닐 여사건의 확률은 $1 - P(자음)$으로 연산한다.

덧셈의 법칙은 합집합(union) 연산과 교집합(intersection) 연산에 기초한다. 사건 A와 사건 B 모두를 포함하는 방식은 크게 A와 B가 동시에 함께 일어나는 확률인 교집합 확률과 사건 A와 사건 B 전체를 포함해서 일어나는 합집합 확률로 구분된다. 아래 그림들은 합집합과 교집합 확률의 벤다이어그램이다.

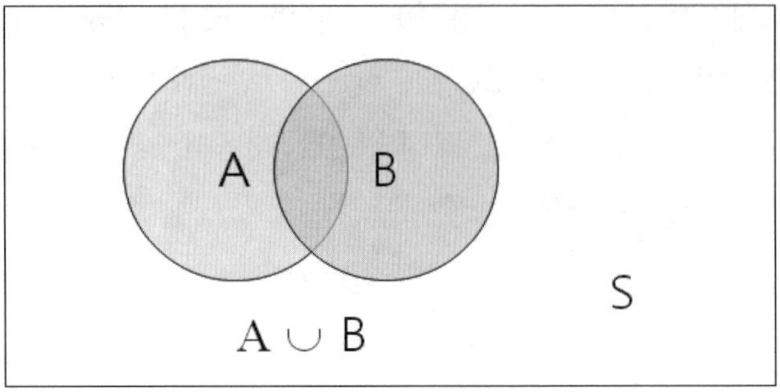

〈그림 5-2〉 합집합

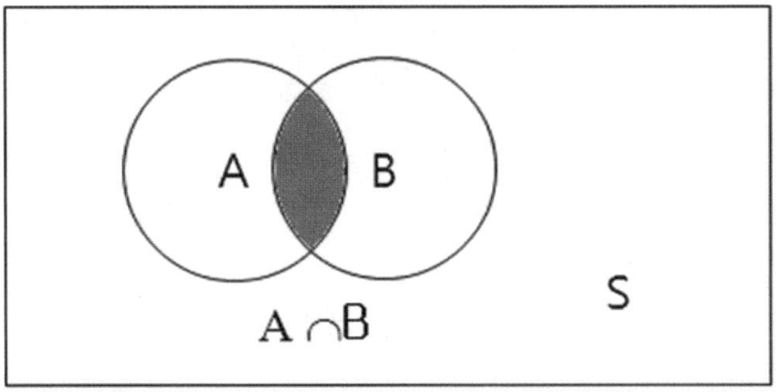

〈그림 5-3〉 교집합

두 사건의 확률 연산에 있어서 두 사건의 합집합을 연산하는 방식은 덧셈법칙에 의해서 연산하는데, 덧셈 연산에서 교집합을 뺀다.

(4) $P(A \cup B) = P(A) + P(B) - P(A \cap B)$

이 연산에서 교집합을 빼는 이유는 〈그림 5-3〉과 같이 두 개의 $P(A \cap B)$ 부분이 겹쳐있기 때문에 겹친 부분을 한 번 뺀다. 그러면 전체에서 중복된 부분을 제외하고 연산하게 된다. 이를 벤다이어그램으로 표시하면 다음과 같다.

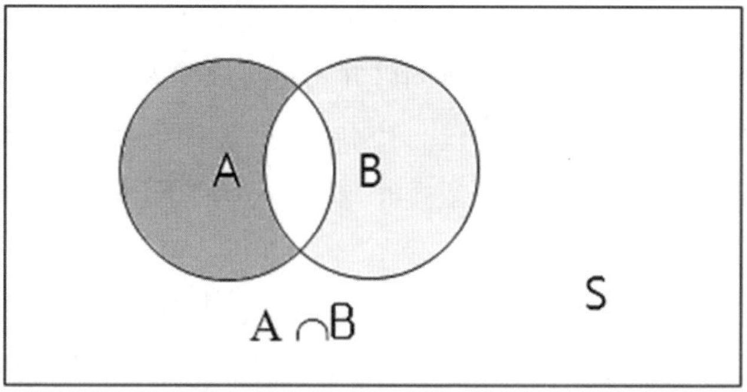

〈그림 5-4〉 덧셈연산

덧셈법칙에서 고려해야 될 다른 관계는 상호배반사건(mutually exclusive events)이다. 이 사건은 하나의 사건이 다른 사건에 아무런 영향을 미치지 않는 경우를 말한다. 상호배반사건의 교집합은 공집합으로 상호배반사건의 경우에 (4)의 연산은 (5)와 같이 고쳐지고 벤다이어그램은 다음과 같다.

(5) $P(A \cup B) = P(A) + P(B)$

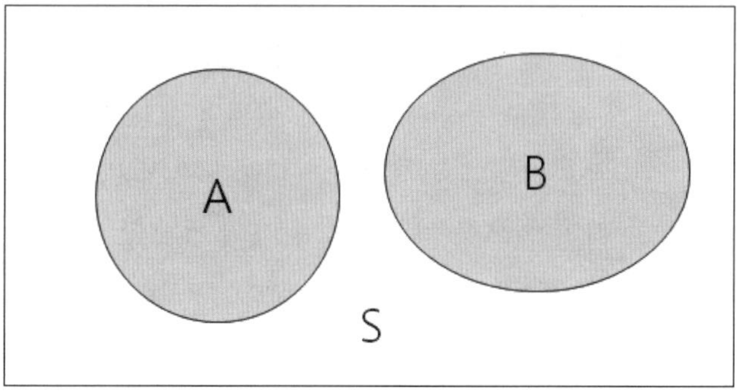

〈그림 5-5〉 상호배반사건

사건의 확률은 어느 하나의 사건이 다른 사건과 연관되어서 일어나는지 또는 연관되어 일어나지 않는지에 따라 구분된다. 두 사건이 연관되어서 일어난다면 하나의 사건은 다른 사건의 조건이 될 것이다. 이 경우를 조건부 확률(conditional probability)이라고 한다. 이와 다르게 하나의 사건이 다른 사건에 대해서 아무런 발생에 대한 관여가 없다면 독립적일 것이다. 이 경우를 독립확률(independent probability)라고 한다. 독립확률의 반대의 경우는 종속확률(dependent probability)이다.

'비가 온다'는 것은 일기예보와 관련된 확률적 사건이 될 수 있다. 오늘의 강수예상 확률을 통해서 관련된 여러 사건을 예상할 수 있다. 우선 '비가 오니까 교통이 혼잡해져서 길이 많이 막힌다'는 것은 우선적으로 예상할 수 있는 사건이다. 따라서 '비가 온다'는 사건은 '교통이 혼잡해서 길이 많이 막힌다'는 사건의 조건이 될 수 있다. 그러나 '비가 오니까 집값이 오른다'는 것은 매우 특수한 상황이 되며, 서로 연관되어 있지 않다. 여기서 '비가 온다'는 사건은 '집값이 오른다'는 사건과 아무런 연관성이 없고 두 사건은 독립적이다. 반대로 '비가 오니까 우산이 필요하다'는 것은 '우산이 필요하다'는 사건이 '비가 온다'는 사건에 대해서 종속적인 관계를 맺고 있다.

사건 B가 A에 조건부 확률로 발생할 때 연산하는 방식은 다음과 같다.

(6) $P(A|B) = \dfrac{P(A \cap B)}{P(B)}$

예를 들어서 프로야구 선수인 박찬호 투수가 비가 오는 날 승리하는 확률은 어떻게 연산하면 될까? '박찬호 투수 우승확률' 중에서 '비가 오는 날 박찬호 투수 우승확률'의 비율로 연산한다. 다시 말하면 비가 오던 비가 오지 않던지 박찬호 투수가 우승할 전체 확률 중에서 비가 오는 날 박찬호 투수가 우승할 확률로 연산한다. 여기서 '비가 오는 날 박찬호 투수 우승확률'의 '박찬호 투수 우승확률'은 조건부 확률이 된다. 승률이 높다면 비 오는 날 박찬호 투수는 우승할 확률이 높을 것이다. 이 확률을 잘 활용하면 스포츠의 승률 연산과 연관된 복권 등에 투자해서 수익을 얻을 확률도 높아질 것이다.

독립사건은 이와 다르게 $P(A|B)$ 조건부 확률의 경우에 $P(B)$가 아무런 영향을 미치지 못하므로, (7)과 같은 정의가 가능하다.

(7) $P(A|B) = P(A)$

확률의 덧셈의 법칙은 두 사건이 모두 일어날 합집합 확률을 연산하지만 확률의 곱셈의 법칙은 두 집합이 함께 일어날 교집합 확률을 연산한다. 조건부 확률 (6)에 따른 확률의 곱셈의 법칙은 다음과 같이 변경될 수 있다.

(8) $P(A \cap B) = P(A|B) \times P(B)$

독립사건 (7)에 근거한 확률 연산의 공식은 다음과 같다.

(9) $P(A \cap B) = P(A) \times P(B)$

지금까지 확률과 연관된 기초적 지식을 살펴보았는데, 확률의 기초에서 다음으로 중요한 것은 발생하지 않은 확률을 예측하는 베이즈 정리(Bayes' Theorem)이다. 이 확률 연산은 사전확률(prior probability)로 사후확률(posterior probability)을 연산할 수 있게 한다. 간단히 말하면, 과거에 발생한 확률을 토대로 미래에 일어날 확률을 예측한다.

이전 장에서도 설명한 바와 같이 베이즈 정리는 수학자 베이즈가 정리한 확률의 정리에 따른다. 이 정리는 미래는 과거의 사실을 바탕으로 현재의 사실의 개연성에 근거하여서 발생한다는 원인-결과(cause-effect) 이론을 따른다. 베이즈 정리에 따르면 미래가 과거와 현재에 대한 믿음(belief)의 영역을 통해서 연결되어 있다는 것으로, 원인-결과에 따른 불확실한 미래의 예측을 위해서 고안된 것이다.

실제로 베이즈 정리는 (8)의 확률의 곱셈의 법칙을 변형하여 도출한다.

(10)
$$P(A|B) \times P(B) = P(A \cap B) = P(B|A) \times P(A)$$
$$P(A|B) \times P(B) = P(B|A) \times P(A)$$
$$\therefore P(A|B) = \frac{P(B|A) \times P(A)}{P(B)}$$

여기서 $P(A|B)$는 즉, B에 대한 A의 조건부 확률은 $P(B|A)$ 조건부 확률로 바꾸어서 계산된다. 즉, $P(A|B)$는 사후확률로 미래의 예측확률이며, $P(B|A)$는

5. 확률

사전확률로 이미 알고 있는 확률이다.

예를 들어 보면 다음과 같다. 현재 통계학 수업을 수강한다고 생각하자. 그런데 중간고사 시험을 쳤는데, 시험에서 좋은 성적을 받지 못했다. 현재 이 수업은 전공 필수로 꼭 이수해야 할 수업이다. 그렇다면 앞으로 기말고사 시험을 보고나서 통계학 수업을 이수할 수 있는 확률을 계산할 수 있을까?

이전에 통계학 아닌 다른 수업을 들었을 때 중간고사에서 좋은 성적을 받지 못하고, 기말고사를 잘못 쳐서 수업 이수에 실패한 확률을 알고 있다. 반대로 중간고사를 잘못 쳤지만 기말고사를 잘 쳐서 수업을 이수한 경우의 확률도 알고 있다. 그렇다면 이 확률을 사전에 알 수 있는 사전확률이라고 할 수 있다. 현재 통계학 수업에서 중간고사를 잘못 친 경우에 기말고사를 치고 수업을 이수하거나 실패할 확률은 사전에 알 수 없는 사후에 발생할 사후 확률이다. 베이즈 정리는 이미 알고 있는 사전확률을 바탕으로 이후에 발생할 사후확률을 예측하는 것이다. 예측에 있어서 사전확률을 토대로 현재 확률을 적용해서 사후확률을 계산하게 된다.

중간고사를 실패한 경우에 기말시험을 보고 수업을 이수하지 못하는 확률은 어떻게 계산할 수 있을까? 먼저 수업은 이수하거나 이수하지 못하므로 이수하지 못할 확률은 50%이다. 그리고 중간고사를 실패한 확률도 실패하거나 실패하지 못하였으므로 50%이다. 또한 중간고사를 실패하고 수업을 이수하지 못할 확률은 이전의 경험으로 40%이다. 이를 벤다이어그램으로 표시하면 다음과 같다.

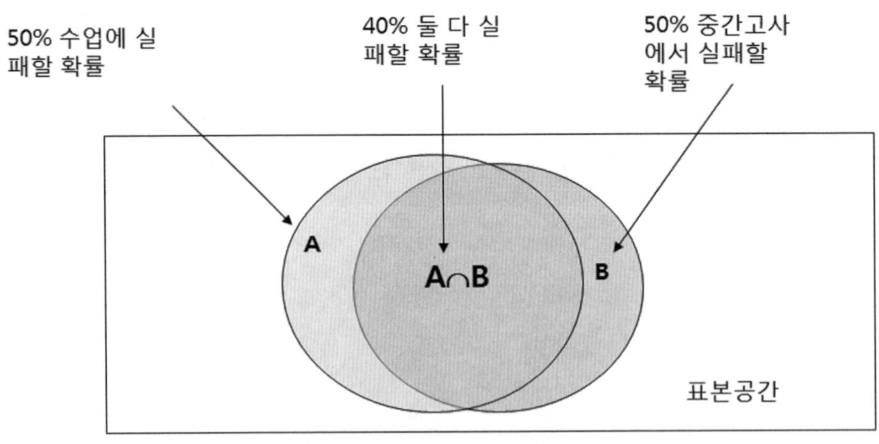

〈그림 5-6〉 베이즈 정리의 예

이를 활용해서 베이즈 정리를 적용하면 다음과 같다.

(11) $P(\text{수업이수 실패}|\text{중간고사 실패})$

$$= \frac{P(\text{중간고사 실패}|\text{수업이수 실패}) \times P(\text{수업이수 실패})}{P(\text{중간고사 실패})}$$

$$P(\text{수업이수 실패}|\text{중간고사 실패}) = \frac{0.4 \times 0.5}{0.5} = 0.4$$

여기서 우리가 알고 싶은 확률은 중간고사에 실패할 경우에 수업을 이수하지 못할 확률이다. 이 경우에 우리는 현재 수업이수에 실패한 확률은 초기에 주어지는 확률이며, 수업이수에 실패할 경우에 중간고사를 실패한 경우를 사전확률을 획득하였다. 또한 현재 중간고사에 실패하였다는 가정아래에 현재 확률을 적용하였다. 전체를 베이즈 정리에 적용하면 사후에 발생할 사후확률을 예측할 수 있다. 이 과정을 도식화하면 다음과 같다.

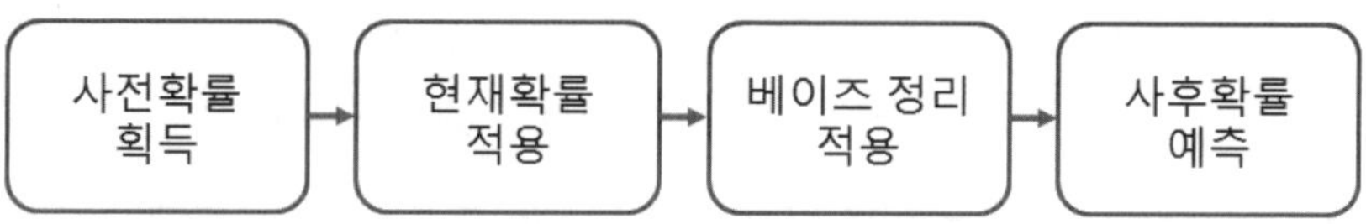

〈그림 5-7〉 베이즈 정리의 적용순서

이 정리는 단순하지만, 여러 부분에 걸쳐서 시사하는 바가 크다. 통계적 사실은 과거, 현재와 같이 이전에 취득되는 사실들이며, 결과물이다. 이러한 결과물이 미래의 사실로 연결되어 있으며, 미래를 예측하는 도구가 될 수 있다는 것은 단순히 과거의 사실을 측정하는 것에서 미래의 영역까지 포괄할 수 있다는 것으로 통계학을 확장하게 한다. 이러한 점으로 인해서 베이즈 정리는 과거와 현재, 미래가 원인-결과라는 커다란 틀 안에서 연관성을 맺고 있다는 믿음의 영역까지도 포함하게 된다는 것을 의미한다.[12] 이 확률적 근거는 언어 자료의 분석에 있어서 널리 활용되고 있으며, 5.3절에서 자세히 소개할 것이다.

12) 베이즈 정리의 창시자인 베이즈(Bayes, 1702-1761)는 영국의 수학자이자 장로교 목사이었다. 그는 논리와 신학을 공부하였으며, 유명한 베이즈 정리는 사후에 발표되었다. 이러한 그의 학문적, 시대적 배경으로 인해서 베이즈 정리는 수학뿐만 아니라 철학적 영역에까지 널리 연구되고 있다.

5.2. 이산확률

확률을 적용하기 위해서는 각각의 구분된 변수가 있어야 한다. 남자와 여자는 하나의 분리된 변수이다. 자연적으로 태어나면서 남자이면서 동시에 여자인 경우는 없고, 결국 하나를 선택한다. 또한 어떤 언어는 여성과 남성의 언어가 다르다고 한다. 영어도 이러한 차이가 있는 언어이다. 예를 들어서 다음의 대화에 있어서 대표 단수를 여성, 남성, 복수 또는 중성 대명사로 처리할 수 있을 것이다.

(12) a. One cannot understand why this happens in this place.

b. He/She/It/They cannot notice the existence of this thing.

(12a)의 'One'은 남성, 여성, 중성 중 하나로 선택되어야 한다. (12)의 선택에 근거해서 (12b)의 밑줄 친 예에서 남성, 여성, 대명사 중에서 하나를 선택해야 한다면 이 경우에 남성 대명사를 선택하였는가, 또는 여성 대명사를 선택하였는가, 중성 대명사를 선택하였는가는 확률적으로 구성될 수 있는 통계 자료가 될 수도 있다.

확률변수 중에서 셀 수 있는 값을 가진 변수를 이산확률변수(discrete random variable)라고 하고, 셀 수 없는 값을 가진 변수를 연속확률변수(continuous random variable)라고 한다. (12)의 남성, 여성, 중성과 같은 성 선택의 경우는 이산확률변수의 예이다. 연속확률의 경우에는 값을 구분하는 것이 자의적이다. 예를 들어서 온도나 길이, 무게는 자의적인 구분이다. 즉 일정한 수치를 정의하고 이 정의에 의해서 측정한다. 대표적으로 온도의 경우에 섭씨와 화씨의 구분은 자의적인 구분 방식이다. 화씨의 경우에는 온도계를 90등분하고 제안한 값이고, 섭씨인 경우에는 물이 끓는 온도와 어는 온도 사이를 100등분하고 1도에 대한 기준으로 삼았다. 이와 같이 하나의 변수에 대해서 자의적인 측정방식에 의해서 측정되는 경우의 대부분이 연속확률변수이다.

이산확률변수와 연속확률변수에 대한 구분은 아날로그와 디지털의 구분과 흡사하다. 디지털은 0과 1과 같이 참 또는 거짓, ON 또는 OFF와 같은 획일적인 구분방식에 의해서 흑백 논리로 구분되는 것이다. 반면에 아날로그는 디지털 방식과 같이 흑백 논리로 구분되지 않고, 연속적으로 측정된다. 이산확률변수는 디지털 방식으로 0 또는 1과 같이 흑백 논리로 구별되는 변수들이고, 연속확률변수는 흑백 논리로 구분되지 않는다.[13)]

본 서적에서는 이산확률변수들의 분포만을 다루는 이산확률분포만을 소개한다. 거의 모든 언어 자료들은 이산확률변수로 구성되어 있다. 남녀 간의 언어 사용, 품사별 차이(명사, 동사, 형용사, 부사,...) 등과 같이 이산적으로 분포되는 자료들의 특성을 갖는다. 연속확률분포를 다루기 위해서는 정규확률밀도를 활용한 정규분포에 근거한다. 정규분포는 6장에서 자세히 설명될 것이다.[14)]

이산확률분포의 간단한 예를 위해서 대량의 언어 자료에서 문장부호, 조사, 동사, 어미 품사표지로 표시된 자료의 빈도를 구하였다.

[표 5-1] 이산확률분포의 예

품사	빈도	백분율
문장부호	1,071,894	15.39%
조사	2,743,500	39.40%
동사	842,918	12.11%
어미	2,304,638	33.10%

대량의 자료를 토대로 하면 적은 양의 자료 내용을 기대할 수 있다. [표 5-1]의 기대확률을 토대로 100 어절에서 출현하는 문장부호, 조사, 동사, 어미의 출현빈도를 15, 39, 12, 33으로 기대할 수 있다. 또한 기댓값에 대한 분산도 계산할 수 있다. 여기서 기댓값은 전체 어절수에 확률을 곱해서 얻어질 수 있다.

(13) $E(x) = n \times P(x)$ (n은 어절수)

분산은 4장에서 설명한 바와 같이 평균과의 차이이다. 기대치 $E(x)$에서 평균 μ를 빼서 제곱한 결과를 모두 더한 것이다. 또한 표준편차는 분산의 제곱근이다.

13) 언어학에서도 음향 음성학과 음운론의 구분에서도 활용된다. 음성적 신호는 연속적이어서 분절적으로 구별되지 않는다. 반면에 음운론은 분절적으로 하나의 음소가 다른 음소와 변별적인 자질에 의해서 분절적으로 구별해야 한다. 따라서 음향 음성학은 연속적인 자료를 다루는데 반해서, 음운론은 분절적이고 이산적인 자료를 다루게 된다.

14) 이산확률분포도 정규확률밀도에 근거한 정규분포를 활용할 수 있다.

(14) a. $var(x) = \sigma^2 = \sum(E(x) - \mu)^2 \times P(x)$

b. $\sigma = \sqrt{var(x)}$

엑셀을 활용해서 [표 5-1]의 이산확률을 적용해서 100 어절을 통한 기댓값의 분산과 표준편차를 구하면 다음과 같다.

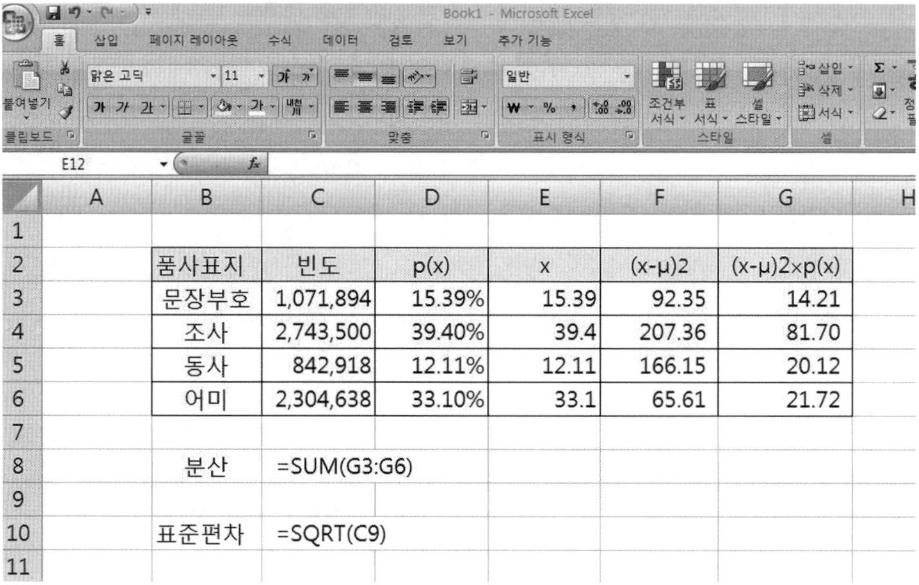

	A	B	C	D	E	F	G	H
1								
2		품사표지	빈도	p(x)	x	(x-μ)2	(x-μ)2×p(x)	
3		문장부호	1,071,894	15.39%	15.39	92.35	14.21	
4		조사	2,743,500	39.40%	39.4	207.36	81.70	
5		동사	842,918	12.11%	12.11	166.15	20.12	
6		어미	2,304,638	33.10%	33.1	65.61	21.72	
7								
8		분산	=SUM(G3:G6)					
9								
10		표준편차	=SQRT(C9)					
11								

〈그림 5-8〉 이산확률분포의 분산과 표준편차

이산확률은 하나의 사건에서 해당 확률변수가 일어날 확률과 일어나지 않을 확률로 구성되어 있다. 해당 확률이 일어날 확률이 p이고, 일어나지 않을 확률이 q(또는 $1-p$)라면 전체 확률은 $p+q$가 될 것이다. 동전 던지기의 예에서 동전은 앞면 또는 뒷면이 나오므로 전체 확률은 앞면이 나올 확률과 뒷면이 나올 확률은 더한 것이 된다.

Butler (1985)에서 논의한 예는 더 적절하다. 방언이나 사회언어학적 문제를 연구하는 언어학자가 어느 마을에 가서 인터뷰를 한다고 가정해 보자. 그림을 통해서 전체적으로 살펴보면 다음과 같다. 그림에서 남자는 M, 여자는 F로 나타낸다.

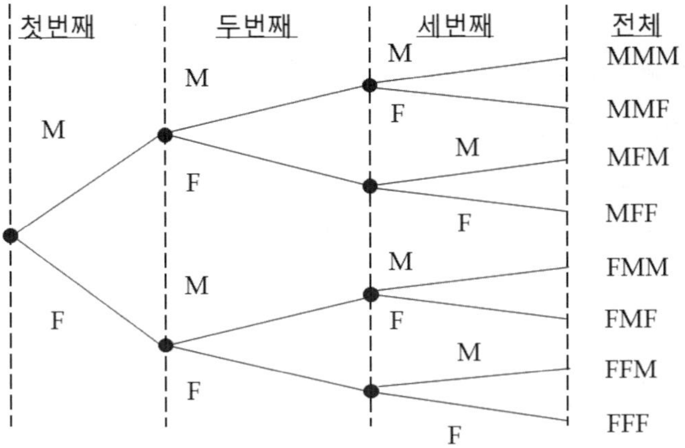

〈그림 5-9〉 수형도를 통한 예

이 경우에 언어학자가 남자 또는 여자를 인터뷰를 할 확률은 어떠하며, 전체의 통계량은 어떻게 측정될 것인가를 고려해 보자. 우선 두 명을 인터뷰할 때의 가정을 고려해 보자.

(15) $(p+q)^2 = p^2 + 2pq + q^2$

전체 확률은 이항정리에 따라 연산된다. 횟수를 늘려서 세 번에 걸쳐서 인터뷰를 하면 다음과 같이 도출하게 된다.

(16) $(p+q)^3 = (p+q)(p^2 + 2pq + q^2) = p^3 + 3p^2q + 3pq^2 + q^3$

이와 같이 이항정리를 활용하면 각 차수를 이항에 부가하면 각 차수에 각각의 항을 서로 곱하고 다시 전부 더하는 방식을 활용하는데, 각 항의 계수를 구하는 방식은 아래의 공식을 활용하면 된다.

(17) $\binom{n}{k} = \frac{n!}{(n-k)!k!} = {}_nC_k$

다시 남녀 인터뷰 확률로 돌아가서 마을에 남자와 여자의 비율이 서로 다르다고 가정해 보자. 이 마을에 남자가 전체 인구의 30%이고 여자가 70%이라면, 이 비율에 따라서 횟수마다 다른 확률로 남자 또는 여자를 만나게 될 것이다. 만약 마을 입구에서부터 걸어가면서 만나는 사람마다 모두 인터뷰를 할 때 언어학자는 남자와 인터뷰하는 것을 목표로 하지만, 여자를 만나더라도 인터뷰를 계속 진행한다고 가정해 보자. 이 경우에 각 횟수마다 남자와 인터뷰할 확률은 이항확률(binominal probability)로 정의된다. (17)번 함수를 이용해서 이항확률을 구하는 방식은 다음과 같다.

(18) $P(x) = \binom{n}{k} p^x (1-p)^{(n-x)}$

여기서 n번 실행해서 성공 횟수가 x일 확률을 구하게 되는데, p는 성공할 확률이고, $1-p$는 실패할 확률이다. 인터뷰를 3회까지 진행하였을 때, 1회에서 3회까지 각 횟수에 남자와 인터뷰가 성공할 확률은 다음과 같다.

[표 5-2] 이항분포의 예

남자와 인터뷰 횟수	이항확률
0	$\frac{3!}{0!3!} \times 0.3^0 \times 0.7^3 = 0.343$
1	$\frac{3!}{1!3!} \times 0.3^1 \times 0.7^2 = 0.41$
2	$\frac{3!}{2!1!} \times 0.3^2 \times 0.7^1 = 0.189$
3	$\frac{3!}{3!0!} \times 0.3^3 \times 0.7^0 = 0.027$

엑셀에서는 BINOMDIST라는 함수가 있어서 활용하면 된다. 이 함수는 크게 네 가지 항목을 입력해야 한다. 먼저 성공횟수를 입력하고, 다음으로는 시행횟수, 성공확률과 마지막으로 누적확률을 연산할 것인지 아닌지를 입력한다.

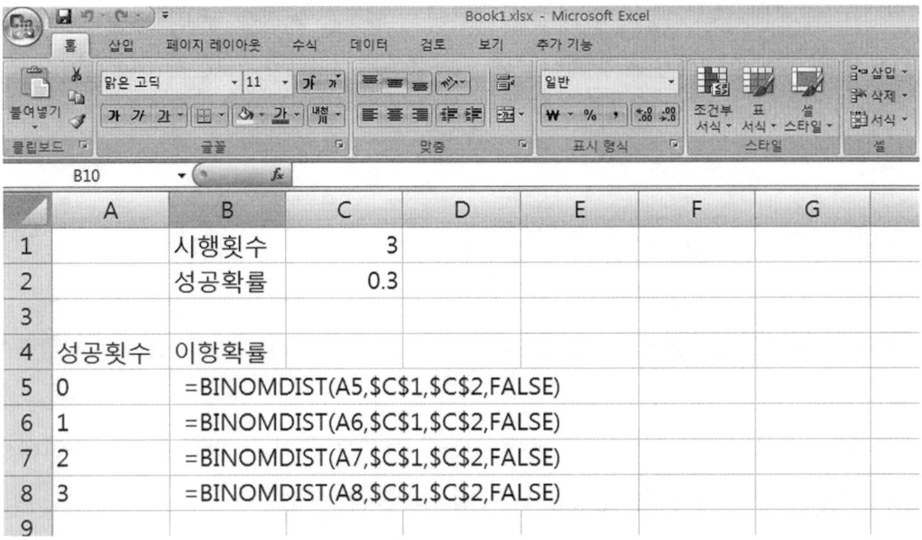

	A	B	C	D	E	F	G
1		시행횟수	3				
2		성공확률	0.3				
3							
4	성공횟수	이항확률					
5	0	=BINOMDIST(A5,$C$1,$C$2,FALSE)					
6	1	=BINOMDIST(A6,$C$1,$C$2,FALSE)					
7	2	=BINOMDIST(A7,$C$1,$C$2,FALSE)					
8	3	=BINOMDIST(A8,$C$1,$C$2,FALSE)					
9							

〈그림 5-10〉 엑셀을 통한 이항확률 적용

지금까지 사건의 확률이 횟수에 따라 어떻게 분포하는지를 계산해 보았다. 그런데, 실제로 사건은 일정한 시간이나 일정한 공간에서 발생하게 된다. 특히 사건이 일정한 주기로 발생하는 확률이 있다면 발생 주기에 따라 확률의 연산이 달라질 것이다. 이러한 확률은 처음으로 포아송이 제안하였는데, 포아송의 이름을 따라서 포아송 확률분포(Poisson probability distribution)이라고 한다. 포아송 확률분포는 두 가지 가정에 근거해서 확률분포를 계산한다. 첫 번째는 길이가 같은 경우 두 구간의 경우에 사건 발생의 확률이 같다. 두 번째는 구간이 겹치지 않는 경우에 다른 구간의 확률들은 독립적이다. 이러한 포아송 확률을 구하는 함수는 다음과 같다.

$$(19)\quad P(x) = \frac{\mu^{x} e^{-\mu}}{x!}$$

(19)의 함수에서 μ는 구간 내 발생횟수의 기댓값이고, e는 자연로그의 지수인 2.71828이다.[15] 이 방식을 활용하면 시간 구간을 포함하는 사건의 발생확률을 예측할 수 있다. 포아송 확률분포를 활용한 예는 다음과 같다. 한 시간 동안 고속도로

15) e를 오일러 상수라고도 한다.

톨게이트에 도착하는 자동차의 개수를 예측하는 확률을 계산해 보자. 15분 동안 평균 10대의 차량이 고속도로 톨게이트에 도착한다는 것이 평균적으로 예측되었다면 아래와 같이 연산할 수 있다.

(20) $P(x) = \dfrac{10^5 e^{-10}}{5!} = 0.0378$

따라서 15분 동안 평균 10대의 차량이 고속도로 톨게이트에 도착한다는 확률은 위의 (20)과 같이 계산될 것이다.

엑셀에는 이러한 포와송 확률분포를 연산하는 함수가 있다. POISSON 함수인데, 발생횟수(또는 성공횟수)와 평균발생횟수를 입력하면 연산한다.

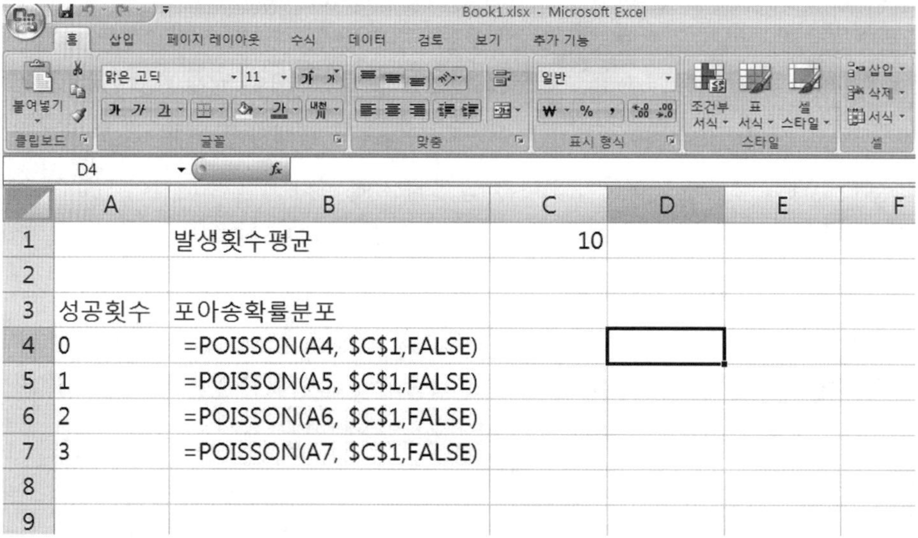

〈그림 5-11〉 엑셀을 통한 포아송 분포 연산

5.3. 언어 자료와 확률

언어 자료를 분석하는데 있어서 확률은 통계적인 기법에서 가장 널리 사용되는 방식 중의 하나이다. 자료 분석을 위해서 이항확률의 분포를 다루는 이항분포(binominal distribution)에 기인한 통계적 검증을 한다. Barnbrook (1996)에서는 이항분포에 근거해서 기댓값과 예측치와 기댓값 사이의 표준편차를 계산한다. 강범모(2003)에서는 이를 한국어에 적용하였는데, 기댓값과 표준편차는 다음과 같이 연산한다.

(21) $$\text{기댓값} = \frac{\text{전체 텍스트 발생빈도}}{\text{전체 텍스트 어절수}} \times \text{범위내 어절수}$$

$$\text{표준편차} = \sqrt{\text{어절수} \times \text{발생확률} \times (1 - \text{발생확률})}$$

이 식에 의하면 전체 텍스트에서 어느 정도 산출되는 확률에 발견되는 어절을 곱해서 기댓값을 연산하고, 표준편차는 발생확률과 발생되지 않을 확률과 어절수를 곱한 이항분포를 통해서 연산한다. 만약 어떤 단어가 특정하게 기댓값이 높고, 또한 표준편차에서 특별한 차이를 보인다면 그 어휘는 중요한 어휘가 될 것이다. 이러한 통계적 차이점을 찾아내기 위해서 통계적 검증을 한다. Barnbrook (1996)에서는 이러한 논의를 Z-분포와 T-분포를 활용한 Z-검정과 T-검정으로 발전시키고 있다. 자세한 논의는 8장에서 진행할 것이다.

언어 자료는 이항분포와 연관되어서 많은 논란의 여지가 있다. 우선 이항분포를 가정하려면 정규분포를 가정해야 한다. 그러나 실제 코퍼스를 분석하면 언어 자료들은 대부분이 정규분포가 아니다. 따라서 언어 자료에서 정규분포를 가정하는 것이 문제가 많다. 정규분포는 종형의 그림으로 분석된다. 따라서 학생들의 성적분포에서 평균이 제일 높은 학생들의 부분이 가장 높이 올라가 있고, 성적이 낮은 학생들이나 성적이 높은 학생들은 많이 분포하지 않아서 낮게 내려가 있다.

그러나 실제 코퍼스상에서는 어휘들의 어형에 대한 빈도들의 순서를 그래프로 그려보면, 종형 그래프의 왼쪽 절반만이 있는 그림이 나온다. 김동성(2007)에서는 150만 어절을 대상으로 어형들의 한 빈도순과 해당 단어의 빈도를 나타내어 보았다. 예를 들어서 '가다'의 빈도가 1 만이라면 여러 어휘들 중 1 만 빈도에 해당하는 어휘들의 빈도가 어느 정도인지 측정하여 보고, 이를 그래프로 나타내어 보면, 결과적으로 종형 그래프의 절반만이 나타나는 그래프가 산출된다. 코퍼스의 경우에 실제 빈도가 1인 어형들이 너무 많고, 빈도가 높은 어휘들의 숫자는 절대적으로 적기 때문에 이와 같은 그래프가 산출된다. 따라서 언어 자료가 대부분이 저빈도어로 구성되어 있기 때문에 언어 자료에서 정규분포를 가정하는 것은 어렵다.

Dunning (1993)에서는 언어 자료를 이항분포에 기인한 분석법을 통해서 정규분포 방식으로 추정하는 것이 문제가 있다고 주장한다. 그러나, 자료를 실제로 분석하기 위해서는 추정작업이 필요하며, 이러한 추정작업에서는 정규분포에 근거한 이항분포가 활용된다. 이항분포와 정규분포 사이에는 많은 차이가 있으며, 오차를 줄이기 위한 작업이 필요하다. 이러한 측면에서 Dunning (1993)에서는 로그함수를[16] 활용한 최대추정(maximum log-likelihood) 비율을 활용하였다. 이 방식은 기존의 이항분포를 활용하면서도 독립성 검증 방식보다 더 정확하다고 한다(Manning and Schütze 1999).

베이즈 확률은 언어 자료 분석에서 사전 확률을 활용한 사후 확률의 예측을 위해서 이용된다. 언어는 동형이의어(homograph)나 동음이의어(homophone)들이 많이 존재한다.[17] 이러한 부분이 실제 언어를 처리하면서 매우 어려운 부분으로 언어 처리 분야에서 이러한 분야를 의미 중의성 해소(word sense disambiguation)라고 한다. 이 분야에서 의미에 대한 분석을 위해서 베이즈 확률이 유용한 것으로 알려져 있다. 의미에 대한 분석을 위해서는 문맥에 대한 정보가 필요한데, 문맥은 언어에서 상황마다 매우 다르다. 따라서 이렇게 변화가 많은 문맥적 정보를 유추하기 위해서 사전에 이미 확률을 모으고, 이렇게 모인 사전 확률을 토대로 현재 확률을 적용해서 사후 확률을 예측한다.

베이즈 확률을 적용한 의미 중의성 해소 작업의 예는 다음과 같다. 여러 베이즈 확률의 적용 방식 중 나이브 베이즈 구분자(Naive Bayes classifier) 방식을 소개하면 다음과 같다. 아래의 문맥을 가정해 보자.

(22) 신랑과 신부의 드레스

'신부'는 '가톨릭 신부'와 '결혼식 신부'의 두 가지 중의성이 있는데, '결혼식 신부'의 경우 '드레스'와 '신랑'이라는 단어와 밀접한 연관이 있을 것이다. (22)의 예에서 '신부'가 '결혼식 신부'의 의미로 활용될 것인지, 아니면 '카톨릭 신부'의미로 활용되

---

16) 신효필(2005, 2007)에서는 Dunning (1993)의 로그함수를 활용한 최대추정을 자세히 설명하고 있다.

17) 동형이의어의 경우는 철자는 같은데, 의미가 다른 경우로 영어에서 match(성냥)과 match(대결)과 같은 경우이다. 동음이의어의 경우는 철자는 다르지만 음은 똑같은 경우로 영어에서 heir(상속인)와 air(공기)의 경우이다.

었는지 베이즈 확률을 통해서 연산하면 다음과 같다.

먼저, 각각의 공기 어휘들이 개별 어의에 공기하는 확률을 구하게 되는데, 이것은 사전 확률이 된다. (22)의 경우에는 '드레스'와 '신랑'이 '결혼식 신부'와 '가톨릭 신부'에서 나타날 각각의 확률이 경험적으로 아래와 같이 구하고, 해당 어의에 대한 확률을 연산한다.

(23) $P(\text{드레스}|\text{결혼식 신부}) = 0.65$
$P(\text{드레스}|\text{카톨릭신부}) = 0.04$
$P(\text{신랑}|\text{결혼식신부}) = 0.75$
$P(\text{신랑}|\text{가톨릭신부}) = 0.02$

$P(\text{가톨릭신부}) = 0.45$
$P(\text{결혼식신부}) = 0.55$

$P(\text{신랑}|\text{결혼식신부})P(\text{드레스}|\text{결혼식신부})P(\text{결혼식신부}) = 0.219$
$P(\text{신랑}|\text{가톨릭신부})P(\text{드레스}|\text{가톨릭신부})P(\text{가톨릭신부}) = 0.044$

여기서 '결혼식 신부'라는 어의는 '드레스'와 '신랑'과 공기할 확률이 '가톨릭 신부'라는 어의보다 더 크게 되므로, 어의를 '결혼식 신부'로 결정하게 된다. 이 경우에 문맥적 결정은 각각의 공기 어휘들의 해당 어의에 대한 확률로 연산되게 된다. 이와 같은 나이브 베이즈 구분자 방식을 수식으로 나타내면 다음과 같다.[18] 여기서 $P(v)$는 중의성 해소의 대상이 되는 단어이고, $P(a|v)$는 해당 어의에 공기하는 공기어휘들의 확률을 의미하며, $P(a)$는 공기어휘들의 출현 확률을 의미한다. $P(a_1, a_2, \ldots\ldots, a_n)$은 상수로 간주되므로, 연산하지 않는다.

(24)
$$\begin{aligned} V_{MAP} &= \mathrm{arg}max_{v_j \in V} P(v_j|a_1, a_2, \ldots., a_n) \\ &= \mathrm{arg}max_{v_j \in V} \frac{P(a_1, a_2, \ldots., a_n|v_n)P(v_j)}{P(a_1, a_2, \ldots., a_n)} \\ &= \mathrm{arg}max_{v_j \in V} P(a_1, a_2, \ldots., a_n|v_n)P(v_j) \end{aligned}$$

김동성 · 최재웅(2006a)에서는 이러한 나이브 베이즈 구분자를 적용해서 사후 확률과 사전 확률의 증가를 측정하는데 활용해서 의미 중의성 해소 작업의 정확도의

18) 나이브 베이즈 연산자는 여러 베이즈 확률연산 방식 중 단순한 방식으로 주어진 확률을 모두 곱하는 형태로 처리하게 된다.

검증에 활용하였다. 베이즈 추론은 현재 단계에서 관찰된 확률이 $P(D)$이고 이전 단계에 측정된 확률이 $P(h)$이라면 이후에 예측될 $P(h|D)$의 최고 확률을 예측하는 것이다. 현재 산출된 확률이 정확하다면 이후 확률도 최대로 정확하게 예측될 것이다. 따라서 현재 산출된 확률의 정확도는 이후 확률에 적용된다면 현재 산출된 확률의 정확도를 검증할 수 있다.

포아송 분포는 언어 자료 분석에 있어서 정보검색 부분에서 활용된다. 포아송 분포의 특성은 이전 절에서 논의하였듯이 사건을 시간과 공간 내에서 고려한다는 것이다. 예를 들어서 몇 대의 자동차가 15분간에 고속도로 톨게이트에 도착하는 것과 같은 시간적 문제가 고려된다. 그렇다면 언어적으로 포아송 분포와 어떻게 관련되어있는가? 우선 단어의 분포가 포아송 분포 간에 유사성이 있다는 점이 경험적으로 알려져 있다(장병탁 외 2001). 정보검색은 문서 단위로 이루어지게 되는데, 이러한 검색에 있어서 단어의 분포는 문서라는 일정한 공간 속에서 이루어진다. 따라서 검색하는 어휘가 들어있는 공간의 분포를 일정한 문서들에서 예측하는 작업은 사건의 발생을 시간적 공간에서 연산하는 포아송 분포와 연관된다. 이러한 측면에서 정보검색에서는 단어의 분포가 포아송 분포와 유사하다고 여기게 된다. 이 부분은 더 많은 경험적 측정결과의 수학적 증명이 필요하므로, 본 서적에서는 깊이 다루지는 않는다. 포아송 분포를 활용한 정보검색 모형들은 보통 두 개의 포아송 분포를 결합하는 모형을 활용한다. Manning and Schütze (1999)에서는 포아송 분포를 활용한 정보검색을 자세히 다루고 있으며, 김지승 외(2001)에서는 여러 정보검색의 모형과 포아송 분포를 활용한 모형 간에 성능을 비교하고 있다.

연습문제

1. 단어를 조사하면 모음과 자음의 조합으로 이루어져 있다. 모음과 자음이 각각 나올 확률은 $\frac{1}{2}$씩인데, 이 경우에 두 개의 자음이 연속으로 나올 확률은 어느 정도이며, 어떻게 계산할 수 있는가?

2. 다음의 두 개의 서로 다른 조건부 확률의 차이점을 고려해 보시오.
   - $P(A)$ = 승진할 확률
   - $P(B)$ = 여자일 확률
   - $P(A|B) = \frac{P(A \cap B)}{P(B)}$

     $P(B|A) = \frac{P(A \cap B)}{P(A)}$

3. 다음의 텍스트는 동음이의어를 구분해 놓은 코퍼스를 통해서 수집한 자료이다. 여기서 '배01'은 '사람의 배'이고, '배02'는 '물 위에서 타는 배'이고 '배09'는 '수의 경우에 배수'를 의미한다. 이 텍스트의 경우에 위에서 언급한 나이브 베이즈 확률을 어떻게 적용하면 가능한지 생각해 보시오.

[배01]	"아이고, 배 아프다!"
[배01]	"그래, 그래서 이렇게 배가 홀쭉하고 야위었잖아."
[배01]	그리고 배는 아랍다운 황색이다.
[배01]	배 땜에.
[배01]	야, 배면 누르기 시작해 빨리.
[배01]	방울이 센지 아니면 배가 센지?
[배02]	어서 배에 오르십시오.
[배02]	뱃멀미가 느껴져서 배위로 나가보았다.
[배02]	배의 화재는 무섭다.
[배02]	게이턴호수로 배가 들어섰다.
[배02]	배가 나의 집일까?
[배02]	"이 배 승조원임에 틀림없다."
[배09]	9배, 액수는 1.
[배09]	약. 6배 (63.51 퍼센트)
[배09]	그 몇 배라고.

〈그림 5-12〉 의미 중의성 해소가 된 언어 자료

6. 정규분포

6.1. 정규분포 곡선

연속확률 변수들은 연속적이어서 일정하게 분포하는 것을 측정해내는 것이 어렵다. 전 장에서도 설명하였듯이 연속변수들은 일정하게 측정하는 틀이 있는 것이 아니고, 자의적으로 설정된 틀에 의해서 측정된다. 온도의 경우가 예인데, 온도는 확실하게 구분되는 틀이 있는 것이 아니고 자의적인 규정된 틀에 의해서 측정된다. 정수와 소수의 구분과도 유사한데, 정수는 0, 1, 2와 같이 구분되는 수이고, 소수는 0과 1사이에 0.1, 0.001, 0.0001, 0.00001과 같이 존재하는 무수한 수이다. 0과 1 사이에 무한개의 소수가 존재하므로 이 사이에 얼마나 많은 수가 존재하는지 아무도 알 수 없다. 따라서 정수는 이산확률, 소수는 연속확률과 유사하다. 이러한 면에서 살펴보면, 연속확률을 측정하는 것은 불가능할 수도 있다. 온도에서 35도와 36도 사이에 무한대의 소수가 존재하므로, 정확히 모든 온도를 다 측정한다는 것은 논리적으로 불가능하다.

무한대의 수가 두 측정지점 내에서 존재한다고 해서, 두 측정지점의 통계적 측정이 불가능하지는 않을 것이다. 두 지점에서 무한대로 분포하는 측정치들이 일정한 밀도로 분포하고 이러한 일정한 밀도의 분포를 추정하는 것이 가능하다면 통계적 측정이 가능할 것이다. 연속확률의 경우에 두 지점 간에 분포하는 무한대의 측정치들의 확률밀도를 계산할 수 있다면, 연속확률 변수들의 확률분포의 통계적 측정도 가능하다.

독일의 수학자 가우스(Gauss, 1777-1855)는 여러 실험에서 발생하는 연속확률 변수의 확률밀도와 관련된 문제점을 해결할 수 있는 모형을 제시하였다. 이 모형에 따르면 연속변수들로 구성된 자료들이 〈그림 6-1〉과 같은 형태로 나타난다고 한다. 분포는 평균 μ와 표준편차 σ로 결정되며 일정한 형태로 나타난다. 이와 같이 나타나는 분포를 정규분포(normal distribution)이라고 한다.

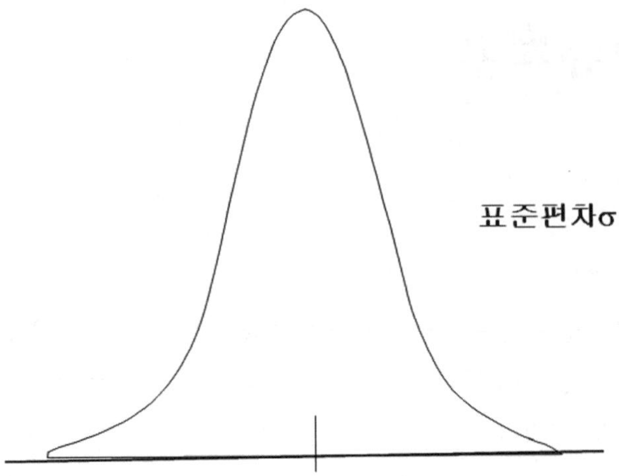

〈그림 6-1〉 정규분포 곡선

정규분포를 표현하는 정규분포 곡선(normal distribution curve)은 가우스의 이름을 따서 가우스 곡선(Gaussian curve)이라고 한다. 또 보신각종과 같이 종의 모양을 닮았다고 해서 종형 곡선(bell curve)라고도 한다.

이러한 정규분포 곡선은 모든 통계적 측정의 기본이 되며, 모든 통계적 측정을 위한 기본을 제시한다. 비단 연속확률 변수뿐만이 아니라 이산확률 변수에도 적용이 된다. 이산확률 변수는 변수들이 정확하게 구분되는 경우를 가리킨다. 예를 들어서 학생들의 성적 통계에서 학생들은 이산확률 변수가 된다. 이러한 이산확률 변수들은 〈그림 6-1〉과 같은 분포 곡선으로 나타나는 것이 아니라 변별적인 막대그래프로 나타날 것이다. 따라서 이 경우에 분포 곡선이 어떻게 정의될 수 있는 의문을 가질 수 있다. 만약 이산확률 변수들 사이의 공간을 촘촘히 좁힌다면 곡선의 모양을 가질 것이고, 〈그림 6-1〉과 같은 곡선의 분포로 나타날 것이다. 예를 들어서 학생들의 성적에 따라 분포를 살펴보는 경우를 생각할 수 있다. 평균 성적이 9점을 사이로 정하고 이 점수에 분포하는 학생들의 빈도를 세어 볼 수 있다. 이 경우에 61-70, 71-80, 81-90, 91-100과 같은 구간 안에서 측정되는 학생들의 빈도를 측정할 것이다. 그런데, 이 구간을 더 촘촘히 줄여보자. 5점, 1점, 0.1점, 0.001점, 0.0001점과 같이 더 촘촘히 줄일 수 있다. 이 경우에는 구간이 촘촘해진 경우에 각 구간을 선으로 연결하면 곡선 모양과 동일한데, 〈그림 6-1〉과 같은 모양이 된다.

정규분포 곡선은 통계적 예측이 이루어질 수 있는 근거를 제시한다. 여기에 한 가지 재미있는 사실이 있다. 경험적으로 통계적 사실은 평균의 빈도가 가장 많이 있는 〈그림 6-1〉과 같은 빈도분포를 지닌다. 예를 들어서 한 학급의 영어 시험의 성적을 계산하면 평균에 많은 학생들이 몰려있고, 점수가 낮거나 높은 학생들의 분포가 점점 더 적어지는 〈그림 6-1〉의 유형이 된다. 따라서 정규분포 곡선은 경험적 사실과도 유사하다. Butler (1985)에 따르면 경험적으로 통계적 측정의 결과는 평균이 중앙에 몰려서 최빈수, 중앙값이 몰리는 집중 경향치(central tendency)를 보인다고 한다. 이러한 경향성은 여러 통계적 사실이 하나의 일반적 분석기재로 파악될 수 있는 근거가 된다.

또한 정규분포 곡선은 여러 통계적 사실을 추론할 수 있는 근거가 된다. 세상에는 여러 가지 통계적 사실들이 무수히 많다. 하나의 학급의 예를 들면 학급의 성적, 키, 발의 크기 등등과 같이 셀 수 없는 통계적 사실들이 관찰된다. 이러한 여러 사실들의 통계적 결과를 예측할 수 있는 이론적 틀은 정규분포에 있다. 정규분포 곡선과 부합된다면 통계적 사실을 아주 간단하게 추론해 낼 수 있을 것이다. 만약 정규분포 곡선과 부합되지 않는다면 통계적 사실이 정규분포 곡선에서 얼마나 벗어나 있는지를 알아 낼 수 있다. 대부분의 통계적 사실은 정규분포 곡선을 통해서 추론해 낼 수 있다.

가우스는 정규분포 곡선을 수학적으로 도출해 낼 수 있는 함수를 제시하였다.

(1) $f(x) = \frac{1}{\sigma\sqrt{2\pi}} e^{-\frac{(x-\mu)^2}{2\sigma^2}}$

여기서 μ와 σ는 각각 평균과 표준편차를 가리키고, π는 원주율로 3.14159이며, e는 오일러 상수로 2.71828이다.

이러한 정규분포는 다음과 같은 특성을 지닌다. 먼저, 정규분포는 〈그림 6-1〉과 같이 평균과 표준편차에 의해서 결정된다. 그리고 정규분포 곡선의 꼭짓점은 평균으로 중앙값과 최빈값과 일치한다.

가장 기준이 되는 정규분포 곡선은 평균이 0이고 표준편차가 1인 곡선인데, 평균은 양수, 음수 또는 영이 될 수 있다. 평균이 차이에 의해서 정규곡선이 직선상에서 왼쪽 또는 오른쪽으로 이동한다.

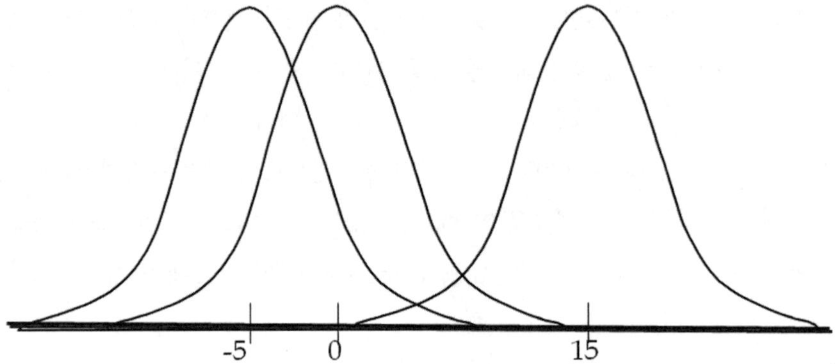

〈그림 6-2〉 정규곡선의 평균 변화

정규분포 곡선은 평균을 중심으로 좌우가 대칭이어서, 치우침을 나타내는 왜도(skewness)는 0이다. 또한 정규확률 변수의 확률은 곡선아래의 면적인데, 이 면적은 1이며, 평균을 중심으로 왼쪽과 오른쪽 모두 0.5씩이다.

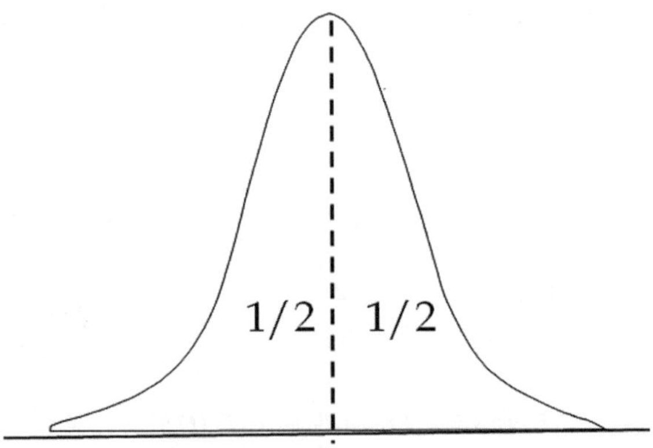

〈그림 6-3〉 정규분포 곡선의 대칭

정규분포 곡선에서 표준편차는 곡선의 넓이와 봉우리의 높이를 결정한다. 표준편차가 클수록 봉우리는 낮고 넓게 퍼진다. 반대로 표준편차가 작을수록 봉우리는 높고 넓이는 좁아진다.

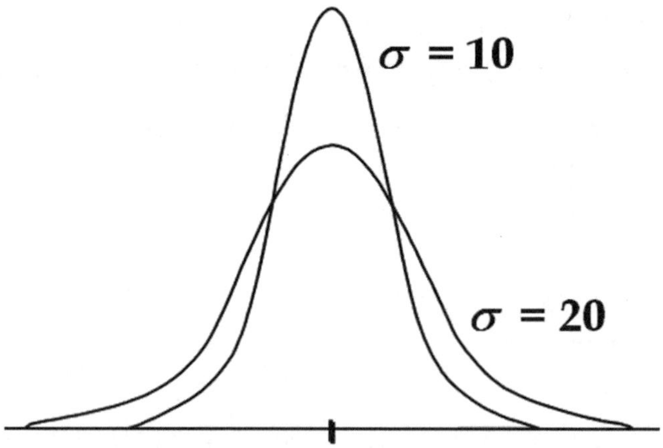

〈그림 6-4〉 표준편차에 따른 정규분포 곡선의 변화

평균과 표준편차를 활용하면 정규분포 곡선에서 정규확률 분포의 면적을 전체 면적에서 비례적으로 구할 수 있다. 평균이 μ, 표준편차가 σ일 때, $\mu \pm \sigma$인 구간은 전체 면적에서 68.26%에 해당하며, $\mu \pm 2\sigma$인 구간은 전체 면적에서 95.44%에 해당하며, $\mu \pm 3\sigma$인 구간은 전체 면적에서 99.72%에 해당한다.

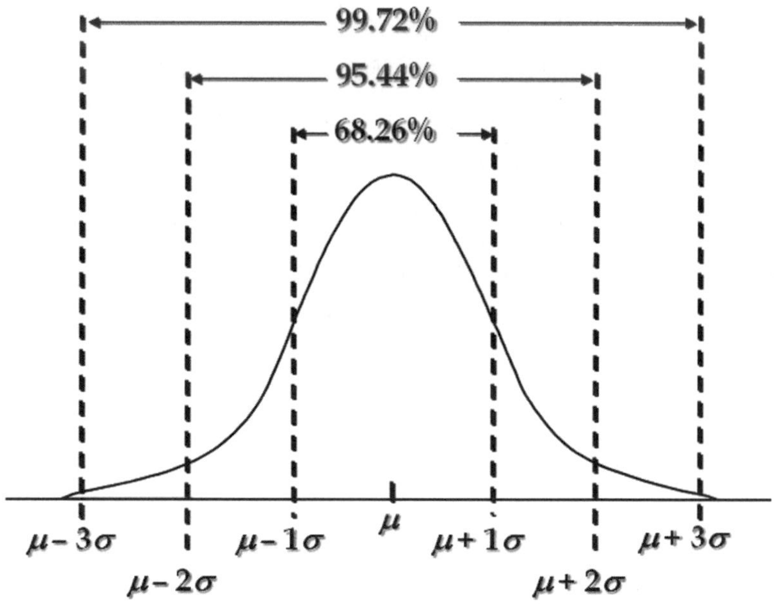

〈그림 6-5〉 정규분포 곡선에서 확률의 면적

6. 정규분포

여러 형태의 정규분포에서 평균이 0이고, 표준편차가 1인 경우는 가장 기본이 되는 경우이다. 이와 같은 경우를 표준정규확률 분포(standard normal probability distribution)라고 하며, (1)의 식이 (2)와 같이 단순화 된다. (2)에서 제시한 함수를 표준정규밀도 함수라고 한다.

$$(2)\ f(x) = \frac{1}{\sqrt{2\pi}} e^{-\frac{x^2}{2}}$$

이러한 함수들은 정규확률의 면적을 계산하는데 활용된다. 면적은 계산한다는 의미는 해당 확률의 상대적 위치를 파악하는데 있다. 상대적 위치는 측정한 자료 값이 평균으로부터 얼마나 멀리 떨어져 있는가에 달려 있다. 이러한 위치를 파악하기 위해서 Z-값(z-score)을 활용한다.

$$(3)\ Z-\text{값} = \frac{x-\mu}{\sigma}$$

Z-값은 해당 확률 $P(x)$가 평균 μ에서 얼마나 벗어나 있는지를 표준편차 σ에 대한 비율로 나타낸다. 이러한 측정은 체비세프의 경험적 정리(Chebyshev's theorem)에 기인한다. 이 정리를 활용하면 평균과 표준편차를 통해서 해당 확률이 얼마나 평균에서 떨어져 있는지를 측정할 수 있다. 이러한 정리는 위에서 논의한 평균과 표준편차를 통해서 얼마만큼의 면적이 정규분포 곡선에서 나타나는지와 일치한다.

정규분포 곡선과 Z-값을 활용하면 확률과 관련된 두 가지의 부분을 계산할 수 있다. 첫 번째는 평균과 표준편차로 확률을 계산할 수 있고, 두 번째는 확률이 주어지면 정규분포 곡선상의 확률변수의 값을 계산할 수도 있다.

첫 번째 문제인 확률 계산의 문제를 설명하면 다음과 같다. 먼저 한 학급에서 쪽지시험을 쳐서 평균이 15이고 표준편차가 6인 경우에 20점을 어느 학생이 받았다면, 이 학생은 전체 학생들의 성적 분포상에서 어느 정도의 확률분포에 속하는 것인지 계산해 보자. 물론 전제는 이 학급의 성적 분포는 정규분포 곡선에서 유추될 것이다. 먼저 20점에 해당하는 Z-값을 계산한다. Z-값은 $\frac{(20-15)}{6} = 0.83$이다. 이 Z-값을 대상으로 정규분포에서 어느 정도에 해당하는지를 Z-분포표를 통해서 살펴본다. [부록-1]의 Z-분포표를 보는 방법은 다음과 같다. 먼저 소수점 첫 번째 자릿수는 표의 세로축에 해당하는 값인 0.8을 참조한다. 그리고 소수점 두 번째 자릿수는 표의 가로축에서 0.03을 참조한다. 세로와 가로축을 맞추어 보면 값이 0.2033이 되며, 이 값은 (4)와 같이 구할 수 있는데, 전체 확률인 1에서 나머지 부분을 빼서 계산한다.

(4) $P(z > 0.83) = 1 - P(z \le 0.83) = 1 - 0.7967 = 0.2033$

전체 확률의 면적이 1이므로 Z-값을 통해서 알 수 있는 값은 0.83이 되며, 이 확률의 면적에 대한 값을 통해서 다시 해당 확률의 면적을 계산하게 된다. 이 면적이 정규분포 곡선 상에서 도출되는 해당 확률의 면적, 즉 발생확률이 된다. 평균이 15, 표준편차가 6인 확률분포에서 대략적으로 20%로 확률 발생 가능성을 지닌다.

이와 같이 Z-값을 활용하면 정규분포 곡선의 면적을 통해서 연산하게 된다. 이 경우에 발생확률은 정규분포 곡선에서 평균과 표준편차로 연산되는 면적으로 연산되고, 다시 이 면적은 전체 확률에서 일정한 비율로 나타나게 된다. 이를 그림으로 나타내면 다음과 같다.

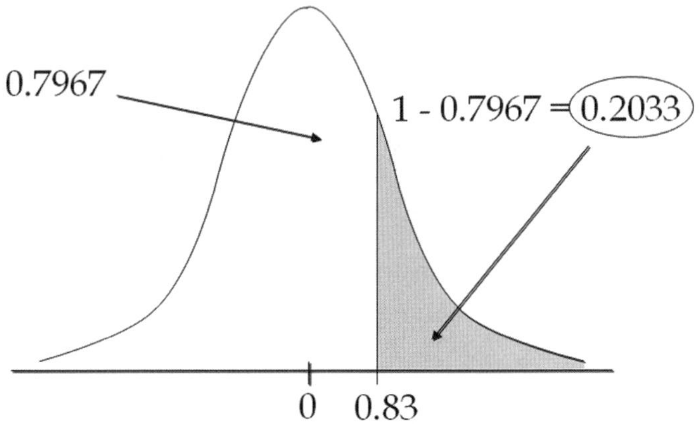

〈그림 6-6〉 면적을 통한 확률발생의 연산

위의 〈그림 6-6〉에서 전체 면적은 1이지만, 실제 발생 가능한 확률은 0.2033의 면적에서만 가능하다. 발생 가능성이 있는 구간은 Z-값 0.83이상부터 1까지이다.

이 구간에서 20%라는 지점이 위치하게 된다. 다시 말하면, 평균 0과 표준편차 1로 표현되는 정규분포 곡선에서 0.83지점에서부터 오른쪽 구간에서 20%의 확률로 발생 가능하며, 이 구간의 면적은 총 0.2033이 된다.

이와 반대의 경우에 먼저 면적을 알고, 즉 확률이 먼저 주어지면, 해당 면적에 대한 확률 변수를 연산할 수도 있다. 평균과 표준편차가 각각 15, 6일 경우에 0.05의 확률로 발생할 수 있는 점수는 어느 정도일까? 먼저 면적과 확률을 살펴보자.

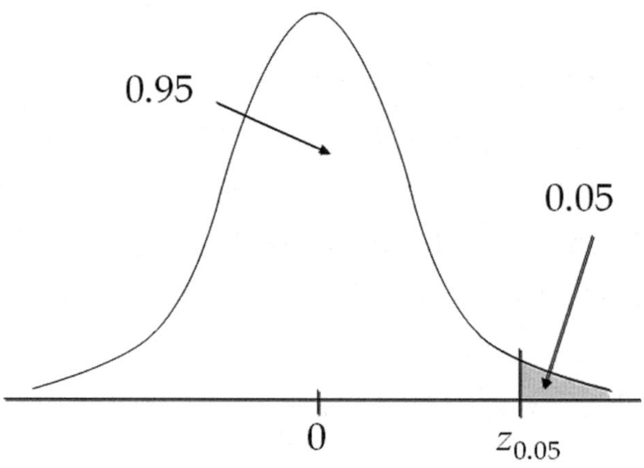

〈그림 6-7〉 Z-값의 면적분포

〈그림 6-7〉에서 Z-값이 0.05일 경우는 전체 면적에서 0.95를 제외한 부분은 0.05로 발생할 것이다. 따라서 0.05에 해당하는 Z-값을 계산하고 이 값이 어느 구간부터 시작되는지를 계산하면 된다. 다시 말하면 0.05로 발생하는 확률이 어느 구간에서 발생하는지를 계산한다는 것이다. 0.05에 해당하는 Z-값은 1.64나 1.65에 해당한다. $Z-\text{값} = \dfrac{x-\mu}{\sigma}$이므로, x를 구하기 위해서는 수식을 $x = \mu + Z-\text{값} \times \sigma$와 같이 바꾸면 된다. 이를 계산해보면 24.87이나 25가 산출된다. 따라서 0.05 정도의 확률 구간에 적합한 확률변수는 24.87이나 25가 되어야 한다. 점수의 경우에 25점이 되면 실제 0.05% 내외의 매우 우수한 점수가 된다.

엑셀함수에는 정규확률을 계산하는 함수가 여러 가지가 있지만 그 중 NORMDIST와 NORMSDIST, NORMSINV를 소개한다. NORMDIST는 지정된 평균과 표준편차에 따라 누적 분포나 확률밀도를 구하는 방식이다. 활용방식은 NORMDIST(x(분포를 구하는 값), mean(평균), standard_dev(표준편차), false(누적 분포) or true(확률밀도))이다. NORMSDIST는 표준정규 누적 분포값을 계산한다. 사용법은 NORMSDIST(Z-값)이다. NORMSINV는 표준정규 분포의 역함수를 구하는데, 평균이 0이고 표준편차가 1인 경우의 값을 구한다. 만약 Z-값이 0.025인 경우를 구하려면 1에서 0.025를 뺀 값을 입력해야 하므로, NORMSINV(0.975)라고 입력해야 한다. 〈그림 6-8〉은 엑셀함수를 활용한 예이다.

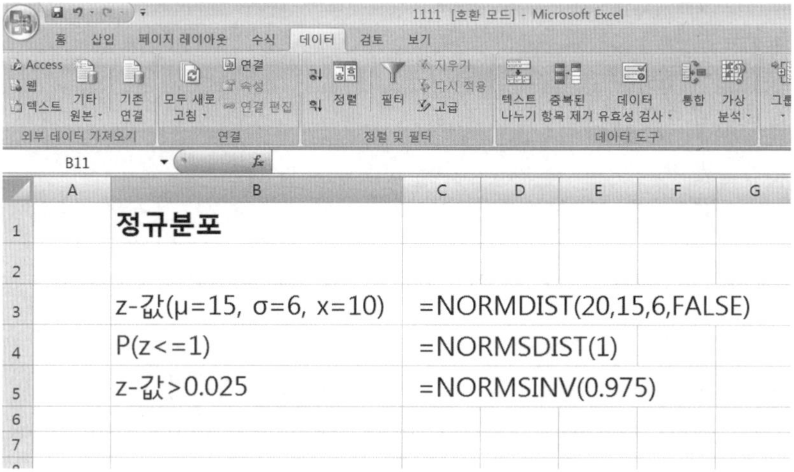

〈그림 6-8〉 정규분포를 계산하는 엑셀함수

6.2. 표본분포 통계

2장에서 논의한 바와 같이 모집단은 전체 집단이며, 표본은 모집단의 부분집단이다. 모집단의 수치적 특징과 연관된 통계적 특징을 모수(parameter)라고 하는데, 모수는 평균과 표준편차를 말한다. 평균과 표준편차를 알 수 있다는 것은 통계적 분포를 알 수 있다는 의미이다. 이전 절의 정규분포 곡선이 평균과 표준편차로 결정되는 것이라고 설명하였으며, 평균과 표준편차를 달리하면 다른 분포 형태를 유추해 낼 수 있다고 하였다. 이 점에서 모수를 파악하는 것은 집단의 특성을 나타내는 평균과 표준편차인 모수를 파악해서 정규분포 곡선으로부터 유추해 내기 위한 작업을 말한다.

모집단의 수가 너무 적거나 파악하기가 쉬운 경우에는 모집단의 통계를 그대로 활용하면 되지만, 모집단의 수가 너무 많거나 수가 무한한 경우, 또 분석이 어려운 경우에는 모집단에서 일부분을 추출해서 표본을 구성한다. 이러한 경우에 원래의 통계 작업이 모집단에서 이루어져야 하는데, 표본에서 이루어졌으므로 표본이 모집단과 얼마만큼의 오차를 지니는지를 고려해야 한다.

이 절에서는 이러한 표본분포와 관련된 통계적 특징을 살펴본다. 먼저, 표본의 평균과 표준편차와 확률 정보는 (5)와 같이 구한다.

(5) a. $\bar{x} = \frac{\sum x_i}{n}$

b. $s = \sqrt{\frac{\sum (x_i - \mu)^2}{n-1}}$

c. $\bar{p} = \frac{x}{n}$

여기서 표본의 평균인 $\bar{x}$는 모집단 평균 μ, 표본의 표준편차 s는 모집단 표준편차 σ에 대한 점추정량(point estimator)이고, 표본의 확률 $\bar{p}$는 모집단 확률 p에 대한 점추정치(point estimator)이다. 이러한 점추정량과 점추정치는 모집단이 아닌 표본을 사용하므로 실제 모집단의 모수와 큰 차이가 있다. 만약 모집단의 모든 통계를 조사할 수 없다면, 표본을 통한 통계를 조사할 수밖에 없다. 따라서 점추정량과 점추정치가 모집단 모수와 얼마나 큰 차이가 있는지를 조사할 필요성이 있다. 다시 말하면 표본통계가 모집단과 얼마만큼의 차이를 지니며, 표본통계를 통한 모집단의 추정이 어떻게 가능한지에 대한 문제를 고려해야만 한다. 다음 장에서는 이와 연관되어서 통계에서 추정의 문제를 논의하게 될 것이다.

표본통계와 관련되어서 표본평균과 표본비율로 구분해서 생각할 수 있다. 표본평균이 실제 변수를 고려하는 통계라면, 표본비율은 변수들의 발생확률을 고려하는 통계이다. 표본평균들의 기댓값 $E(\bar{x})$는 모집단의 평균 μ이다. 또한 표본분포의 표준편차는 모집단이 유한한가와 무한한가에 따라 다르게 나타난다.

(6) a. $\sigma_{\bar{x}} = \sqrt{\frac{N-n}{N-1}} \times \frac{\sigma}{\sqrt{n}}$

b. $\sigma_{\bar{x}} = \frac{\sigma}{\sqrt{n}}$

여기서 N은 모집단의 크기, n은 표본의 크기, $\sigma_{\bar{x}}$는 표본의 표준편차이고, σ는 모집단의 표준편차를 말한다. (6a)는 유한한 모집단의 경우이고 (6b)는 무한한 모집단의 경우이다. 여기서 유한한 모집단의 경우에 적용한 $\sqrt{\frac{N-n}{N-1}}$이 무한하게 늘어나면 1로 수렴하기 때문에, 무한한 모집단의 경우에는 (6b)와 같이 적용된다. 실제 표본의 표준편차를 계산하기 위해서는 σ를 알고 있어야 한다. 또한 표본의 표준편차는 표본평균의 표준오차(standard error)라고 한다. 일반적으로 표본평균이 모집단 평균보다 얼마나 멀리 떨어져 있는지를 계산할 수 있는 근거가 된다.

모집단이 정규분포를 보이거나 정규분포에 근사한 경우에 표본평균도 정규분포를 보인다. 반대로 모집단이 정규분포가 아닌 경우에 표본의 통계적 추정을 어떻게 할 것인가가 문제가 된다. 이러한 경우에 표본분포를 정규분포와 유사하게 할 수 있다는 점에 착안해서 통계량을 측정한다. 다시 말하면, 표본평균이 표본의 크기가 크면 클수록 정규분포에 유사하다는 가정아래 중심극한정리(central limit theorem)를 활용해서 표본분포를 결정한다.

이 정리는 확률적으로 이항분포와 연관된 베르누이 실행(Bernoulli trial)과 연관되어 있다. 베르누이 실행은 실행횟수와 관련된 확률적 근거를 제시한다. 예를 들어서 동전의 앞면과 뒷면이 나올 확률이 모두 $\frac{1}{2}$로 동일한 확률적 근거를 갖는다는 것이 실행횟수와 어떠한 연관성이 있는지를 설명한다. 베르누이 실행에 따르면 실행 횟수를 늘리면 늘릴수록 이항분포와 연관된 확률이 발생한다고 주장한다. 다시 말하면, 확률분포는 실행횟수가 증가하면 할수록 이항분포와 연관성이 있으며, 정규분포를 따른다. 중심극한정리는 베르누이 실행을 근거로 표본의 크기가 크면 클수록, 다른 말로 하면 모집단에서 표본을 추출하는 작업을 반복하는 베르누이 실행을 반복할수록 표본분포가 정규분포에 유사해진다는 것이다.

예를 들어보자. 모집단 평균이 μ이고, 모집단 표준편차가 σ인 경우에, 표본의 크기가 n인 경우에 분포는 다음과 같이 측정하게 된다.

$$(7)\quad Z_{\bar{x}} = \frac{\bar{x}-\mu}{\frac{\sigma}{\sqrt{n}}} = \frac{1}{\sqrt{n}}\sum\frac{x_i-\mu}{\sigma}$$

모집단이 정규분포를 따르지 않을 경우에도 표본의 추출을 반복하면 할수록 표본의 통계는 정규분포를 따르게 된다. 즉 (7)이 입증하는 것은 표본이 커질수록, n이 커질수록, 평균이 0이고 표준편차가 1인 정규분포에 수렴한다는 것이다.

예를 들어서 모집단의 평균이 150, 모집단의 표준편차가 3이며, 표본이 30일 경우에 표본평균이 11이상일 확률을 계산해 보자. 이 경우에 중심극한정리에 따라서, (8)과 같이 연산할 수 있다.

$$(8)\ P(\overline{x} \geq 11) = P(\frac{\overline{x}-\mu}{\frac{\sigma}{\sqrt{n}}} \geq \frac{11-10}{\frac{3}{\sqrt{30}}}) \approx P(Z_{\overline{x}} \geq 1.83) = 0.0336$$

여기서, 표본의 분포는 (7)과 같으므로 Z-값이 1.83이 되므로 면적의 값은 0.336이 된다. 면적은 발생할 수 있는 확률을 가리키므로, 11이상일 확률을 말하게 된다.

지금까지 표본평균에 의해서 나타나는 분포의 특성을 설명하였다. 표본확률에 의해서 나타나는 분포의 특성도 표본평균에 의한 분포의 특성과 유사하다. 먼저, 표본확률 $\overline{p}$에 대한 기대확률은 $E(\overline{p})$는 p인데, p는 모집단의 확률이다. 표본평균과 마찬가지로 집단이 무한한가 또는 유한한가에 따라 표준편차는 다르게 나타난다.

$$(9)\ a.\ \sigma_{\overline{p}} = \sqrt{\frac{N-n}{N-1}} \times \sqrt{\frac{p(1-p)}{n}}$$
$$b.\ \sigma_{\overline{p}} = \sqrt{\frac{p(1-p)}{n}}$$

여기서, $\sqrt{\frac{N-n}{N-1}}$ 이 무한하게 늘어나면 1에 가까워지므로 무한한 경우는 (9b)와 같이 도출된다. 표본확률의 경우에는 이항분포를 따르게 된다.

6.3. 언어 자료와 정규분포

5장에서 논의한 바와 같이 언어 자료는 대개 정규분포를 이루지 않는다. 코퍼스에서 언어 자료를 어형에 따라서 모으고, 이에 대한 빈도를 추출하면 대개 긴 꼬리

(log-tail)를 가진 그래프 모양을 띤다. 영어로 쓰여진 소설 '백경'에서 어형들에 따른 빈도들의 꺾은선형 그래프를 그리면 영어의 경우에 거의 모든 언어 자료에서 'the'가 가장 빈도가 높으며, 그 다음으로 빈도가 높은 것은 'of'인데, 'the'와 빈도의 차이가 $\frac{1}{2}$이상이 된다. 그 외의 단어들은 빈도가 현저히 낮아서 그래프의 꼬리가 길게 나타난다. 특히 대부분의 코퍼스에서 빈도가 1인 경우가 코퍼스 어형의 대부분을 차지한다.[19]

한국어의 경우에 김동성(2007)에서 세종 코퍼스 150만 어절을 대상으로 빈도순과 빈도 간에 그래프를 그려 보았다. 이 그래프 상에서 고빈도와 저빈도어의 사이에 출현에 차이가 있다. 고빈도어는 매우 적은 수가 나타나고, 대부분의 어휘는 저빈도어이다. 고빈도어와 저빈도 사이에는 너무 많은 차이가 있어서 긴 꼬리 모형의 그래프가 산출된다.

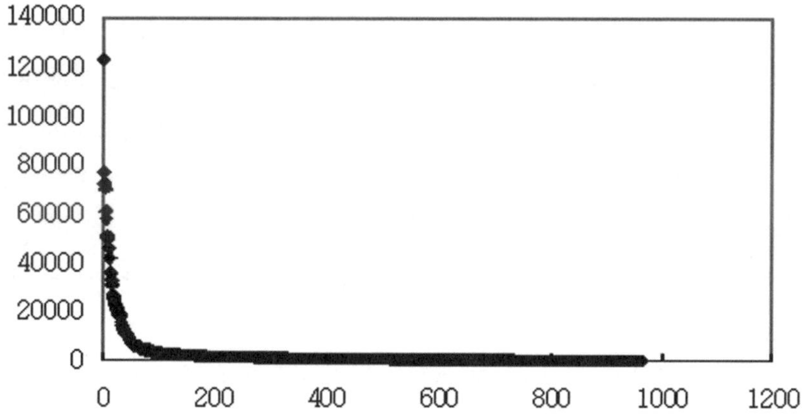

〈그림 6-9〉 세종 150만 코퍼스의 빈도순과 빈도의 그래프

따라서 코퍼스에서 어형들의 분포는 정규분포가 아니라고 할 수 있으며, 언어 자료를 정규분포로 가정하는 통계적 가정에 문제가 있다고 생각할 수 있다. 특히 언어 자료의 통계적 검증과 관련된 부분에서 정규분포의 가정에 근거한 검증방식 전반에 걸쳐서 문제를 제기할 수 있다. 이후에 제기될 정규분포에 근거한 Z-검정, T-검정을 포함한 기타 검정방식들이 문제가 될 수도 있다.

19) 다음의 사이트 참조(http://searchengineland.com/the-long-tail-of-search-12198).

정리하면 다음과 같이 결론을 내릴 수 있다. 먼저, 코퍼스는 언어 사용 전체를 모은 것이 아니라 전체 언어 사용 중 일부분만을 모은 것이다. 따라서 코퍼스는 일종의 표본에 해당하고 언어 사용 전체가 모집단에 해당한다. 이 경우에 모집단은 무한한 집단이며, 정규분포가 아닌 집단이라고도 확대해서 해석할 수도 있다. 그 결과로 모집단에서 추출한 표본인 코퍼스도 정규분포가 아닌 집단이 된다.

이러한 경우에 중심극한정리를 따르면 일정한 양 이상인 경우에 정규분포를 따른다고 할 수 있다. 물론 이 경우에도 모집단의 모수를 파악하고 있어야 하는데, 여기서 모수란 모집단의 평균과 표준편차이다. 그렇다면 코퍼스의 경우에 중심극한정리를 따른다고 할 수 있을까? 우선 모집단의 모수인 평균과 표준편차를 안다고 할 수는 없다. 많은 대량의 어휘자원을 무한정 모아서 언어 사용이라는 모집단과 유사해진다고 해도 정규분포에 유사할지는 의문시된다. 빈도가 1인 경우가 언어 자료의 빈도가 제일 많은 어휘와 나머지 어휘 간에 차이가 너무 심해서, 언어 자료의 경우에 〈그림 6-9〉와 동일한 유형의 분포가 나타난다.

언어 자료의 경우에 정규분포인지 아닌지에 대한 문제는 간단히 해결될 수 없다. 특히 중심극한정리를 적용해서 이를 해결할 수 있다고 주장하는 것도 문제가 된다. 반면에 모집단과 표본 모두 정규분포가 아니고, 무엇보다도 중심극한정리도 적용되지 않기 때문에 언어 자료의 분포가 다른 통계적 논의에 포함될 수 없다는 것도 문제가 있다. 이러한 주장은 언어 자료의 통계가 정규분포에 따른 다른 일반적 통계(한 학급의 과목성적, 전 국민의 키...)와 어떻게 다르다는 것을 보여주지 못하면서, 다르다고 말하는 것도 문제가 된다.

언어 자료에서 발견되는 어휘들의 분포와 관련된 통계에 있어서 널리 알려진 것은 지프의 법칙(Zipf's law)이다. 이 법칙은 어휘의 빈도는 빈도순에 반비례한다는 것이다. 고빈도어의 어휘일수록 빈도의 순서가 빠르고 저빈도어일수록 빈도의 순서가 느린데, 빈도와 빈도순 사이에는 일정한 관계가 성립한다.

(10) $f \times k = r \qquad (f \propto \frac{1}{r})$

여기서 f는 빈도이고, r은 빈도순이다. 여기서 빈도와 빈도순 사이에는 k라는 상수에 따라서 일정한 관계를 맺고 있다. 빈도와 빈도순은 서로 반비례 관계를 맺고 있다.

지프의 법칙에 로그함수를 적용하면 가운데 아래로 처진 부분이 위로 올라오게 되어서 마치 반비례 곡선인 것처럼 보인다. 로그함수를 적용한 이유는 변수 간의 거리를 일정하게 유지하기 위해서이다. 빈도순이 높으면 높을수록 밀도가 적고, 빈도순이 낮으면 낮을수록 밀도가 높다. 위에서 언급하였듯이 코퍼스에서는 저빈도어 어휘가 많이 출현하고 고빈도어휘가 매우 희박하게 출현한다.[20]

Manning and Schütze (1999)에 따르면 지프의 법칙은 가우스 함수에 근거한 가우스 분포를 따르지 않는 경우에 쌍곡선 함수(hyperbolic function)에 근거한 분포로 설명된다고 한다. 물론, 언어 자료들이 지프의 법칙이 설명하는 것처럼 쌍곡선 함수의 분포를 따르는지는 명확하지는 않다. 그러나 여러 자료들에서 경험적으로 도출되는 분포는 가우스 함수에 따른 정규분포보다는 지프의 법칙에 더 충실한 것으로 보인다. 언어 자료의 통계 분포인 경우에는 김동성(2007)의 결과와 동일한 결과가 경험적으로 산출되기 때문에 어떠한 분석이 적용가능한지 고민해 보아야 할 것이다. 통계는 경험적 학문으로 일련의 통계 결과에서 파악되는 동일한 행태가 동일한 원리로 작용하게 된다.

20) 다음의 사이트 참조(http://www.bordalierinstitute.com/images/languageNetwork.jpg).

연습문제

1. 여러 종류의 텍스트에서 문장 100여개를 추출하였는데, 어절 수의 길이의 평균이 14이고 표준편차가 5인 경우에 어절 수가 30이 나올 확률은 어느 정도인가? (단 텍스트가 정규분포를 따른다고 가정한다.)

2. 200여개의 동사를 하나의 텍스트에서 무작위로 추출하였을 때, 평균 24개의 보조동사가 발견이 되었고 표준편차는 3이다. 이 경우에 95%의 발생확률을 가정하면 몇 개의 보조동사가 발견이 될 것인가? (단 텍스트가 정규분포를 따른다고 가정한다.)

7. 추정

7.1. 추정이란?

표본이 모집단의 분포적 특성을 어떻게 나타내고 있는가는 중요한 문제이다. 모집단을 조사하기에 너무 많은 비용과 노력이 들거나 불가능하면 표본조사로 모집단을 대체한다. 이러한 경우에 모집단에서 추출된 표본이 모집단의 통계적 특성을 대체할 수 있다면 표본 조사만으로 모집단 전체를 조사한 효과를 얻을 것이다. 그러나 표본이 모집단의 특성을 정확히 일치하게 표현할 수는 없을 것이고, 표본은 모집단에 일정한 오차를 갖는다. 이러한 측면에서 모집단의 통계적 특성과 어느 정도의 오차가 있는지를 측정하는 것은 매우 중요하다. 만약 오차가 매우 적다면 표본조사로 모집단을 대체할 수 있을 것이다. 반대의 경우에 오차가 크다면 표본조사로 모집단을 대체할 수 없다.

여러 언론 매체에서 시행하는 미디어리서치의 경우에 표본오차를 중시한다. 예를 들어서 TV의 뉴스를 보면 어떤 정책에 대한 여론조사를 기자가 보도하면서 "현재 표본오차는 ±5% 정도입니다."는 언급을 한다. 이 경우에 표본오차가 말하는 것은 모집단과 표본이 5%정도의 오차를 갖고 있으며, 표본조사를 통해서 신뢰할 수 있는 통계적 수치는 95%라는 말이다.

표본이 모집단에서 어느 정도에 위치하는가도 중요한 문제이다. 모집단은 모든 통계적 특성을 나타내는 집단이고, 표본은 무작위 또는 일련의 특성을 가진 것들을 일정한 기준에 의해서 추출하게 된다. 따라서 표본은 모집단에 포함되어 있는 일부 집단이므로, 표본이 모집단의 어느 구간 내에서 추출되었는지의 문제가 중요하다. 만약 모집단에서 어느 일정한 부분만이 특정 기준으로 치우쳐서 표본으로 추출되었다면, 이 통계결과는 신뢰성이 없을 것이다. 그러므로 표본이 모집단에서의 어느 정도에 위치하는가를 추정(estimation)하는 것은 통계적 결과에 대한 신뢰성의 문제로도 이어질 것이다. 이러한 추정의 문제는 표본이 모집단의 특성을 얼마만큼 표현하는 가로 귀결된다.

통계적 추정에 있어서 통계적 변수는 모수가 된다. 모수는 평균과 표준편차를 말하는데, 통계적 추정에서는 모집단의 표준편차를 활용한다. 추정에 있어서 모집단 표준편차를 아는 경우와 모르는 경우, 두 개의 경우로 구분하고 각각을 다른 방식을 활용한다. 모집단 표준편차를 아는 경우는 Z-분포를 활용하고 표준편차를 모르는 경우는 T-분포를 활용한다.

우리가 원하는 대부분의 통계적 현실은 일정한 실험을 통해서 얻어진 결과를 활용해서 실험의 가설을 입증하는데 있다. 이러한 추론적 기능에서도 추론은 중요한 문제이다. 예를 들어서 제약 회사의 경우에 어떤 신약의 효능이 있다는 것을 입증하기 위해서 실험을 진행하고 통계적으로 입증한다. 제약 회사의 신약실험의 경우에 모집단이 아닌 표본에 대한 실험으로 모집단을 추정한다. 이 경우에 필요한 것이 통계적 실험 결과와 결과를 통한 발생 가능한 모든 사건들의 총집합체인 모집단의 추정이다. 통계적 사실인 실험 결과는 실험을 통해서 관찰될 뿐이지만, 실제 모집단의 통계적 특성이 실험을 통해서 잘 나타나는지는 명확하지 않다. 그러므로 모집단 전체를 표본으로 추정할 수밖에 없다. 모집단 전체에 실험을 진행하지 않고도 약간의 표본에 행한 실험이 어떤 의미를 지니는지가 통계적으로 추론한다. 바꾸어 말하면 모집단의 통계적 특성을 알기 위한 전수 조사를 하지 않고도 실험을 진행하고 관찰되는 결과인 표본조사를 통해서 모집단의 특성을 파악하고 모집단을 추정한다. 이 경우에 어떠한 통계적 변수를 활용해서 통계적 추정이 가능한지를 고려해야 한다.

7.2. 모집단 표준편차를 아는 경우와 모르는 경우

모집단 표준편차를 알거나 모르는 경우 모두 유의확률(p-value)에 근거해서 추정한다. 여기서 유의확률이 α일 경우에 α가 위치하는 추정치가 정규분포에서는 양쪽 꼬리 부분에 나타난다. 이 추정치는 왼쪽과 오른쪽 각각이 $\frac{\alpha}{2}$가 되며, 이 지점을 벗어나는 부분은 유의 수준을 벗어나는 부분이 된다. 실제 추정되어야 하는 부분은 유의 수준 안쪽이 되므로 $1-\alpha$가 된다. 따라서 $1-\alpha$부분의 면적이 모집단 평균이 추정되는 부분이 되며, 실제 통계적으로 고려되는 추정의 부분이다.

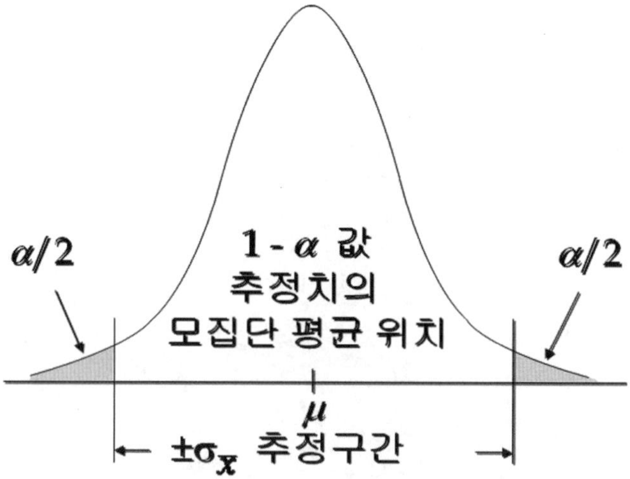

〈그림 7-1〉 구간추정의 예

추정되는 부분은 편차 σ와 평균 $\overline{x}$에 의해서 추정되는 부분이다. 오른쪽 부분은 $+\sigma_{\overline{x}}$로 추정되는 부분이고, 왼쪽은 $-\sigma_{\overline{x}}$에 해당한다. 그리고 모집단의 표준편차를 아는가 모른가에 따라서 Z-분포와 T-분포를 각각 적용한다.

먼저 모집단의 표준편차를 아는 경우를 고려해 보자. 이전 장에서 논의한 바와 같이 표준오차는 표본의 표준편차로 표본이 모평균에서 어느 정도 거리에 있는가를 계산한다. 모집단의 표준편차인 σ가 25이고 표본수가 100인 경우에 표준오차는 $\sigma_{\overline{x}} = \dfrac{25}{\sqrt{100}} = 2.5$로 측정되는 경우에, 표준오차를 토대로 모집단에서 표본이 얼마나 많이 떨어져있는지 계산해 보자. 먼저, 95%의 신뢰수준으로 표본이 모집단과 차이를 보인다고 고려해 보자. 이 경우에 평균으로부터 $\pm 1.96\sigma_{\overline{x}}$범위 안에 있게 된다. 다시 말하면 95%의 범위라는 것은 평균을 중심으로 좌우에 위치하는 것이고, 이것을 Z-분포로 환산하면 3.92에 해당한다. 이 분포에서 정규분포를 가정하므로, 정규분포는 좌우가 대칭이 된다. 따라서 한 쪽이 3.92에 해당하는 Z-분포를 갖고 있으며, 표준오차가 좌우 각각 1.96에 해당하게 된다.

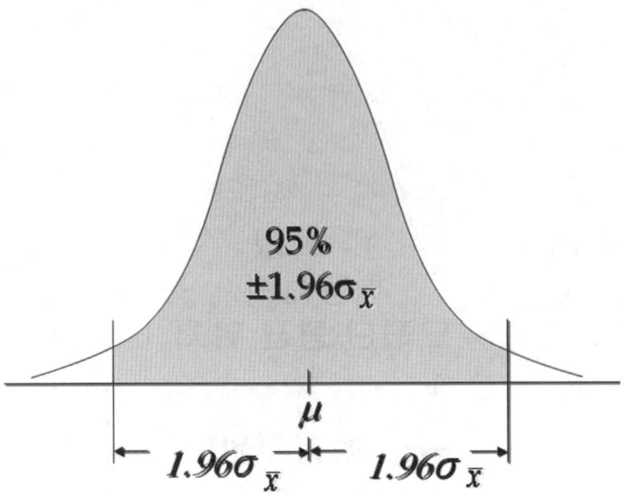

〈그림 7-2〉 오차범위 95%이내의 추정

위의 〈그림 7-2〉에서 모집단 평균은 $\pm 1.96\sigma_{\bar{x}}$범위 안에 위치하는데, 표본을 통한 통계적 결과는 모집단이 95%의 확률로 발생할 수 있다는 것을 추정한다. 다시 말하면 신뢰의 수준이 95%로 모집단을 표본이 $\pm 1.96\sigma_{\bar{x}}$범위 안에서 추정하게 된다. 여기서, 95%를 신뢰수준(confidence level)이라고 하고, 수치 0.95는 신뢰계수(confidence coefficient)라고 하며, 95%가 위치하는 구간을 신뢰구간(confidence interval)이라고 한다.

모집단의 표준편차를 알고 있다는 것은 표준편차를 계산하기 위한 분산과 평균을 알고 있다는 것과 같다. 따라서 이것은 모집단의 모수를 알고 있다는 것과도 같다. 보통 이러한 경우를 모집단의 평균을 알고 있다고도 말한다. 모집단의 평균을 알고 있는 추정의 경우에 유의수준(level of significance)은 전체 신뢰 수준에서 신뢰계수를 뺀 값이다. 즉, 전체가 1이 되므로, 95%의 신뢰수준이라면 1-0.95=0.05이 된다. 이러한 경우를 계산하는 방식은 다음과 같다.

(1) $\bar{x} \pm Z_{\frac{\alpha}{2}} \times \frac{\sigma}{\sqrt{n}}$

여기서 유의수준은 $1-\alpha$이고, $Z_{\frac{\alpha}{2}}$는 표준정규 확률분포의 양수 부분의 면적에 해당하는데, 전체 Z_α의 절반에 해당한다. 표본의 개수가 100이고, 표준편차가 25이며, 표본의 평균이 50인 경우, 유의수준이 95%라면 다음과 같이 연산하면 된다.

$$(2)\ 50 \pm 1.96 \times \frac{25}{\sqrt{100}}$$
$$= 50 \pm 1.96 \times 2.5$$
$$= 50 \pm 4.9$$

따라서 오차의 한계는 4.9이고, 신뢰구간은 50+4.9=54.9와 50-4.9=45.1 사이에 위치하게 된다. 상한은 54.9이고, 하한은 45.1이 된다.

다음으로 모집단의 표준편차를 모르는 경우는 T-분포를 사용한다. T-분포는 모집단이 정규분포에 해당하는 경우를 가정하는데, 모수에 따라서 정규분포를 달리하는 확률분포를 말한다. Z-분포는 모집단의 분포에 기초해서 확률분포를 가정하는 반면에 T-분포는 모집단과 표본의 분포적 차이에 기초해서 확률분포를 가정한다. T-분포에서 모집단과 표본의 분포적 차이는 자유도(degree of freedom)로 연산한다. 자유도는 개수에서 하나를 빼서 만든다. 여기서 하나를 빼는 이유는 개수 중 하나는 4장에서 논의한 바와 같이 표본의 평균에 기여하므로 평균을 제거해서 치우치지 않게 추정하기 위함이다. 평균은 집단의 특성을 잘 나타내는데, 그 집단의 평균을 제거해서 집단의 분포적 차이를 제거한다. 정규분포의 분포적 특성에서 자유도만큼의 차이만큼 모집단과 표본 사이에 차이가 생긴다. 따라서 표준이 되는 정규본포곡선에서 자유도의 차이만큼 다른 곡선의 형태가 만들어진다.

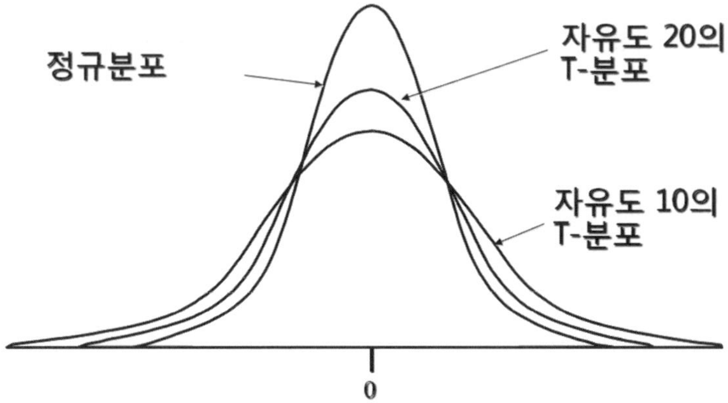

〈그림 7-3〉 T-분포

〈그림 7-3〉과 같이 정규분포곡선이 가장 봉우리가 높은 곡선인데 반해서 자유도가 낮으면 낮을수록 봉우리가 완만해지는 특성을 갖는다. 자유도가 높으면 높을수록 곡선의 봉우리가 올라가지만 일정한 자유도가 되면 정규분포곡선과 동일하게 된다. 통계학자들은 자유도가 120이상인 경우가 T-분포곡선이 정규분포곡선과 동일하다고 말하며, 이 경우에는 정규분포와 동일한 Z-분포값과 같다고 주장한다. T-분포표를 참조하면 120이상인 경우는 표기가 무한대인 ∞로 표기되어 있고, 이 경우에 Z-분포값이 표기되어 있다.

모집단의 표준편차를 모르는 경우에는 아래 (3)과 같은 추정치를 사용한다.

$$(3)\ \ \bar{x} \pm T_{\frac{\alpha}{2}} \times \frac{s}{\sqrt{n}}$$

위의 (1)과 다른 것은 T-분포를 사용한다는 것과 모집단의 표준편차 대신에 표본의 표준편차를 사용한다. 여기서 표본의 표준편차를 s를 구하는 방식은 다음과 같다.

$$(4)\ \ s = \sqrt{\frac{\sum (x_i - \bar{x})^2}{n-1}}$$

분모 (n-1)이 나타내는 것은 자유도이며, 분자 $x_i - \bar{x}$가 의미하는 것은 평균과의 편차를 말한다. 표본의 개수가 100이고, 표본의 표준편차가 20이며, 표본의 평균이 50인 경우, 유의수준이 95%일 경우에 다음과 같이 계산하면 된다. 먼저 유의수준이 95%일 경우에 자유도가 100이므로 [부록-2]의 T-분포표를 참조하면 2.626이 된다. 이를 활용해서 (3)의 공식에 대입하면 다음과 같다.

$$\begin{aligned}(5)\ \ & 50 \pm 2.626 \times \frac{20}{\sqrt{100}} \\ & = 50 \pm 2.626 \times 2 \\ & = 50 \pm 5.252\end{aligned}$$

이 경우에 상한은 55.252가 되고, 하한은 44.758이 된다. 따라서 신뢰수준 95%의 경우에 신뢰할 만한 모집단 평균은 55.252과 44.758사이에 있게 된다.

엑셀의 경우에는 (1)과 (3)의 공식을 활용해서 모집단 표준편차를 아는 경우와 모르는 경우를 계산할 수 있다. 이 경우에 Z-분포와 T-분포에서 각각의 값을 계산하는 것이 중요하다. 각각의 값을 계산할 수 있는 엑셀 함수는 NORMSINV(누적확률값), TINV(확률값)이다. 각각을 계산하고 이를 다시 상한값과 하한값 계산 공식인 (1)과 (3)에 대입하면 추정의 범위를 계산할 수 있다.

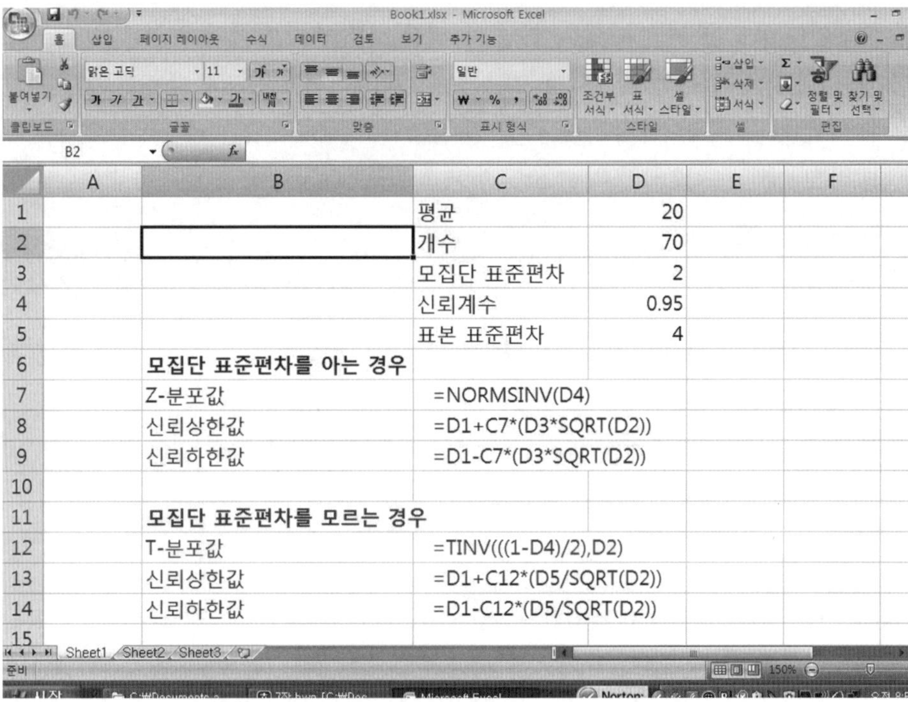

〈그림 7-4〉 엑셀을 활용한 상하한값 계산

7.3. 표본 크기와 모집단 비율 결정

이전 절에서 논의한 것은 신뢰구간을 추정하기 위한 표본 크기를 논의하였는데, 이번 절에서는 원하는 오차한계를 포함하는 적절한 표본의 크기를 산정하는 방식을 논의할 것이다.

오차한계를 구하는 방식은 $\bar{x} \pm Z_{\frac{\alpha}{2}} \times \frac{\sigma}{\sqrt{n}}$ 이다. 여기서 $Z_{\frac{\alpha}{2}} \times \frac{\sigma}{\sqrt{n}}$ 는 원하는

오차한계라고 할 수 있다. 원하는 오차한계를 E라고 하면 $E = Z_{\frac{\alpha}{2}} \times \frac{\sigma}{\sqrt{n}}$와 같이 산정할 수 있으며, 원하는 표본의 크기는 n이 된다. n은 공식을 변형하면, $n = \frac{Z^2_{\frac{\alpha}{2}} \times \sigma^2}{E^2}$으로 구할 수 있다.

여기서 이 방식은 모집단의 표준편차를 아는 경우이다. 지금까지 논의한 것 중에서 모집단의 표준편차를 모르는 경우도 논의를 하였는데, 위에서 논의한 방식은 모집단의 표준편차를 아는 경우에만 적용되는 것이다. 만약 모집단의 표준편차를 모른다면 이 값을 계획하거나 미리 준비된 값으로 대체해서 계산한다.

이 방식으로 오차를 2로 하고, 95%의 신뢰수준에서 모집단의 표준편차를 4로 하였다면, $n = \frac{Z^2_{\frac{\alpha}{2}} \times \sigma^2}{E^2} = \frac{1.96^2 \times 4^2}{2^2} = 15.36$와 같이 구할 수 있다. 여기서 Z-값이 95%일 경우는 0.025에 해당하는 1.96이 된다. 여기서 원하는 오차를 만족하는 값은 15개 정도가 된다.

다른 계산으로 오차한계를 만족하는 모집단의 비율을 계산하는 방식도 있다. 이 방식은 이항분포를 활용해서 표준편차를 $\sigma_{\bar{p}} = \sqrt{\frac{\bar{p}(1-\bar{p})}{n}}$으로 계산하고, 이를 오차한계를 구하는 공식을 대입한다. 구해지는 식은 $\bar{p} \pm Z_{\frac{\alpha}{2}} \times \sqrt{\frac{\bar{p}(1-\bar{p})}{n}}$이다.

예를 들어서 95% 신뢰수준에서 현재의 점추정치 비율이 0.1이고, 전체 표본이 100일 경우에 모집단의 비율을 구하면 다음과 같다. 여기서 Z-값이 95%일 경우는 0.025에 해당하는 1.96이 되므로, 이를 대입하면 $0.1 \pm 1.96 \times \sqrt{\frac{0.1(1-0.1)}{100}} = 0.1 \pm 0.05$이 된다. 따라서 모집단 비율은 0.15에서 0.04 사이에 있게 된다.

7.4. 언어 자료와 추정

통계적으로 추정은 모집단을 추정하는 것이다. 표본을 관찰한 관찰치를 활용해서 빈도를 연산하고 이를 토대로 모집단의 모수를 추정하게 된다. 가장 간단한 모수의 추정은 단순히 개수를 세어서 추정하는 방식이다. 어느 집단의 자료의 관찰하고 w_1의 빈도를 추정하는 작업은 w_1의 개수를 전체 개수로 나누어서 예측치를 산출하면 된다.

(6) $P(w_1) = \frac{C(w_1)}{N}$

여기서 N은 전체 집단의 개수이고, $C(w_1)$은 w1의 빈도가 된다. 여기서, $P(w_1)$은 추정치가 되며, 이 추정치를 활용하면 다른 집단에서의 예측이 가능해진다. 전체 집단의 개수에 따라서 집단의 예측치를 곱하면 개수를 얻어 낼 수 있다. 집단의 전체 개수가 100이면 예측 확률 $P(w_1)$을 곱한 $100 \times P(w_1)$이 집단에서 발견되는 w_1의 개수가 된다. 이러한 단순한 방식을 최대우도추정(maximum likelihood estimation)이라고 한다.

이러한 최대우도추정 방식은 많은 문제점이 있다. 예를 들어서 전국의 새들의 수를 세어서 통계를 내는 작업을 한다고 가정해 보자. 새들의 통계가 가능하기 위해서는 일련의 지역을 찾아서 그 지역에서 새를 세어야 할 것이다. 소백산을 방문해서 새를 세었는데, 까치 1만 마리, 참새 2만 마리가 측정이 되었으나 개똥지빠귀를 관찰할 수 없었다. 이 경우에 개똥지빠귀는 관찰이 되지 않았으므로 통계치를 0으로 할 수 있을까? 물론 이러한 방식은 문제가 많을 것이다. 새는 날개가 있어서 이곳저곳 이동이 가능하므로, 측정할 시에 개똥지빠귀가 없을 수도 있었을 것이다. 또한 측정시에 까치나 참새가 특정한 이유로 먹이가 갑자기 많아서 개체 수가 늘어났을 수도 있었을 것이다. 이러한 경우라면 1만, 2만으로 측정된 것도 문제가 있을 것이다. 이러한 관찰을 통해서 모집단을 추정하는 것을 불가능하므로, 전체 개수에 대한 일련의 통계적 수치의 조정이 불가피하다. 관찰한 빈도를 조정하는 작업을 통해서 전체 모집단과 유사하게 변경하는 기법이 필요하다. 이러한 기법을 평탄화(smoothing)라고 한다. 평탄화는 전체 개수를 조정하는 작업으로 모집단의 모수에 유사하게 표본을 변경하는 작업을 말한다.

언어 자료인 경우에 이러한 최대 우도 추정을 통한 추정 방식은 많은 문제점이 있다. 우선 텍스트의 크기에 따라서 빈도가 0이거나 다른 텍스트에 비해서 특정하게 빈도가 너무 높은 개체가 많이 나타난다. 텍스트의 성격에 따라서도 이러한 현상이 나타난다. 가령 신문기사와 소설, 또는 연설문을 비교하거나, 전체 100어절과 1,000 어절, 10,000어절의 텍스트를 비교해 보면 이러한 차이는 금방 알아낼 수 있을 것이다.

언어 자료의 경우에 이러한 문제점을 극복하기 위한 여러 방식의 통계적 평탄화 작업이 제안되었다. Laplace 법칙, Good-turing 추정, Katz의 backoff, 보간법(interpolation) 등이 대표적이다. 여기서 모든 방식을 다 소개할 수는 없으나 그 중 대표적인 방식인 Laplace 법칙과 Good-turing 추정을 소개하면 다음과 같다.[21)]

먼저 평탄화 중 가장 간단한 Laplace 법칙으로 개수에 하나를 더한다. 하나를 더하게 되므로, 어휘들의 모든 유형(type)의 개수를 전체 개수에 더해야 한다. 이를 (6)의 공식에 적용하면 다음과 같다.

(7) $P(w_1) = \dfrac{C(w_1)+1}{N+V}$

여기서 V는 어휘의 유형의 개수를 말하고 N은 모든 개별형의 개수를 말한다. 수식이 의미하는 것은 개별 개수에 하나를 더 더하게 되면, 전체 개수가 아닌 어휘의 유형에 하나씩 더한 것이 된다. 예측치는 전체 개수에 유형별로 하나씩 더한 것으로 개별 개수에 하나를 더한 것을 나누어서 계산하게 된다. 이 방식은 하나를 더한 방식으로 add-one이라고도 불린다.

여기서 유형과 개별형(token)에 대한 구분을 논의하도록 하자. 언어를 통계적으로 다루기 위해서는 유형과 개별형의 구분이 중요하다. 아래 '이상한 나라의 엘리스' 중 텍스트 일부분을 고려해 보자.

---

21) 자세한 것은 Jurafsky and Martin (2000)이나 Manning and Schütze (1999)을 참조하기 바람.

Down, down, down. Would the fall nev-er come to an end? "I should like to know," she said, "how far I have come by this time. Wouldn't it be strange if I should fall right through the earth and come out where the folks walk with their feet up and their heads down?"

Down, down, down. "Di-nah will miss me to-night," Al-ice went on. (Di-nah was the cat.) "I hope they'll think to give her her milk at tea-time. Di-nah, my dear! I wish you were down here with me! There are no mice in the air, but you might catch a bat, and that's much like a mouse, you know. But do cats eat bats?" And here Al-ice must have gone to sleep, for she dreamed that she walked hand in hand with Di-nah, and just as she asked her, "Now, Di-nah, tell me the truth, do you eat bats?" all at once, thump! thump! down she came on a heap of sticks and dry leaves, and the long fall was o-ver.

〈그림 7-5〉 '이상한 나라의 앨리스' 중 일부분

여기서, down과 walk, be를 비교해 보자. down은 모두 8번이 사용되었다. 그런데, walk는 동사로 사용된 것이 모두 2번인데, 이 경우에 현재형 'walk'와 과거형 'walked'의 다른 형태가 사용되었다. 이에 반해서, be는 영어서 여러 변형이 가능한데, 시제(현재, 과거)와 인칭(1, 2, 3인칭), 수(단수, 복수)에 따라서 많은 형태가 있다. 여기서 유형은 여러 형태로 사용되는 것 중 하나로 인식되는 형식을 말하고, 개별형은 여러 형태로 사용되는 그 자체를 말한다. 따라서 down과 walk의 경우에 유형은 2개 이지만, 개별형은 10개가 된다.

개별형에 대한 유형의 비율은 두 가지 의미로 중요하다. 먼저, $\frac{개별형}{유형}$이 크다면 전체 유형에 비해서 개별형이 더 많이 사용된 것으로, 하나의 유형을 반복적으로 많이 사용한 것이 된다. 이 경우에 어휘 사용이 다양하지 않고 같은 어휘를 반복적으로 사용한 것이 된다. 반대의 경우에는 다양한 어휘를 사용한 것으로 전체 어휘의 사용량에 비해서 출현하는 어휘들의 형태가 많다. 아이들의 언어 사용과 어른들의 언어 사용을 비교해 보면, 두 개의 차이가 뚜렷하게 나타난다. 먼저 비율이 높은 경우는 아이들이 되고, 낮은 경우는 어른들이 된다. 즉 언어에 익숙한 사람일수록 다양한 어휘를 사용하게 되고, 언어에 익숙하지 않은 사람은 동일 어휘를 반복적으로 사용하게 될 것이다. 즉 영어를 잘하는 사람과 못하는 사람은 이 비율에 있어서 차이가 있을 것이다. 만약 영어 교육과 관련된 코퍼스를 수집했다면 이러한 개별형과 유형에 대한 비교가 언어의 익숙도를 측정하는 중요한 방식이 될 것이다.

다음으로 Good-turing 추정은 이항분포를 사용한 예측 계산을 활용한다.

$$(8)\ E(x) = \sum_{i=1}^{r} \binom{N}{r} P(x)^{r} (1 - P(x))^{N-r}$$

여기서 N은 총량이 되고, r은 개체의 빈도를 말하고 된다. 이 예측치를 활용해서 다음으로는 빈도 r에 대한 Good-turing 추정치인 r^*를 추정한다.

$$(9)\ r^{*} = (r+1)\frac{E(n_{r+1})}{E(n_r)}$$

또한 빈도가 0인 경우에는 예측치가 1인 경우를 전체 개수로 나눈 경우를 활용한다.

$$(10)\ P^{*}_{GT} = \frac{E(n_1)}{N}$$

Good-turing 추정은 실제로 모수를 추정하는 데 있어서 적절하지만, 실제로 이항분포에 근거해서 추정하기 때문에 전체적인 평탄화 작업에서 단독으로 사용되지는 않는다. 모수를 활용하는 Katz의 backoff나, 보간법과 같이 활용된다(Jurafsky and Martin 2000).

실제 통계적 언어 처리와 연관된 분야에서 평탄화는 매우 중요한 요소이다. 정보이론(information theory)과 연관된 분야에서는 통계적인 언어 모델을 구축하는데, 이러한 방식에서 관찰 빈도에 대한 통계적 조정은 필수적이다.[22)]

22) 이 분야는 더 많은 고난도의 통계적 절차가 필요하므로, 본 서적에서는 다루지 않는다. 다만 전체적으로 통계적 추정과 연관된 분야이므로 추정과 연관된 부분에서만 논의를 하였다. 자세한 논의를 위해서는 Jurafsky and Martin (2000) 참조.

연습문제

1. 100개의 문장을 관찰하였더니, 하나의 문장 당 36개의 형태소가 평균적으로 출현하였고, 표준편차가 5.5정도이었다. 이 경우에 95%의 신뢰도로 모집단 평균의 신뢰구간을 추정해 보라.

2. 하나의 텍스트를 조사해보니 300여 개의 명사가 발견이 되었는데, 이 중 고유명사가 60여개가 발견되었다. 95%의 신뢰도로 전체 명사 중에서 고유명사가 나타날 비율은 어떻게 되는가?

3. Good-turing을 토대로 〈그림 7-5〉 '이상한 나라의 앨리스'의 일부분 텍스트에 나오는 단어들의 빈도를 평탄화를 해보라. 빈도가 0인 아래와 같은 단어도 가상으로 추가해 보라.

   exist, people, crack, guidance, information, nightingale, estimation, problem

8. 검정

8.1. 연구가설과 영가설

2장에서 통계적 행위를 크게 기술통계와 추론통계로 구분하였다. 기술통계는 모수에 의해서 측정되는 통계적 내용을 통계적 사실만을 기술하는 통계방식이다. 반면에 추론통계는 기술통계를 통해서 기술된 자료를 토대로 통계적 가설이나 주장을 검증하는 통계방식을 말한다.

그렇다면 여기서 통계적 검증이나 주장은 어떠한 절차를 거쳐서 가능하게 되는가? 먼저, 통계적 검증이나 주장을 위해서는 가설(hypothesis)이 필요하다. 가령, 모든 키가 큰 사람들은 키가 작은 사람들 보다 발 크기가 더 크다는 주장을 한다고 가정하자. 이러한 주장을 검증하기 위해서 가설을 설정하면 다음과 같다.

(1) 가설1

모든 크기가 큰 사람들은 키가 작은 사람들보다 발 크기가 크다.

가설1은 연구자가 입증해야 할 가설로 연구가설(research hypothesis)이라고 한다. 가설1을 H_a라고도 한다. 이와 반대되는 가설2도 가능하다.

(2) 가설2

모든 크기가 큰 사람들은 키가 작은 사람들보다 발 크기가 크지 않다.

가설2는 연구가설을 반대하는 가설로 통계적으로는 영가설(null hypothesis) 또는 귀무가설이라고 한다. 가설2를 H_0라고도 한다. 추론통계는 이러한 영가설과 연구가설 중 어느 것이 타당한지를 검정(test)하게 된다.

여기서 주의할 점이 있다. 연구자가 만들어내는 연구가설은 연구별로 설정이 된다. 따라서 특정 연구를 진행하면서 A라는 연구가설을 주장할 수 있다. 반면에 영가설은 특별히 설정하는 것이 아니고, 연구가설 A가 만들어지면 자동으로 생성이 된다. 즉, A 연구가설을 부정하는 $\neg A$를 영가설로 채택하는데, 단순하게 A를 부정하기만 하면 된다. 다시 말하면, 연구가설은 만들어지는 데 반해서, 영가설은 만들어지는 것이 아니라 연구가설에 따라 설정된다.

통계적 검증이나 입증은 연구가설과 영가설 중 어느 쪽이 통계적으로 입증되는가에 초점이 맞춰져 있다. 연구가설이 채택되면 영가설은 기각되고, 설정한 가설이 타당한 것으로 간주된다. 반대로 영가설이 채택되면 연구가설은 기각되고, 설정한 가설이 타당하지 않은 것으로 간주된다.

또 하나 주의할 점은 다음과 같다. 통계적 검증이나 입증에서 실제 사용되는 것은 영가설이다. 영가설이 통계적으로 검증을 위해서 활용된다. 검증에서 영가설이 기각되는 경우에 연구가설을 자동으로 채택하게 되고, 반대로 영가설이 검증에서 채택되면 연구가설은 자동으로 기각된다. 영가설을 통한 통계적 입증은 다음과 같다. 통계적으로 영가설이 발견될 수 있는 영역을 설정한다. 영역을 설정하기 위해서는 임계치(critical value)가 설정이 되는데, 임계치는 영역의 최대치가 되는 지점이다. 임계치보다 더 적은 영역에서 영가설이 발견되면 영가설이 발생할 기대확률이 충분하기 때문에 영가설이 채택된다. 반대로 임계치보다 더 큰 영역에서 영가설이 발견되면 영가설이 발생할 기대확률이 충분하지 않기 때문에 영가설을 기각하게 된다. 아래 〈그림 8-1〉에서 유의확률 α는 Z_α로 표시되는 임계치 영역이 되게 된다. 이 경우에 영역은 두 개로 구분이 되는데, 임계치보다 더 큰 영역과 임계치보다 더 적은 영역으로 구분된다. 각각은 영가설 기각영역과 영가설 채택영역이 된다. 통계적으로 영가설이 어느 영역에 위치하는가는 영가설을 채택할 것인가 아니면 기각할 것인가로 귀결된다. 바꾸어 말하면 연구가설을 기각할 것인가 아니면 채택할 것인가를 말하는 것과 동일하다.

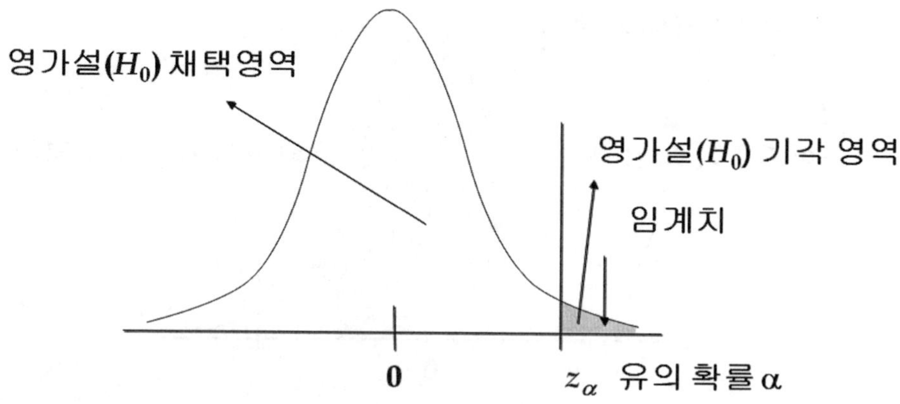

〈그림 8-1〉 통계적 검정

통계적 가설에 있어서 이러한 방식이 의미하는 바는 무엇인가? 즉 영가설이 〈그림 8-1〉에서 영가설 기각영역에 포함된다는 것은 무엇인가? 영가설의 발생확률이 β인데, 이것은 유의 확률인 α보다 더 작다는 말이다. 또한 임계치 영역인 Z_α에서 발생한다는 것이다. 이 영역의 확률에서 영가설이 발생하는 것을 예측하는 것이 통계적으로 희박하다는 것을 의미한다. 따라서 영가설이 발생할 가능성이 매우 적고, 반대로 말하면 연구가설이 발생할 확률이 영가설 발생 확률보다 더 크다는 것을 의미한다. 결과적으로 영가설을 기각할 수 있고, 연구가설을 채택할 수 있다는 것을 의미한다. 이러한 사실이 통계적으로 유의미하다는 것을 의미한다.

〈그림 8-1〉은 임계치를 하나만 설정한 경우이다. 이 경우를 단측검정(one-tailed test 또는 directional test)라고 하는데, 임계치를 오른쪽이나 왼쪽에 설정하게 된다. 경우에 따라서는 임계치를 두 개 설정할 경우도 있는데, 이 경우를 양측검정(two-tailed test 또는 non-directional)라고 한다. 이 경우에는 영가설의 기각영역이 두 군데이고 이를 제외한 영역이 영가설 채택영역이 된다.

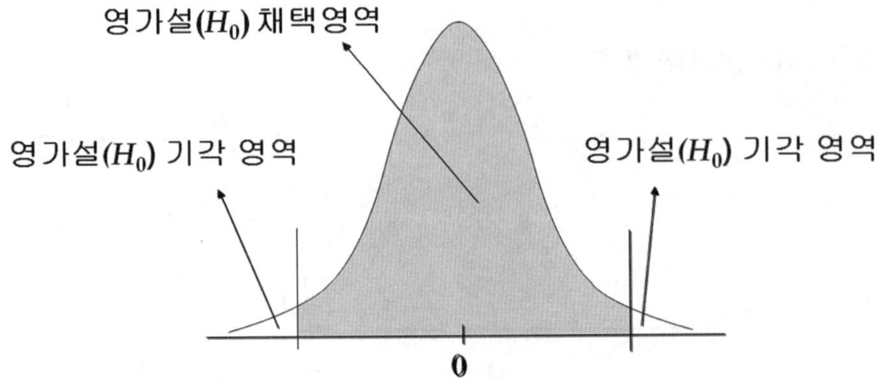

〈그림 8-2〉 양측검정

영가설과 연구가설의 대립은 모집단에 대한 통계적 입증을 기준으로 하는데, 실제 통계적 자료는 표본에 근거한다. 따라서 현실적으로는 표본에 근거하는 문제점이 가설 검증에 항상 존재한다. H_0가 채택이 된 경우에 H_0가 사실이면 아무런 문제가 없으나, H_a가 사실인 경우가 문제가 될 수 있다. 이러한 오류를 제2종 오류(Type II error)라고 한다. 반대로 H_a가 채택이 된 경우에 H_a가 사실이면 아무런 문제가 없으나 H_0가 사실인 경우는 문제가 된다. 이러한 오류를 제1종 오류(Type I error)라고 한다.

제1종 오류를 피하는 방식은 유의수준(level of significance)을 조정하는 것이다. 〈그림 8-1〉에서 임계치를 소개하였는데, 임계치는 영가설을 기각하거나 채택하기 위한 유의 확률로 나타나는 통계적 영역을 말하는데, 이러한 유의 확률이 유의수준이다. 즉 유의수준은 제1종 오류를 문제가 되는 H_0를 기각하는 수준이 되는 확률을 말한다. 유의수준은 그리스 문자 α로 쓰고, 보통의 유의수준은 0.05(5%)나 0.01(1%)을 많이 사용한다.

반면에 제2종 오류는 제1종 오류와 같이 어떠한 장치를 통해서 피할 수 있는 것이 아니다. 이 오류는 현실적으로 늘 존재할 수 있으므로 이 오류를 발견해내는 것이 확실하지 않다. 따라서 이러한 제2종 오류의 불확실성을 피하기 위해서, 통계학자들은 "H_0를 채택했다."는 직접적 표현을 하지 않고, "H_0를 기각하지 않는다."는 표현을 쓴다. 이러한 표현은 현실적으로 불확실한 제2종 오류를 범할 위험을 피하기 위함이다.

8.2. 모집단 표준편차를 아는 경우와 모르는 경우

모집단 표준편차 σ를 알고 있는 경우는 모집단의 평균인 μ를 아는 경우이다. 이전 절에서 논의한 단측검정과 양측검정의 두 가지 경우에 평균비교를 적용하면 다음과 같이 유형을 구분할 수 있다.

(3) 단측 검정

a. 왼쪽 검정

$$H_0 : \mu \geq \mu_0$$
$$H_a : \mu < \mu_0$$

b. 오른쪽 검정

$$H_0 : \mu \leq \mu_0$$
$$H_a : \mu > \mu_0$$

(4) 양측 검정

$$H_0 : \mu = \mu_0$$
$$H_a : \mu \neq \mu_0$$

먼저 단측 검정의 경우에 모집단의 평균이 표본의 평균에 비해서 크거나 적은 경우에 따라 연구가설이나 영가설을 채택한다. 왼쪽 검정의 경우에는 영가설이 모집단 평균보다 더 적게 되고, 오른쪽 검정의 경우에는 반대가 된다. 양측검정의 경우에는 표본의 평균이 모집단 평균보다 같지 않으므로, 크거나 적게 된다.

모집단 표준편차를 아는 경우와 모르는 경우는 7장의 추정과 동일하다. 검정에서 모집단 표준편차를 아는 경우는 Z-분포를 사용하고 모집단 표준편차를 모르는 경우는 T-분포를 사용한다. Z-분포를 사용하는 경우에 모집단 평균의 검정 통계량은 $Z = \dfrac{\overline{x} - \mu_0}{\sigma_{\overline{x}}}$으로 계산이 되는데, 표본의 표준편차를 계산하면 $Z = \dfrac{\overline{x} - \mu_0}{\dfrac{\sigma}{\sqrt{n}}}$으로 계산된다.

여기서 검정통계량을 사용해서 검정에 활용하는 방식은 크게 유의확률을 활용하

8. 검정

는 방식과 유의확률(또는 p-값)이 포함되는 통계 영역인 임계치를 활용하는 방식으로 구분된다. 먼저 단측검정의 경우에 유의확률을 활용하는 방식을 소개하면 다음과 같다.

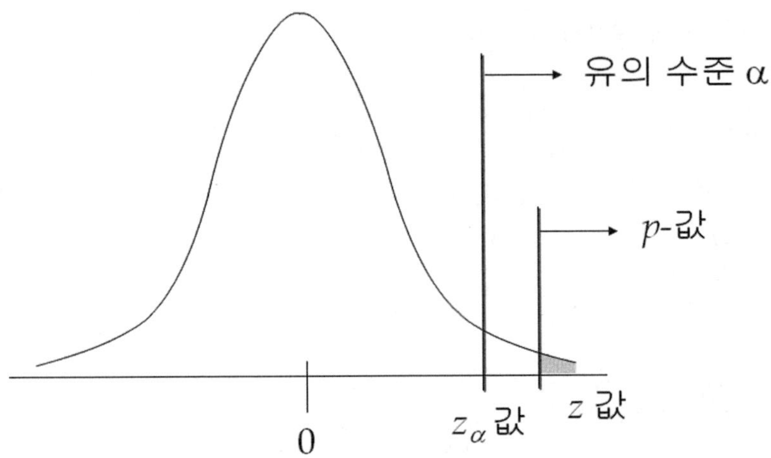

〈그림 8-3〉 단측 검정에서 p-값을 활용하는 방식

먼저 유의 수준을 설정할 수 있다. 만약 유의 수준을 0.5%로 설정하였다면 1에서 0.5%를 뺀 0.995를 유의확률로 설정한다. 유의 수준인 α는 0.005나 0.001로 설정한다. 〈그림 8-3〉에서 검정의 경우에는 두 가지가 가능하다. 유의 수준으로 설정되는 검정 통계량이 유의확률로 설정되는 검정 통계량 보다 더 적게 설정되거나 더 많이 설정될 수 있다. 여기서 H_0를 채택하는 것은 유의확률로 설정되는 검정 통계량이 유의 수준으로 설정되는 검정 통계량 보다 더 많이 설정되는 경우를 말한다. 반면에 H_a가 채택되는 경우는 H_0를 기각하는 경우로, 유의확률로 설정되는 검정 통계량이 유의 수준으로 설정되는 검정 통계량 보다 더 적게 설정되는 경우를 말한다.

반면에 임계치를 활용하는 방식은 유의 수준 α에 의해서 설정되는 검정 통계량의 영역보다 현재 표본 집단이 가지는 수준에 의해서 결정되는 검정 통계량이 더 적은가 또는 더 큰가에 의해서 결정된다. 더 큰 경우에는 H_0를 기각하고 더 적을 경우에는 H_0를 채택한다.

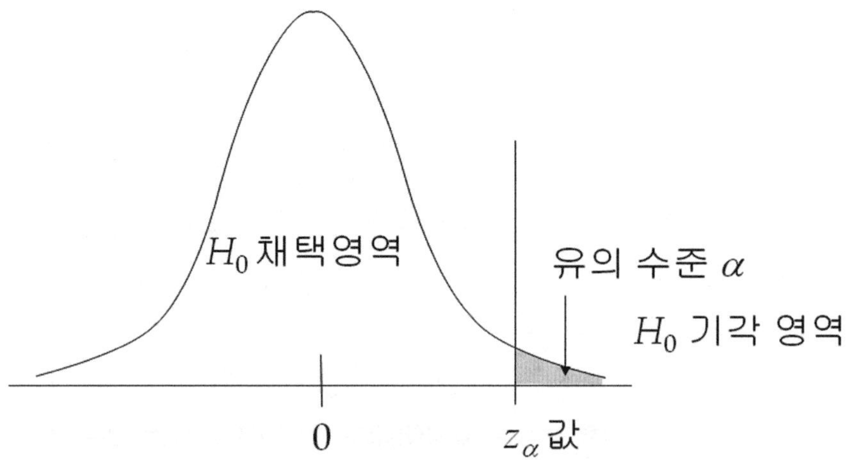

〈그림 8-4〉 단측 검정에서 임계치 활용 방식

양측검정의 경우에 유의확률(또는 p-값)을 사용하는 경우는 다음과 같다. 단측 검정과 동일하나 유의 수준이 양측에 설정이 되고, 유의확률도 양측에 설정된다.

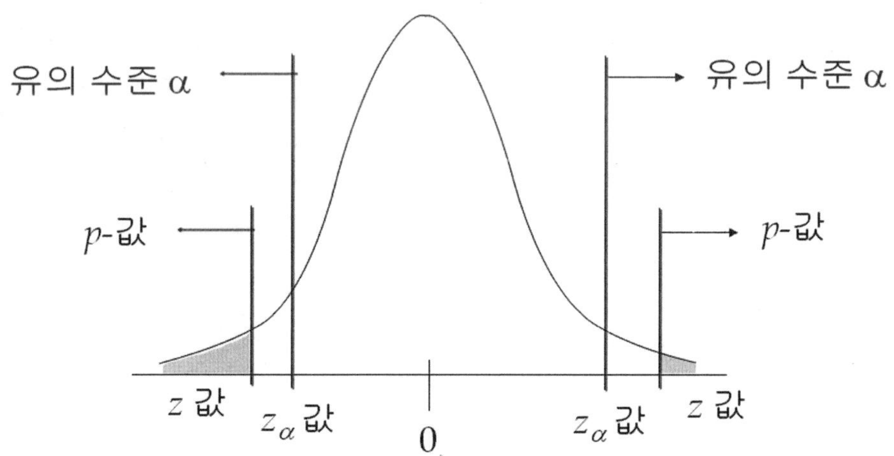

〈그림 8-5〉 양측 검정에서 p-값을 활용하는 경우

양측검정의 경우에 임계치를 활용하는 방식도 동일하다.

8. 검정

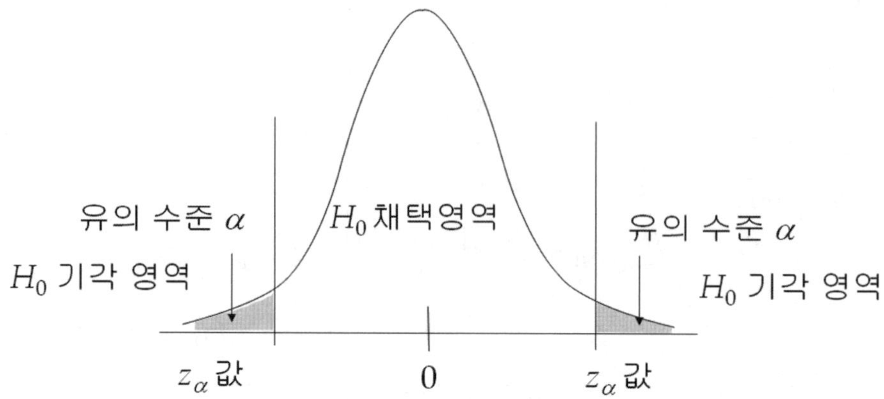

〈그림 8-6〉 양측 검정에서 유의확률(또는 p-값)을 활용하는 경우

모집단 표준편차를 모르는 경우에는 T-분포를 사용하며 검정 통계량은 $T=\dfrac{\bar{x}-\mu_0}{\dfrac{s}{\sqrt{n}}}$를 사용하며, 위에서 논의한 유의확률을 사용하는 방식, 임계치를 사용하는 방식으로 구분되며, 양측검정과 단측검정으로도 구분될 수 있다.

엑셀 함수를 사용하면 다음과 같다. 먼저 위에서 논의한 바와 같이 검정 통계량을 구한다. 이를 바탕으로 유의확률(또는 p-값)과 임계치를 Z-분포는 NORMSDIST(검정 통계량), NORMSINV(유의 수준)와 T-분포는 TDIST(검정 통계량, 자유도, 양측 또는 단측 검정 유형), TINV(유의수준, 자유도)를 각각 입력한다.

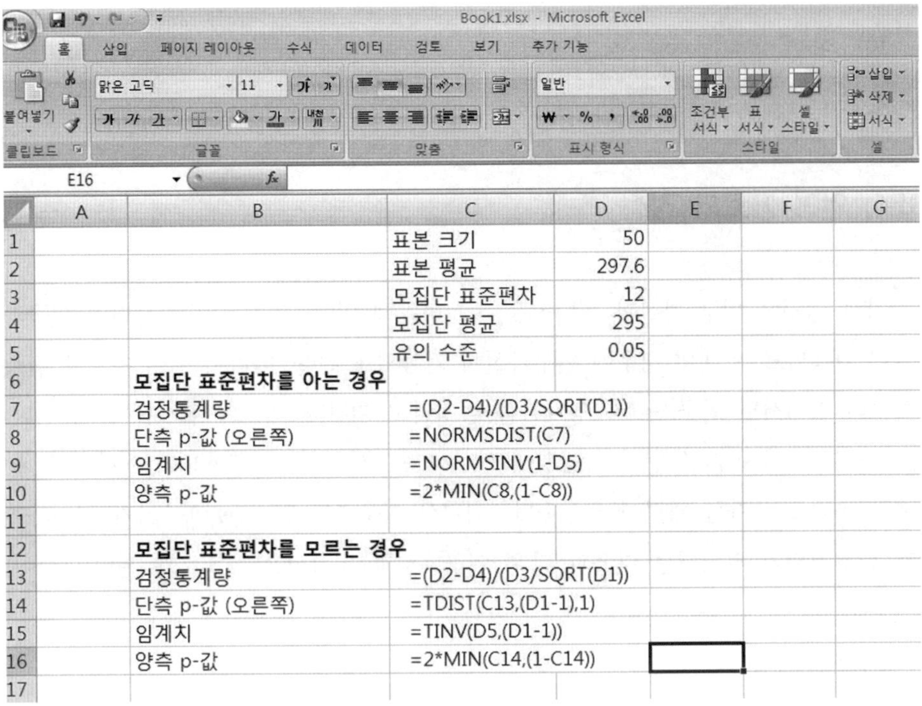

	A	B	C	D	E	F	G
1			표본 크기	50			
2			표본 평균	297.6			
3			모집단 표준편차	12			
4			모집단 평균	295			
5			유의 수준	0.05			
6		**모집단 표준편차를 아는 경우**					
7		검정통계량	=(D2-D4)/(D3/SQRT(D1))				
8		단측 p-값 (오른쪽)	=NORMSDIST(C7)				
9		임계치	=NORMSINV(1-D5)				
10		양측 p-값	=2*MIN(C8,(1-C8))				
11							
12		**모집단 표준편차를 모르는 경우**					
13		검정통계량	=(D2-D4)/(D3/SQRT(D1))				
14		단측 p-값 (오른쪽)	=TDIST(C13,(D1-1),1)				
15		임계치	=TINV(D5,(D1-1))				
16		양측 p-값	=2*MIN(C14,(1-C14))				
17							

〈그림 8-7〉 엑셀을 활용한 가설 검정

8.3. 모비율

모비율을 활용한 가설 검정은 모집단에서 발생하는 확률로 사전에 알고 표본에서 발견되는 확률로 검정하는 방식이다. 각각 (3, 4)와 같이 단측 검정, 양측 검정을 활용할 수 있다. 여기서 표본의 표준오차 비율은 다음과 같이 구한다.

$$(5)\ \sigma_{\bar{p}} = \sqrt{\frac{p_0(1-p_0)}{n}}$$

모비율과의 가설검정은 표준 정규확률 분포를 따른다고 한다면, Z-분포를 활용한 검정 통계량을 계산할 수 있다. 즉, σ가 (5)의 식을 따르므로, 이를 대입하여서 Z-분포를 계산하면 다음과 같다.

(6) $Z = \dfrac{\bar{p} - p_0}{\sqrt{\dfrac{p_0(1-p_0)}{n}}}$

8.4. 언어 자료와 검정

가설 검정은 연구 가설과 영가설을 비교하는데 있다. 영가설이 기각되면 연구가설이 채택되고, 반대의 경우에 연구가설이 기각되게 된다. 따라서 언어 자료를 검정하는데 있어서도 연구가설과 영가설을 설정하고 기각과 채택의 결정을 하게 된다. 3장과 4장에서 논의한 연어의 검정에 있어서 빈도와 편차가 활용되기도 하지만, 통계적 논증으로 가설 검정이 활용된다. 여기서 이웃하는 단어 w_1과 w_2가 연어라는 것이 검정되기 위해서는 다음과 같은 연구가설과 영가설을 설정하게 된다.

(7) 연구가설

단어 w_1과 w_2는 연어이다.

(8) 영가설

단어 w_1과 w_2는 연어가 아니다.

이러한 영가설과 연구가설을 검정하기 위해서는 실제 언어 자료를 토대로 일정한 유의확률이나 임계치보다 더 크게 나올 경우에 영가설을 기각하고 연구가설을 받아들이게 된다. 이를 토대로 하면, 연구가설을 받아들일 수 있을 것인가에 대한 일정한 기준선을 제공하게 된다.

대표적인 가설검정으로 Z-분포와 T-분포를 사용한다. Z-분포는 Z-분포표에 나와 있는 임계치나 유의확률보다 관측치가 더 큰 경우에 연어임을 입증하기 위한 요소로 활용된다. Smadja (1993)에서는 통계적으로 유의미한 통계량인지 아닌지를 검정하기 위한 요소로 활용하고 있다. 평균이 되는 빈도량 $\bar{f}$이 있고, 실제 관측치인 $freq_i$가 있다면 검정통계량은 (9)와 같이 구할 수 있다.

$$(9)\ \ Z-값 = \frac{freq_i - \overline{f}}{\sigma}$$

이 통계량은 해당 단어쌍이 기준치보다 연어의 정도가 얼마나 더 강한지를 검정하는 요소로 활용된다. 5장에서 Barnbrook (1996)의 연어 측정 방식을 강범모 (2003)에서 소개한 것을 설명하였다. Barnbrook (1996)에서는 연어 측정을 위해서 Z-분포와 T-분포를 활용하는데, 각각은 다음과 같다.

$$(10)\ \ a.\ Z-값 = \frac{관찰치 - 기댓값}{\sqrt{표준편차}}$$

$$b.\ T-값 = \frac{관찰치 - 기댓값}{\sqrt{관찰치}}$$

$$c.\ 기댓값 = \frac{전체텍스트\ 발생빈도}{전체텍스트\ 어절수} \times 범위내\ 어절수$$

$$d.\ 표준편차 = \sqrt{어절수 \times 발생확률 \times (1 - 발생확률)}$$

(10)의 방식은 간단하면서도 신속하게 기댓값과 표준편차를 계산할 수 있으며, 이를 토대로 T-값이나 Z-값을 활용할 수 있다는 장점이 있다. 그러나 이 방식은 전체적으로 단어의 유의성을 크게 만드는 경향이 있다(강범모 2003). 결과적으로 Z-분포나 T-분포를 활용한 검증에 있어서 가장 초보적인 이항분포에 근거하고 있는데, 이것이 정확한 검증에 악영향을 미친다. 이러한 검증 오류에도 실제 관찰치나 기댓값은 표본과 모집단의 차이에 근거한 것으로 표본과 모집단과의 비교를 통한 검정 통계량 계산이 필요하다.

Manning and Schütze (1999)는 더 정교한 통계학 이론에 근거한 T-분포를 소개하고 있다. 먼저 단어 w_1과 w_2가 연어이기 위한 영가설을 다음과 같이 작성한다. w_1과 w_2가 연어라는 것은 두 단어가 출현하는 것이 우연이 아니라는 것과 같다. 반대로 영가설은 w_1과 w_2가 연어가 아니므로 우연한 출현이다. 따라서 두 단어는 독립적으로 출현하게 되며, 두 단어의 출현 확률도 개별 단어의 독립 확률의 연산과 같다. 예를 들어서 'new company'라는 경우에 영가설은 다음과 같으며, Manning and Schütze (1999)에서 제시한 측정치와 연산값은 다음과 같다.

(11) p(new company) = p(new) × p(company)

$$= \frac{15828}{14307668} \times \frac{4675}{14307668} \approx 3.615 \times 10^{-7}$$

여기서 독립 확률의 연산이 영가설의 확률값과 같으며, 영가설이 기각되기 위해서는 일정한 유의수준의(0.05~0.005) T-분포로 측정되는 임계치보다 더 크면 될 것이다. 관찰치는 p(new company)이므로, $\frac{8}{14307668} \approx 5.591 \times 10^{-7}$이 된다. 모집단의 평균은 이항분포에 근거해서 계산한다. 즉 이항분포에 따라서 'new company'가 출현할 확률은 출현하면 1, 출현하지 않으면 0을 부가하는 이항분포로 실행횟수를 14,307,668 횟수로 많이 늘리면 출현 확률과 통계적 분포가 서로 수렴할 것이다. 따라서 모집단의 평균을 출현 확률로 산정한다. 따라서 모집단 분산 σ^2이 이항분포인 $p \times (1-p)$로 간주되고 다시 이것은 p와 같게 되므로 결국 관찰 확률과 동일하다는 것으로 귀결된다. 베르누이 실행은 실행 횟수를 늘리면 실제 통계량이 확률과 유사해진다는 것인데, 지금까지의 주장의 근거는 베르누이 실행에 기초한다. 이를 바탕으로 하면 표본분산이 모집단 분산과 동일하다는 것으로 가정하면 다음 방식으로 T-값을 측정하게 된다.[23)]

$$(12)\ \ T-\text{값} = \frac{\overline{x}-\mu}{\sqrt{\frac{s^2}{N}}} = \frac{5.59110^{-7} - 3.61510^{-7}}{\sqrt{\frac{5.59110^{-7}}{14307668}}} \approx 0.999932$$

이 방식에 따르면 'new company'의 측정값은 1에 근접하는데, 유의수준 0.05의 T-분포값은 자유도가 무한대일 경우에 1.645이며 0.005일 경우에는 2.576이다. 따라서 1이라는 값은 임계치로 측정되는 값보다 더 적어서 영가설을 기각하지 못하게 된다. 8.1절에서 논의한 바와 같이 제2종 오류에 의해서 연구가설이 사실일 수 있으므로 영가설을 채택한다는 단언을 피하고 영가설을 기각하지 못한다는 말로 대체한다.

---

23) 여기서 표본분산이 모집단 분산과 동일하다는 가정은 다음의 사이트를 참조하기 바람 (http://en.wikipedia.org/wiki/Variance#Population_variance_and_sample_variance).

연습문제

1. 다음 [표 8-1]의 언어 자료를 관찰하면, 세 개의 단어가 모여서 복합어를 이룬다.

[표 8-1] 복합어의 예

한국 광복 동지회	한국 여행 문화원	한국 천주 교회사	
한국 교회사 연구소	한국 축구 공격력	한국 교포 촬리	한국 기술사 연구소
한국 극예술 학회	한국 건축학 협회	한국 교회 백주년	한국 노년학 회지
한국 근현대 민족	한국 공인 회계사	한국 교회 위기설	한국 방송 개발원
한국 남녀 축구팀	한국 관련 특별전	한국 국방력 유지	한국 방송 문화원
한국 노동 교육원	한국 교육 개발원	한국 국제 경쟁력	한국 교총 사무실
한국 마사회 준마	한국 교육사 연구회	한국 국제 문화	한국 여성 변호사회
한국 소비자 보호원	한국 교총 회장	한국 국제 아동	한국 여성 실업인회
한국 신문 편집인	한국 언론 백년사	한국 여성 중소기업인	
한국 여성 개발원	한국 국제 요리	한국 기독 학생	

이 경우에 다음 두 가지 내부 구조가 가능하며, 각각은 서로 다른 의미적 내용을 가질 수 있다.

한국 교회사 연구소

(a) [[한국 교회사] 연구소]

한국 교회들의 역사를 연구하는 연구소

(b) [한국 [교회사 연구소]]

한국에 위치하는 교회사를 연구하는 연구소인데, 한국을 포함한
세계 각국의 교회사를 연구하는 연구소

이 경우에 8.4절에서 제기한 연어 측정을 활용해서 (a)가 맞는지 아니면 (b)가 맞는지를 통계적으로 검정해 볼 수도 있다. 이 경우에 다음의 질문에 답하시오.

- 연구가설과 영가설의 설정을 어떻게 할 수 있는가?
- 어떠한 통계적 검증을 고려해 볼 수 있는가?
- 적절한 검정을 설정하기 위해서 고려해야 할 요소는 어떤 것인가?

9. 모수통계

9.1. 평균비교란?

모수를 활용하는 통계작업을 모수통계(parametric statistics)라고 하며, 반대로 모수를 활용하지 않는 통계작업을 비모수통계(non-parametric statistics)라고 한다. 6장에서 언급하였듯이 모수는 모집단의 통계적 특성을 나타내는 인자를 말하는데, 평균과 표준편차가 이에 해당한다. 9장과 10장에서는 각각 모수통계와 비모수통계를 활용해서 두 집단이 통계적으로 같은 성격인지 다른 성격인지를 논의하게 될 것이다. 모수통계와 비모수통계의 차이점은 모수를 알 수 있는지 알 수 없는지에 달려있으며, 공통점은 모두 두 집단을 통계적으로 비교하는 작업이라는 것이다.

언어 자료에서 동일한 장르의 텍스트는 서로 비슷한 유형의 언어학적 특성을 가지고 있을 것이다. 가령 신문 기사들끼리는 신문 기사와 동일한 언어학적 특성을 공유하고, 소설은 소설로서의 동일한 유형의 언어학적 특성을 가지고 있을 것이다. 따라서 동일한 유형의 텍스트 장르로서 동일한 성격의 언어학적 특성을 갖는다면 여러 언어학적 특성을 통계적으로 비교해 볼 수 있을 것이다.

강범모(1999)에 따르면 신문 기사와 소설은 부사어의 사용에 있어서 차이를 보인다고 한다. 반대로 말하면 신문 기사들끼리는 부사어의 사용이 동질적이고, 소설끼리도 동질적 부사어 사용을 보일 것이다. 이를 활용한다면 어떠한 비교가 가능한가? 텍스트 A와 텍스트 B가 동일한지 아닌지를 검사하는 경우에, 우선 텍스트 A와 텍스트 B를 수집하고 두 텍스트에 나타나는 단어들의 품사를 조사한다. 품사 중 부사의 통계적 분포를 측정하고, 동일한 통계적 분포를 이루는지를 비교하면 될 것이다. 여기서 통계적 분포를 비교하는 경우에 가장 기본이 되는 평균을 활용하는 것이다. 가정은 두 집단이 동일하다면 두 집단 평균의 차이가 없다는 것이다. 예를 들어서 소설 텍스트 집단의 경우에 같은 텍스트 집단 내에서 부사어의 평균이 동일하다는 것이다.

두 개의 텍스트 A와 B를 조사하는 경우에, 텍스트 A나 B의 모집단 평균을 각각

μ_A와 μ_B라고 한다면 두 모집단 평균의 차이는 $\mu_A - \mu_B$이 된다. 모집단의 평균을 다 조사할 수 없으므로 각각의 표본의 평균의 차이인 $\overline{x_A} - \overline{x_B}$를 구한다. 이 표본의 차이를 통해서 두 모집단 평균의 차이인 $\mu_A - \mu_B$를 추정하게 된다. 이 추정의 차이는 크게 두 가지로 가설로 고려된다.

(1) a. $\mu_A - \mu_B = 0 (\mu_A = \mu_B)$

A와 B 모집단 평균이 동일하다. 서로 같은 유형이다.

b. $\mu_A - \mu_B \neq 0 (\mu_A \neq \mu_B)$

A와 B 모집단 평균이 동일하지 않다. 서로 다른 유형이다.

집단의 차이는 집단의 평균의 차이를 활용하는 것이며, 집단 차이의 추정을 통계적으로 검정하게 된다. 다시 말하면, (1a)와 (1b)가 각각 통계적으로 어느 정도의 유의성을 갖는지에 대한 통계적 검정을 시행한다. 시행되는 방식은 8장에서 소개된 통계적 검정 방식과 동일하다. 여기서 (1a)는 영가설로 검정의 대상이 되는 H_0가 되고, (1b)는 연구가설로 영가설이 기각되면 채택되는 H_a가 된다.

9.2. 표준편차를 아는 경우와 모르는 경우

8장에서 논의한 검정과 동일하게 표준편차를 아는 경우와 모르는 경우 두 가지에 따라서 각각 서로 다른 유형의 검정방식이 있다. 아는 경우에는 Z-분포를 사용하고 모르는 경우에는 T-분포를 사용한다.

먼저, 표준편차를 아는 경우를 설명하도록 하자. 여기서 Z-값은 (2)와 같이 계산한다.

(2) $$Z = \frac{(\overline{x_1} - \overline{x_2}) - 0}{\sqrt{\frac{\sigma_1^2}{n_1} + \frac{\sigma_2^2}{n_1}}}$$

텍스트가 동질적인지 아닌지 통계적으로 비교하는 경우를 고려해 보자. 먼저, 텍스트가 통계적으로 같거나 유사하다면 서로 동질적 장르에 속할 것이고, 다르다면 다른 장르에 속할 것이다. 수필은 신문 기사에 비해서 형용사나 부사와 같은 수식 어구를 많이 활용할 것이다. 따라서 텍스트에서 형용사나 부사의 개수를 세어서 평균을 비교해 볼 수 있을 것이다. 만약 100어절 정도의 텍스트 35개씩의 두 개의 그룹을 비교하는 경우에 A 그룹과 B 그룹을 비교할 수 있을 것이다. 이 경우에 A 그룹 텍스트의 평균과 B 그룹 텍스트의 평균을 비교하게 되며, 설정되는 영가설과 연구가설은 다음과 같다.

(3) a. 영가설(H_0)

A 그룹과 B 그룹의 형용사나 부사의 출현 빈도의 평균은 같다.

$\mu_A - \mu_B = 0(\mu_A = \mu_B)$

b. 연구가설(H_a)

A 그룹과 B 그룹의 형용사나 부사의 출현 빈도의 평균은 다르다.

$\mu_A - \mu_B \neq 0(\mu_A \neq \mu_B)$

여기서 모집단의 표준편차가 10이고, 유의수준을 0.05로 정한 경우에, 두 개의 집단의 평균이 각각 82, 78이고 집단의 개수가 모두 35라면 (2)의 공식을 적용하여 다음과 같이 계산한다.

(4) $$Z = \frac{(82-78)-0}{\sqrt{\frac{10^2}{35}+\frac{10^2}{35}}} = 1.66$$

Z-값은 1.66이므로, 왼쪽 면적은 0.9515가 된다. 다시 분포의 오른쪽 꼬리 면적은 1-0.9515=0.0485가 된다. 유의수준이 0.05이므로 이 수준에서 단측검정을 하면 0.0485〈0.05이고, 양측검정을 하면 0.0485×2=0.0970로 0.0970〈0.05이므로 유의수준이 실제 값보다 크게 된다. 따라서 영가설을 기각하지 못하고, 연구가설을 채택할 수 없게 된다. 따라서 그룹 A와 그룹 B는 동질적인 텍스트가 된다.

반면에 p-값을 활용한 계산에서 유의수준이 0.05가 되므로, 양쪽 검정을 하는 경우에 Z≥1.96이거나 Z≤-1.96이어야 하는데, 여기서 Z값이 1.66이므로 이보다 더 적게 된다. 또 단측검정의 경우에도 유의수준보다 더 작게 되므로 영가설을 기각하지 못한다.

표준편차를 모르는 경우에 T-분포를 활용하는데, Z-분포와 다르게 표본표준편차인 s를 활용한다.

$$(5)\quad T = \frac{(\overline{x_1} - \overline{x_2}) - 0}{\sqrt{\frac{s_1^2}{n_1} + \frac{s_2^2}{n_1}}}$$

여기서 주의할 점은 T-분포는 Z-분포와 다르게 자유도가 필요하다. 자유도는 평균으로 T-분포를 결정하는 중요한 요인이 된다. 자유도는 아래와 같이 구한다.

$$(6)\quad df = \frac{(\frac{s_1^2}{n_1} + \frac{s_2^2}{n_2})^2}{\frac{1}{n_1 - 1}(\frac{s_1^2}{n_1})^2 + \frac{1}{n_2 - 1}(\frac{s_2^2}{n_2})^2}$$

간단한 연산을 하면 다음과 같다. 우선 위의 Z-분포를 T-분포로 연산해 보자. 각 표본의 표준편차가 각각 10과 8이라고 가정하자. 이 경에 T-값은 (7)과 같이 연산한다.

$$(7)\, T = \frac{(82 - 78) - 0}{\sqrt{\frac{10^2}{35} + \frac{8^2}{35}}} = 4.15$$

또한 자유도도 (8)과 같이 연산한다.

$$(8) df = \frac{(\frac{10^2}{35} + \frac{8^2}{35})^2}{\frac{1}{35 - 1}(\frac{10^2}{35})^2 + \frac{1}{35 - 1}(\frac{8^2}{35})^2} = 64$$

여기서 T-값이 4.15이고 자유도가 64가 된다. 자유도가 64, 유의수준 0.05일 경우에 단측 검정일 경우에는 T-값이 1.669이고, 양측 검정일 경우에는 1.998이 된다. 따라서 구해진 값 4.15는 이 값보다 더 크게 되므로, 연구가설을 채택하게 된다. 결과적으로 두 텍스트는 동질적 텍스트가 아니다.

엑셀을 활용하면 복잡한 계산을 단순하게 할 수 있다. 먼저 워크시트에 필요한 데이터를 입력한다.

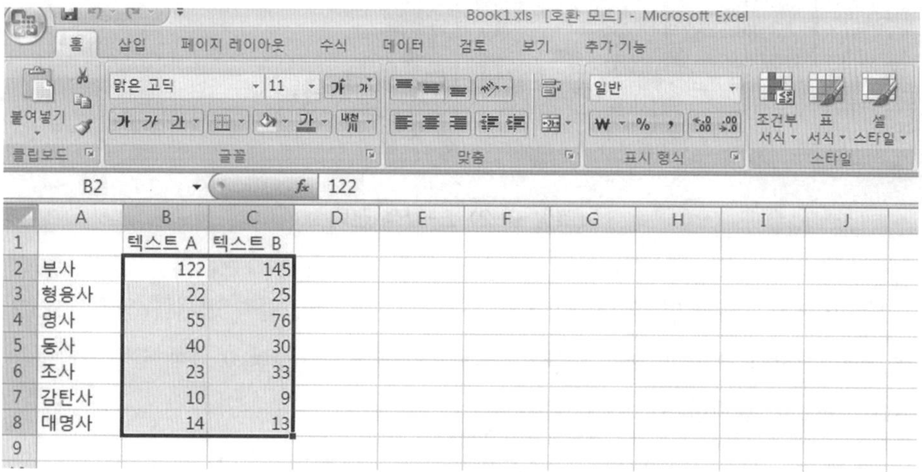

〈그림 9-1〉 데이터 입력의 예

Z-분포를 활용하는 경우에 [데이터] 탭의 [데이터 분석]을 누르면 다음과 같은 창이 나타난다. 창에서 [z-검정: 평균에 대한 두집단]을 선택한다.

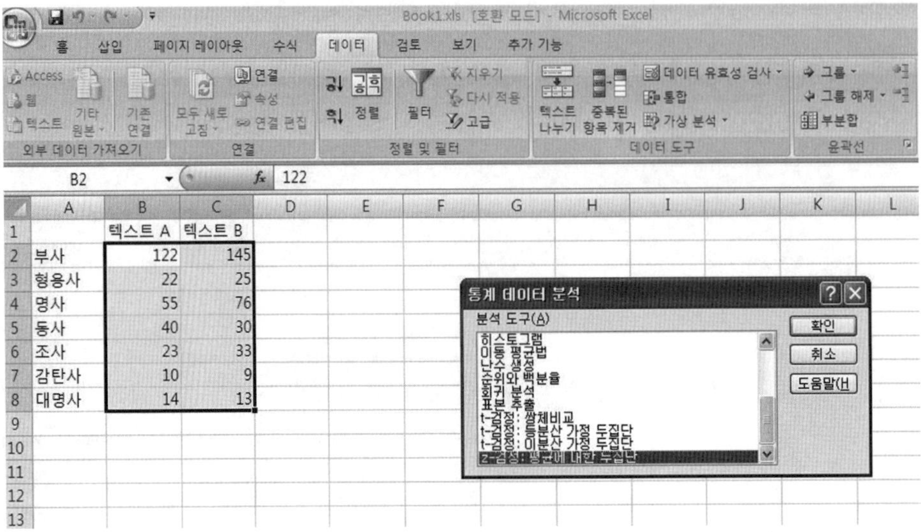

〈그림 9-2〉 Z-검정 선택

[확인] 버튼을 누르면, 입력창이 나오는데, 변수 1, 2의 입력 범위를 선택하고, 가설 평균의 값과 변수 1, 2의 분산-기지값을 입력한다. 〈그림 9-3〉에서는 각각을 0, 100, 100으로 입력한다.

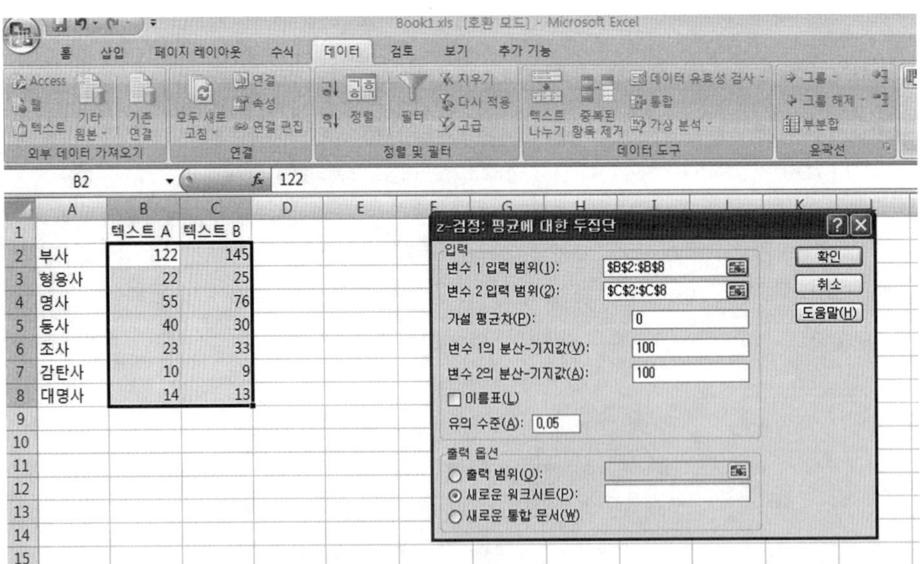

〈그림 9-3〉 Z-검정 입력의 예

입력 후에 [확인] 버튼을 누르면, 〈그림 9-4〉와 같이 결과를 알려준다.

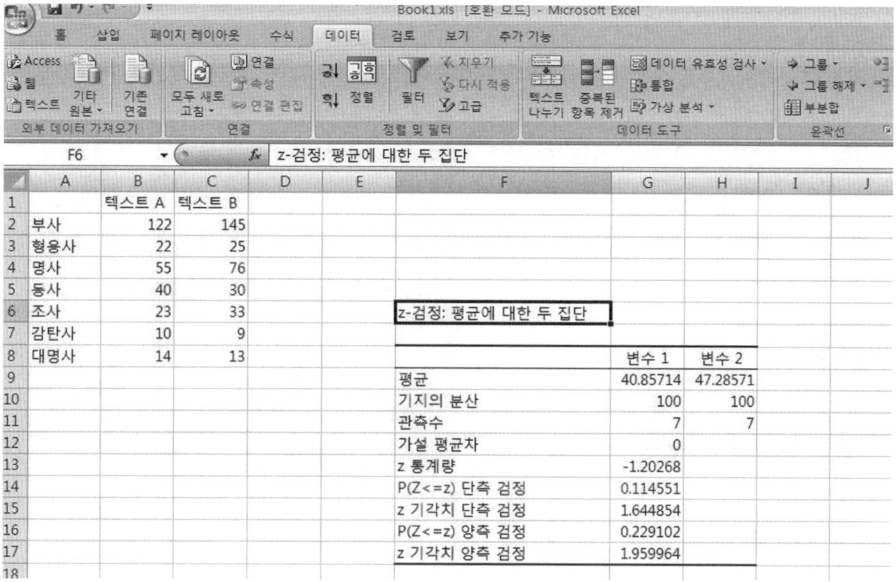

〈그림 9-4〉 Z-검정 결과의 예

다음으로는 T-검정의 예를 살펴보자. 〈그림 9-1〉의 입력된 예를 토대로 [데이터] 탭의 [데이터 분석]을 눌러서 대화상자에서 [t-검정: 이분산 가정 두집단]을 선택한다.

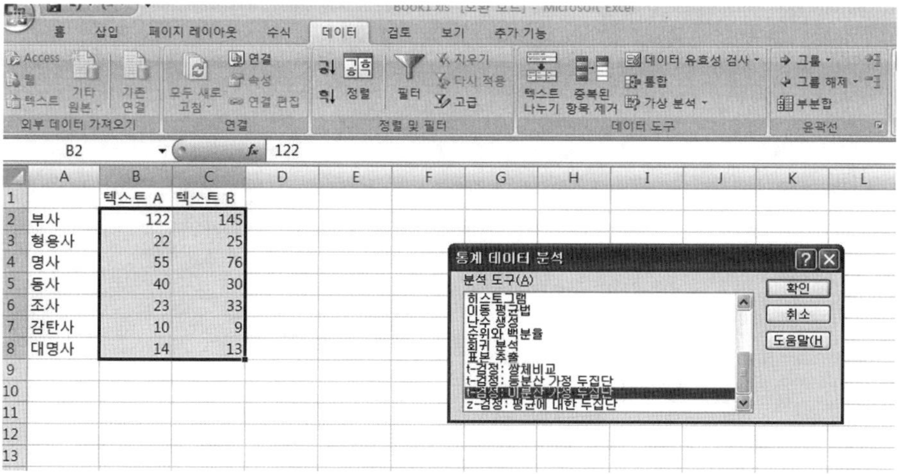

〈그림 9-5〉 T-검정 선택

〈그림 9-3〉과 같이 입력창이 나오면 변수 1, 2의 입력 범위를 선택하고 가설평균차를 0으로 입력한다.

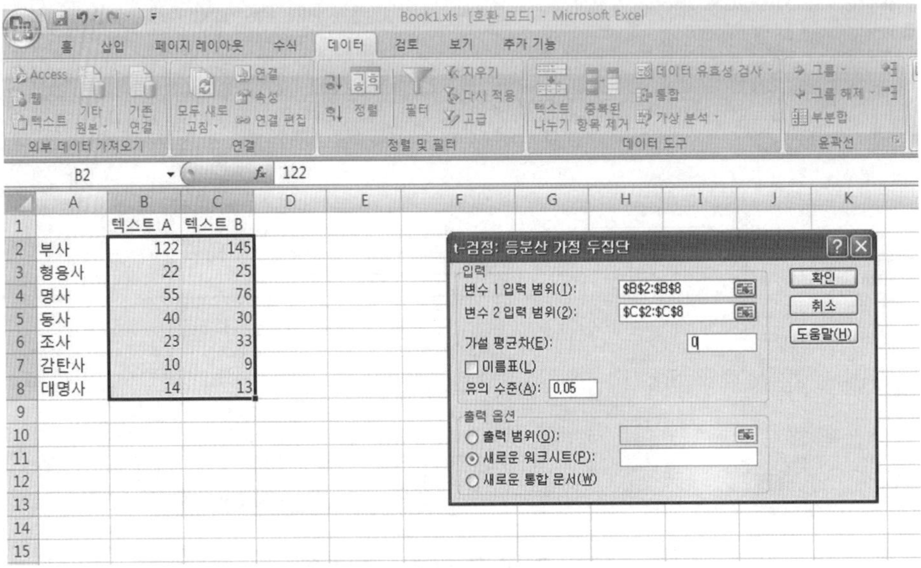

〈그림 9-6〉 T-검정 입력의 예

결과로 다음과 같은 화면이 나타난다.

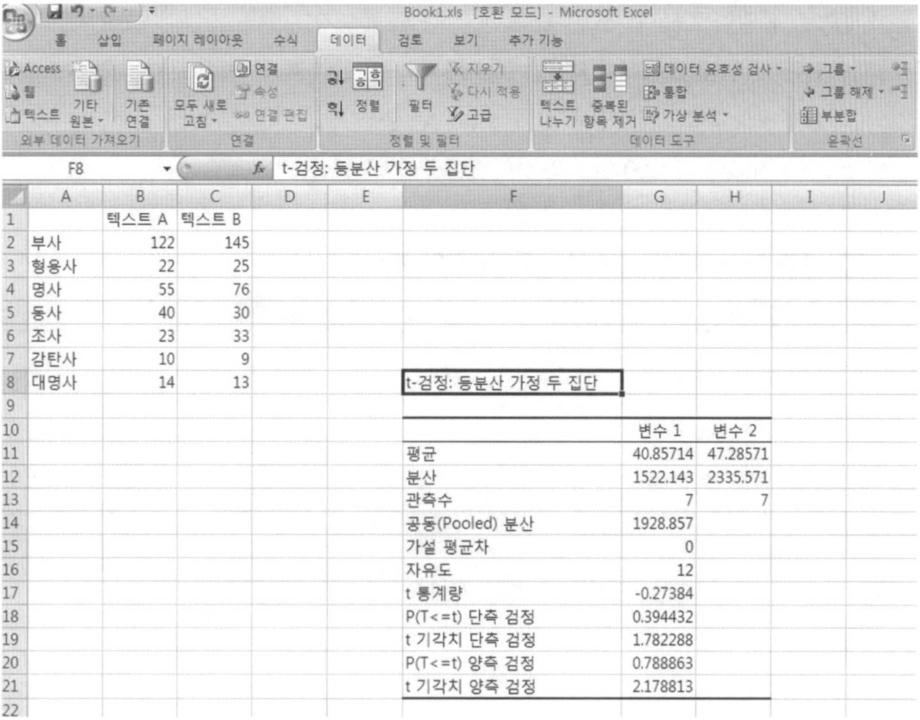

	A	B	C	D	E	F	G	H
1		텍스트 A	텍스트 B					
2	부사	122	145					
3	형용사	22	25					
4	명사	55	76					
5	동사	40	30					
6	조사	23	33					
7	감탄사	10	9					
8	대명사	14	13			t-검정: 등분산 가정 두 집단		
9								
10							변수 1	변수 2
11						평균	40.85714	47.28571
12						분산	1522.143	2335.571
13						관측수	7	7
14						공동(Pooled) 분산	1928.857	
15						가설 평균차	0	
16						자유도	12	
17						t 통계량	-0.27384	
18						P(T<=t) 단측 검정	0.394432	
19						t 기각치 단측 검정	1.782288	
20						P(T<=t) 양측 검정	0.788863	
21						t 기각치 양측 검정	2.178813	

〈그림 9-7〉 T-검정 결과의 예

9.3. 대응표본

두 집단의 비교 실험에 있어서 두 가지 서로 다른 방식의 표본설정이 가능하다. 하나는 독립표본(independent sample)이고 다른 하나는 대응표본(correlated sample)이다. 차이는 실험에 있어서 동일 표본을 다른 실험방식에 사용하는지에 달려있다. 동일한 표본을 다른 실험에 사용한 경우에 대응표본이라고 하고, 그렇지 않은 경우를 독립표본이라고 한다.

표본대응의 예는 음성실험에서 흔히 발견할 수 있다. 음성의 경우에 어떠한 방식으로 발화를 하였는가가 모음 길이에 중요한 요소로 작용한다. 예를 들어서 대화하는 형식과 책을 낭독하는 형식이 발화의 길이에 차이가 있다. 대부분 발화 속도가 대화하는 형식이 책을 낭독하는 형식보다 더 짧다.

두 유형의 발화 형식을 녹음해 보고, 이 유형들이 어떠한 차이를 갖는지에 대한 실험을 가정해 보자. 동일한 모음에 대해서 두 가지 다른 유형의 표본을 수집하고 통계적으로 동일한 대응된 표본에 대한 검정을 해보자. 예를 들어서 음성 언어 자료를 수집한 경우에 모음 '아'의 길이를 측정하는 실험을 하였다고 가정해 보자. 5명의 실험자에게 대화체와 낭독체 두 가지 환경을 주고 '아' 모음의 길이를 다음과 같이 millisecond로 (1/100 초) 측정하였다고 가정한다.

[표 9-1] 발화형식에 따른 음성실험의 예

실험자	낭독체	대화체	차이
1	26	22	4
2	22	18	4
3	17	15	2
4	27	24	3
5	30	25	5

이 경우에 (9)와 같은 영가설과 연구가설을 설정할 수 있다.

(9) a. 영가설(H_0)

낭독체와 대화체의 평균 발화에는 차이가 없다.

$\mu_A - \mu_B = 0(\mu_A = \mu_B)$

b. 연구가설(H_a)

낭독체와 대화체의 평균 발화에는 차이가 있다.

$\mu_A - \mu_B \neq 0(\mu_A \neq \mu_B)$

여기서 중요한 것은 하나의 동일 표본에 대해서 다른 두 가지 유형이 산출되었고, 적용되는 검정 방식도 독립표본이 아닌 대응표본에 대한 것이어야 한다. 측정되는 T-검정은 일반적인 T-검정과 다르게 (10)과 같이 측정한다.

(10) $T = \dfrac{\bar{d}}{\frac{s}{\sqrt{n}}}$

여기서 $\bar{d}$와 $\frac{s}{\sqrt{n}}$을 계산하는 방식은 다음과 같다.

(11) a. $d = x_1 - x_2$

b. $\bar{d} = \dfrac{\sum d_i}{n}$

c. $s = \sqrt{\dfrac{\sum (d_i - \bar{d})^2}{n-1}}$

즉 $\bar{d}$는 두 대응되는 표본들 사이의 차이를 가리키고, 표본의 표준오차인 $\frac{s}{\sqrt{n}}$는 두 대응되는 표본들 사이의 차이로 말미암은 표준오차를 말한다. [표 9-1]에서 [차이]열의 평균과 표준오차를 구하면 된다. 이를 토대로 (10)에 대입하면 다음과 같다.

(12) $T = \dfrac{3.6}{\frac{1.3}{\sqrt{5}}} = 6.19$

여기서 자유도는 5에서 1을 뺀 4가 된다. 유의수준을 0.05로 하였을 때 양측검정의 경우 2.776이고, 단측검정의 경우 4.604가 된다. (12)에서 산출된 T-값은 두 가지 검정보다 더 큰 값이므로 영가설을 채택하지 않는다. 따라서 연구가설을 채택하는데, 결론적으로 낭독체와 대화체의 발화에는 차이가 있다고 주장할 수 있다.

엑셀을 활용하면 이전 절과 같은 방식으로 대응표본 T-검정을 구할 수 있다. 먼저 〈그림 9-1〉의 데이터를 활용해서 구하면, [데이터] 탭의 [데이터 분석] 탭을 누르면 〈그림 9-8〉과 같은 화면이 나타나고 [t 검정: 쌍체비교]를 선택하고 [확인]을 누른다.

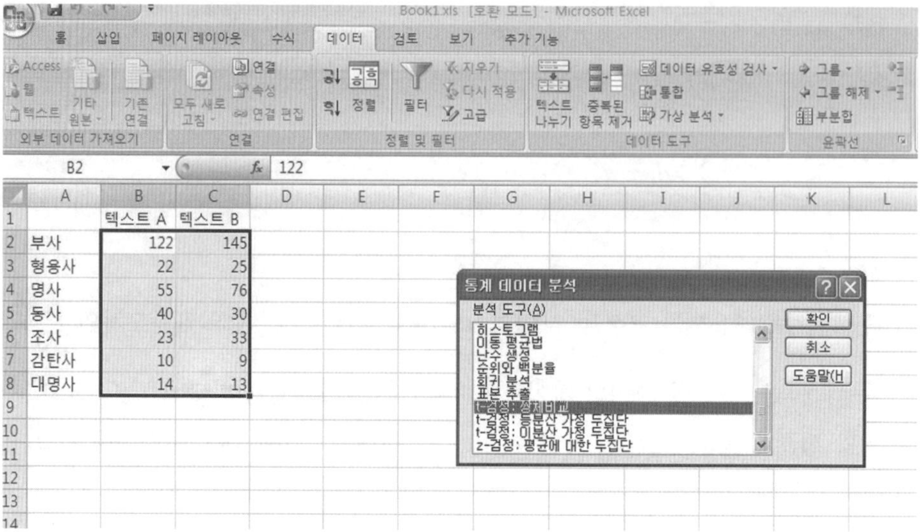

〈그림 9-8〉 T-검정 쌍체비교 선택의 예

입력창에 변수 1과 변수 2의 입력범위를 선택하고 [확인] 버튼을 누른다.

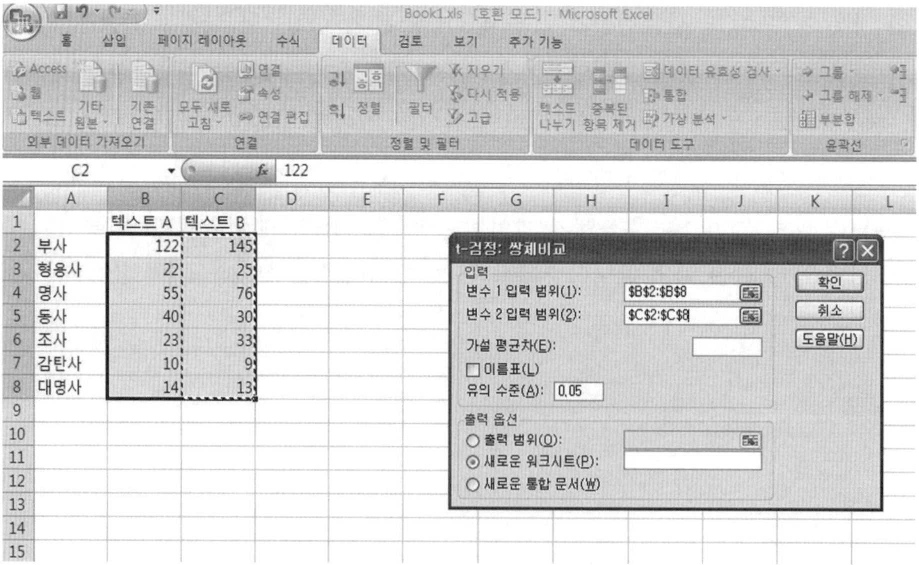

〈그림 9-9〉 T-검정 쌍체비교 입력의 예

결과로 다음과 같은 화면이 나온다.

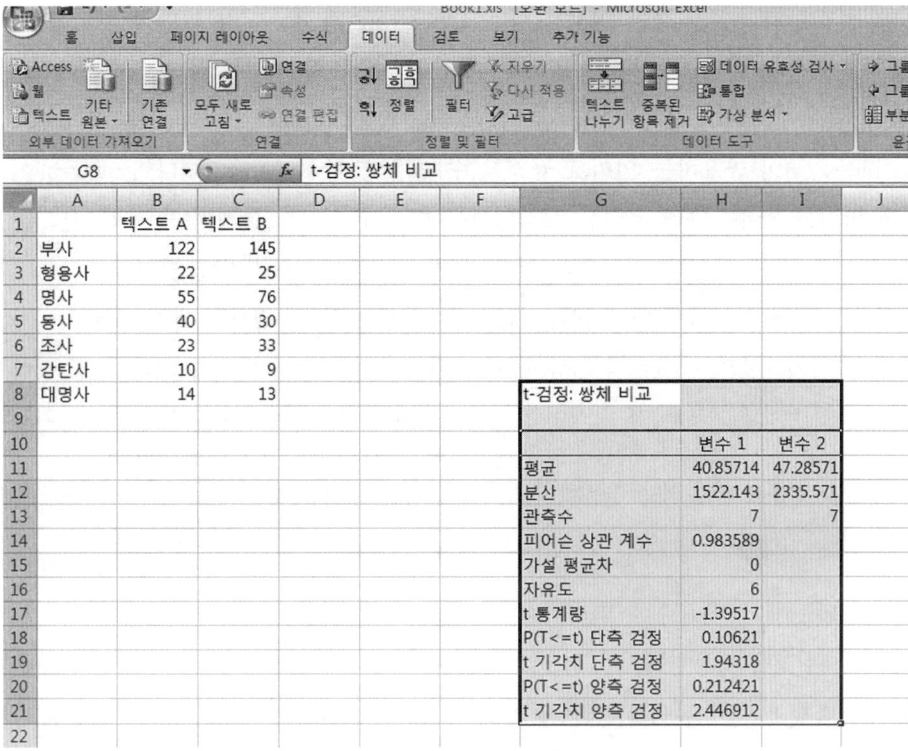

	텍스트 A	텍스트 B
부사	122	145
형용사	22	25
명사	55	76
동사	40	30
조사	23	33
감탄사	10	9
대명사	14	13

t-검정: 쌍체 비교

	변수 1	변수 2
평균	40.85714	47.28571
분산	1522.143	2335.571
관측수	7	7
피어슨 상관 계수	0.983589	
가설 평균차	0	
자유도	6	
t 통계량	-1.39517	
P(T<=t) 단측 검정	0.10621	
t 기각치 단측 검정	1.94318	
P(T<=t) 양측 검정	0.212421	
t 기각치 양측 검정	2.446912	

〈그림 9-10〉 T-검정 쌍체비교의 결과

9.4. 언어 자료와 모수 통계

이전 장에서 논의한 언어 자료 분석에서는 검정방식을 연어에 대한 검정을 위해서 활용하였다. 마찬가지로 연어 분석을 위해서 모수 통계를 활용한다. 이전 절에서는 하나의 연어에 대한 검정을 시도하였다면, 이번 절에서는 두 개의 연어에 대한 검정에 활용하게 된다.

Church et al. (1991)에서 제안한 것으로 두 개의 연어 간의 의미적 차이점을 찾아내기 위해서 사용한다. 영어에서 'strong'과 'powerful'은 의미적으로 유사하지만 정확하게 동일한 의미를 갖지는 않는다. 'strong'과 'powerful'의 의미적 차이점을 알기 위해서 어떠한 명사와 수식관계를 갖는지를 조사해 볼 수 있다. 'computers'의 경우에는 'strong'과 같이 나타나고 'powerful'과는 함께 나타나지 않으므로 'strong'과 공기한다고 할 수 있다. 또한 'force'의 경우에는 둘 다 수식이 가능한 것으로 나타난다. 그렇다면 수식하는 명사를 중심으로 'strong'과 'force'의 의미적 차이를 발견할 수 있을 것이다. 수식하는 명사에 따라서 'strong'의 의미를 {support, enough, safety, sales,...}이 공유하는 의미로 'powerful'은 {computers, computer, symbol, machines,...}이 공유하는 의미로 규정할 수 있을 것이다. 'strong'이나 'powerful'이 같은 의미를 공유한다면 동일한 수식명사에 대해서 동일한 통계적 의미를 지닐 것이고, 서로 다른 의미를 갖는다면 서로 다른 통계적 의미를 지닐 것이다.

통계적 검정에 있어서 연구가설은 'strong'과 'powerful'은 명사 x에 대해서 차이가 있다'이고, 영가설은 "strong'과 'powerful'은 명사 x에 대해서 차이가 없다'가 될 것이다. 검정의 방식은 평균비교 방식인 모수통계를 활용한다. 여기서 모집단의 표준편차를 모르는 경우로 T-검정을 활용한다. (5)의 T-검정 공식인 $T=\dfrac{(\overline{x_1}-\overline{x_2})-0}{\sqrt{\dfrac{s_1^2}{n_1}+\dfrac{s_2^2}{n_1}}}$을 활용하면 되는데, 시행회수에 따라서 여러 분포적 특성이 결정되는 8장에서 활용한 베르누이 실행을 적용한다. 이 경우에 평균은 각각의 출현확률이 되고, 표본의 표준편차는 출현확률과 동일하므로 평균과 동일하다. 여기서 v^1과 v^2은 'strong'과 'powerful'이 되고, w는 수식하는 명사가 된다.

(13) $$T=\frac{p(v^1w)-p(v^2w)}{\sqrt{\dfrac{p(v^1w)}{n}+\dfrac{p(v^2w)}{n}}}$$

이와 같이 'strong'과 'powerful'이 의미적 차이를 구분하기 위해서 T-검정을 활용할 수 있다. Church et al. (1991)에 따르면 'strong'은 내적자질(intrinsic quality)을 갖고 있고, 'powerful'은 외적자질(extrinsic quality)을 갖고 있다고 한다. 예를 들어서 'powerful nation'은 외적으로 강한 이미지를 갖는다. 따라서 하나의 국가가 다른 국가보다 더 강한 모습을 보여주기 위해서 강한 군사력, 경제력과 같은 의미를 표현한다. 반면에 'strong support'는 정치가가 신뢰할 만한 내적 힘을 갖기 위한 것이다. 반대로 'powerful support'를 활용하면 전혀 다른 의미를 갖게 된다.

연습문제

1. 두 모집단의 평균차이에 대한 점추정량을 통해서 오차한계를 계산한다. 가령 표본평균이 각각 40, 35이고, 표준편차가 9와 10, 개수가 36, 49이다. 이 경우에 표준오차를 활용해서 두 집단의 오차한계를 계산하라. 여기서 유의수준은 95%이다.

2. 하나의 영어 텍스트에서 100개의 동사가 발견되었는데, 이중에서 조동사가 28개가 된다. 또한 다른 텍스트에서는 90개의 중 34개가 발견되었다. 각각 28%, 34%인데, 이러한 비율의 차이가 1%의 유의수준에서 중요한지 아닌지를 통계적으로 입증하여 보아라.

3. 언어 자료 특히 코퍼스에 근거한 연구를 진행하면서, 두 집단 비교를 통한 검정을 어떤 경우에 적용할 수 있는지 생각해 보라.

10. 비모수통계

10.1. 비모수통계란?

이전 장에서 두 집단의 평균을 서로 비교하는 검정에 대해서 다루었다. 평균을 활용해서 두 집단 비교를 하는 것인데, 이 장에서도 두 집단의 비교와 연관된 통계를 다룬다. 이전 장의 모수통계는 모집단을 고려한 통계이지만, 이 장에서는 모집단을 고려하지 않는 비모수통계를 다루는데, 비모수통계는 표본의 통계량만으로 두 집단을 비교하게 된다.

모수통계는 모집단이 정규분포의 특성을 따르는 분포이다. 정규분포를 가정 또는 조건으로 하는 통계로 가정을 만족하지 않을 지라도 큰 문제가 되지 않는다. 그럼에도 정규분포에서 심하게 벗어나는 경우는 결과를 왜곡할 수 있다. 만약 정규분포의 가정을 어긋나게 되면 제1종 오류의 가능성이 줄어들게 된다. 겉으로는 바람직할지도 모르나 결과적으로는 검정의 성능이 저하되는 문제점이 있다.

비모수통계는 표본으로부터 얻어진 분포를 고려하면서 모집단 분포를 고려하지 않는 통계방식이다. 따라서 비모수통계는 모집단 분포로부터 자유로운 검증 또는 비분포 검정(distribution-free test)이라고 한다. 모집단의 분포가 정규분포가 아니더라도 적용될 수 있다. 또한 변수를 고려하는데 있어서 명명척도나 서열척도에도 적용될 수 있다.

비모수통계는 측정값의 부호나 순위를 사용하여 통계적으로 검정하므로 정보의 손실이 일어나 효율성이 떨어진다고 간주될 수 있다. 그러나 비모수통계는 실제로 통계적 검정의 효율성이 떨어지지 않는 안전한 방법이며, 모집단에 대한 가정이나 조건에 따라 통계량을 결정해야 하는 부담에서 벗어날 수 있다. 또한 자료가 정규분포에서 벗어난 경우에도 일반 모수통계 기법보다 더 나은 성능의 검정을 보인다.

그러나 비모수통계는 모수통계에 비해서 연산에 있어서 여러 절차가 더 많아서 모수통계보다 효용성이 적다. 따라서 모수통계가 가능한데 비모수통계를 사용하면 효용성이 떨어진다. 표본의 자료가 클 경우에 특정 비모수적 방법을 적용하면 처리에 있어서 시간과 노력이 오히려 더 많이 들기 때문에 효용성이 적다. 또한 비모수통계는 여러 독립변인 간에 상호작용 효과를 검증할 수 없다

비모수통계는 크게 무작위적으로 처리하는 방식과 순서로 바꾸어서 처리하는 방식으로 나뉜다. 더 자세히 분류해보면 다음과 같다. 크게 명명척도를 활용하는 방식과 순서척도를 활용하는 방식, 순서척도이면서 대응표본을 활용하는 방식으로 나뉜다. 먼저 명명척도를 활용하는 방식은 카이제곱 검정(χ^2 test 또는 chi-squared test), 피셔정확 검정(Fisher's exact test), 맥니머의 검정(MeNemar test), 이항검정(Binominal test)이 있다. 또한 순서척도를 활용하는 방식은 만-위트니 U 검정(Mann-Whitney U test), 크루스칼-왈리스 검정(Kruskal-Wallis test), 콜모고로프-스미로노프 검정(Kolmogorov-Smirnov test), 중위수검정(Median test)이 있다. 마지막으로 순서척도이면서 대응표본을 활용하는 방식에는 부호검정(Sign test), 윌콕슨 부호순위검정(Wilcoxon signed-ranked test), 프리드만의 검정(Friedman test)이 있다.

이 장에서는 모든 비모수통계를 다루지는 않고, 언어 자료 처리에 적합 만-위트니 U 검정, 윌콕슨 부호순위검정, 부호검정을 다룬다.

10.2. 만-위트니 U 검정

만-위트니 U 검정은 독립표본 관계에 있는 두 집단을 비교하는 방식으로 변인들이 순서척도일 경우에 적용한다. 여기서 순서척도를 활용하였다는 것은 가장 낮은 순위에 1을, 다음으로 2, 그 다음으로 3과 같이 각 표본들에 순위를 매긴다는 것이다. 두 표본 간 순위는 무작위로 분포하기 때문에 만-위트니 U 검정에서 활용되는 영가설은 결국 두 표본 간에 대한 순위들의 합계는 같다는 것이다. 반면에 연구가설은 두 표본 간의 순위의 차이가 의미가 있고 두 집단 간에 통계적으로 유의미한 차이가 있다는 것이다. 여기서 두 표본 간 순위의 통계적 차이의 유의미성은 상위 순위와 하위 순위 간의 차이로, 하나의 표본은 상위 순위에 다른 표본은 하위 순위에 주요하게 작용할 것이다. 따라서 검정이 추구하는 바는 두 표본 간 순위의 합계는 동일한 분포를 가진 하나의 모집단에서 추출한 표본이라는 가정을 세우고, 이 가정 아래에서 두 표본 간 순위의 합계의 차이가 통계적으로 어떠한 의미를 갖는가를 찾아내는 것이다. 비모수통계도 모수통계와 같이 양측검정, 단측검정을 일정한

유의수준에서 시행할 수 있다.

만-위트니 U 검정을 적용해보도록 하자. 서로 다른 두 지역의 공항 주변에 사는 거주자들에게 소음 민감도를 측정해 보았다. 가장 낮게 생각된 경우를 1로 가장 높게 생각된 경우를 5로 하여서 1부터 5까지 민감한 정도를 측정하였다.

[표 10-1] 소음의 민감도 측정

A 지역	B지역
5	3
4	2
4	4
3	1
5	2
4	1
	5

여기서 영가설과 연구가설을 다음과 같이 설정할 수 있다.

(1) a. H_0 (영가설)

A 지역과 B 지역의 소음 민감도에는 차이가 없고, 관찰되는 차이는 우연한 차이에 지나지 않는다.

b. H_a (연구가설)

A 지역과 B 지역의 소음 민감도에는 차이가 있으며, 관찰되는 차이는 통계적으로 중요하다.

이 경우에 관찰치는 순서척도이고, 정규분포를 이루지도 않는다. 따라서 비모수 통계를 적용하는 것이 옳다.

가장 먼저 해야 할 것은 각 데이터의 순서를 결정하는 것이다. A 지역과 B 지역 모두를 다 합쳐서 순서를 결정한다. 1은 가장 낮은 순위이다.

[표 10-2] 순서 매기기

A 지역		B지역	
측정치	전체 순위	측정치	전체순위
5	13	3	5
4	10	2	4
4	9	4	7
3	6	1	2
5	12	2	3
4	8	1	1
		5	11

여기서 순서를 매길 때, 같은 수가 두 번 있는 경우에 다음과 같이 한다. 만약 두 개가 모두 두 번째에 해당하면 하나를 먼저 2로 하고 다음을 3으로 한다. 순서를 매긴 경우에 같은 측정치가 발견되면 같은 측정치 간에 순위를 모두 더 하고 평균을 구한다. 예를 들어서 [3, 3] 측정치의 순서가 각각 [6, 5]로 매겨진 경우에는 $\frac{6+5}{2} = 5.5$로 계산한다. 이런 방식으로 [표 10-2]를 바꾸면 다음과 같이 전체 순위가 매겨지게 된다.

[표 10-3] 순서 조정

A 지역		B지역	
측정치	전체 순위	측정치	전체순위
5	12	3	5.5
4	8.5	2	3.5
4	8.5	4	8.5
3	5.5	1	1.5
5	12	2	3.5
4	8.5	1	1.5
		5	12

이를 활용해서 A지역의 전체 순위를 더한 값 R_1과 B지역의 전체 순위를 더한 값 R_2를 구할 수 있으며, 다시 이를 활용해서 U_1과 U_2를 구할 수 있다. 여기서 N_1과 N_2는 각각 첫 번째, 두 번째 집단의 개수이다.

$$(2)\ \text{a.}\ \ U_1 = N_1N_2 + \frac{N_1(N_1+1)}{2} - R_1 = 6\times7 + \frac{6\times7}{2} - 55 = 8$$

$$\text{b.}\ \ U_2 = N_1N_2 - U_1 = 6\times7 - 8 = 34$$

여기서 단측검정으로 유의수준이 0.05 경우에는 N_1이 6이고, N_2가 7이 되므로 [부록-3]에 따라서 6이 된다. 여기서 양측검정일 경우에는 유의수준을 0.025로 낮추게 된다. 또한 유의수준을 단측검정 0.01(양측검정 0.005)으로 하면 4가 된다. 연산되어 나온 값이 34와 8 사이에 있게 되므로 적은 수인 8이 만-위트니 U 검정표인 [부록-3]에서 발견되는 것보다 더 높게 되므로, 영가설을 기각하지 않는다. 따라서 A지역과 B지역의 소음민감도에는 차이가 없으며, 관찰되는 통계치는 우연적으로 발견되는 값보다 더 크지 않다. 비모수 통계치는 유의수준과 비교되었을 때 적거나 같은 경우에 영가설을 기각할 수 있다.

여기서 관찰치의 개수가 20보다 더 크게 되면 (2)의 공식이 아닌 Z-분포를 연산하는 공식을 활용하게 된다.

$$(3)\ \ Z = \frac{U - \frac{N_1N_2}{2}}{\sqrt{\frac{N_1N_2(N_1+N_2+1)}{12}}}$$

10.3. 윌콕슨 부호순위검정

만-위트니 U-검정은 모수통계의 독립표본 T-검정에 해당하고, 대응표본의 T-검정에 해당하는 것이 윌콕슨 부호순위 검정이다. Bulter (1985)에 따르면 윌콕슨 부호순위검정은 분포의 유형을 고려하지 않고 구간척도에 의해서 측정되고 계산될 수 있기 때문에 강력한 비모수통계 방식이라고 한다. 또한 정규분포를 예측할 수 없는 경우에 T-검정을 대신할 수 있다.

Butler (1985)에서 소개하는 통계적 연산의 예는 다음과 같다. 영어를 불어로 번역한 경우에 오류가 있는지를 찾아보는 경우에 10명의 실험자가 두 개의 서로 다른 번역문 A와 B를 대상으로 오류의 개수를 세게 하였다. 통계적 실험은 실험자가 두 개의 번역문의 오류를 찾는데 있어서 동일한 기준을 적용하였는지를 수량적으로 입증하는데 있다. 다시 말하면, 실험자가 동일한 기준을 적용하였다면 번역문 A와 B의 오류 검증이 수량적으로 동일하게 나타날 것이다. 반면에 다르게 적용하였다면 서로 다르게 나타날 것이다. 여기서 영가설과 연구가설을 다음과 같이 설정할 수 있다.

(4) a. H_0 (영가설)

실험자 집단은 번역문 A와 B에 동일한 조건의 오류 검증 조건을 적용하였다.

b. H_a (연구가설)

실험자 집단은 번역문 A와 B에 동일한 조건의 오류 검증 조건을 적용하지 않았다.

실험을 통해서 다음과 같은 결과가 제시되었다.

[표 10-4] 번역문 오류 찾기 실험의 예

실험자	번역문 A 오류 개수	번역문 B 오류 개수
1	8	10
2	7	6
3	4	4
4	2	5
5	4	7
6	10	11
7	17	15
8	3	6
9	2	3
10	11	14

윌콕슨 부호순위검정은 매우 단순하다. 먼저 각 점수 쌍 사이의 차이를 계산한다. 즉 실험자 10의 경우에 번역문 A는 11개의 오류를 찾았고, 번역문 B는 14개의 오류를 찾았으므로 11-14=-3으로 계산된다. 차이를 계산할 때 동일한 개수의 오류가 발견된 경우는 고려하지 않는다. 즉, 차이가 0인 경우는 고려하지 않는다. 이 차이를 바탕으로 이전 절에서 했던 것처럼 순위를 매기는데, 부호를 연산하지 않고 순위를 매긴 후에 부호를 다시 붙인다.

다음으로 양의 순위와 음의 순위를 따로 합산한다. [표 10-5]의 경우에 양의 순위의 합은 6.5이고, 음의 순위의 합은 38.5이다. 다음으로는 윌콕슨 부호순위 계수 W를 결정해야 하는데, W는 오류가 발견되지 않는 개수를 전체 개수에서 제외한 $N=9$인 경우에 적용되는 계수로 양의 순위의 합과 음의 순위의 합에서 적은 수를 선택한다. [표 10-5]의 경우에는 6.5가 된다. [부록-4]에 따르면 N이 9인 경우에 양측검정으로 유의수준이 0.05인 경우에 5이다. 여기서 6.5가 5보다 크게 되므로 영가설을 기각하지 못한다. 따라서 두 번역문에서 실험자 집단이 적용한 기준은 통계적으로 동일하다는 결론에 도달한다.

[표 10-5] 윌콕슨 부호순위검정의 적용의 예

실험자	번역문 A 오류 개수	번역문 B 오류 개수	A-B	순위
1	8	10	-2	-4.5
2	7	6	+1	+2
3	4	4	0	-
4	2	5	-3	-7.5
5	4	7	-3	-7.5
6	10	11	-1	-2
7	17	15	+2	+4.5
8	3	6	-3	-7.5
9	2	3	-1	-2
10	11	14	-3	-7.5

만-위트니 U 검정과 동일하게 집단의 개수가 20이 넘으며 Z-분포를 적용하는데, 아래 공식을 적용한다.

$$(5)\quad Z=\frac{W-\dfrac{N(N+1)}{4}}{\sqrt{\dfrac{(N(N+1)(2N+1)}{24}}}$$

10.4. 부호검정

Butler (1985)에 따르면 윌콕슨 부호순위검정은 단순하면서도 강력한 비모수통계

방식으로 일정한 수준의 측정방식이 필요하다고 한다. 그러나 실제 현실에서는 단순하고 간단한 유형의 측정방식이 필요한 적이 많다. 이러한 경우에 더 간단하게 비모수통계를 적용할 수 있는 방식이 부호검정이다. 여러 언어학과 연관된 실험에서 순서척도만이 요구되는 경우에 사용할 수 있다. 부호검정은 윌콕슨 부호순위검정이나 만-위트니 U 검정과 같이 순위를 결정하는 것이 아니고 부호만으로 통계량을 측정한다.

Butler (1985)에서는 부호검정이 오히려 더 강력한 측정이라고 한다. 실제 언어학과 연관된 많은 실험에서 문장의 문법성을 측정하는 경우에 0은 비문법, 1은 가장 낮은 문법성이고, 2는 그 다음으로 높은 문법성으로 5까지 측정할 수 있다. 이 경우에 0~5까지의 문법성 측정이 주관적인 변인들 간의 문제점으로도 나타날 수 있다. 즉 주관적으로 문법성을 결정한 경우에 주관성이 개입되어 있으므로, 어느 것이 더 높고 더 낮다고 객관적으로 말할 수 없다. 따라서 윌콕슨 부호순위검정을 적용하면 주관적인 변인 간의 문제점을 포괄할 수 있다. 이 경우에 더 낮은 수준의 부호검정을 적용해서 문제점을 해소할 수 있다.

Oakes (1998)에서는 부호검정을 활용한 방식을 소개하고 있다. 일본어는 한국어와 유사하게 존대법을 사용한다. 피실험자에게 일본어의 존대법의 정도를 구어와 문어에서 각각 0에서 5까지의 정도로 측정하여 보았다. 이 경우에 구어와 문어의 존대법의 차이가 없다는 것이 영가설이 되고, 구어와 문어의 존대법의 차이가 있다는 것이 연구가설이 된다.

[표 10-6] 부호검정의 적용의 예

실험자	구어	문어	차이	부호
1	2	4	-2	-
2	4	5	-1	-
3	3	3	0	0
4	2	4	-2	-
5	2	5	-3	-
6	4	2	+2	+
7	3	3	0	0
8	2	4	-2	-
9	3	5	-2	-
10	1	2	-1	-

여기서 값은 수가 나온 값은 0과 음의 부호, 양의 부호가 나타난다. 이 중 0이 나온 값은 제외하고, 음의 부호의 개수와 양의 부호의 개수를 모두 센다. 양의 부호는 1개이고, 음의 부호는 7개가 된다. 또 전체 개수는 0이 나온 개수를 제외한 8이 된다. 여기서 부호검정의 개수 x는 적은 수인 1을 선택한다. [부록-5]의 부호검정 통계표에 따르면 $N=8$일 경우에 유의수준 0.05, 단측검정일 경우에 1이 되어야 한다. 따라서 영가설을 기각한다. 그러므로 연구가설을 채택한다. 결론적으로 일본어에서 구어와 문어 두 문체에서 나타나는 존대법은 서로 차이가 있다.

부호검정의 경우에 총 개수 N이 25이상인 경우에는 Z-분포를 적용한다. 적용하는 공식은 다음과 같다.

(6) $$Z=\frac{N-2x-1}{\sqrt{N}}$$

10.5. 언어 자료와 비모수통계

이전 장에서 코퍼스에서 발견되는 연어를 찾는 방식에서 모수통계를 적용한 경우를 소개하였다. 비모수통계는 연어와 연관되어서 명명척도를 활용한 카이제곱 검정이 많이 활용된다. 이 방식은 다음 장에서 소개될 것이다. 그 이외에 이 장에서 소개한 만-위트니 U 검정, 윌콕슨 부호순위 검정, 부호검정은 언어 측정에 활용된 연구는 거의 없다. 대부분이 언어 실험과 연관된 통계로 모수통계를 적용하기 어려운 경우에 이 검정들을 사용한다. 향후 연구에서 여러 사례를 토대로 비모수통계를 코퍼스 통계에 직접적으로 적용하는 방식을 연구하면 매우 흥미로운 결과가 나올 수 있을 것이다.

Oakes (1998)에서는 코퍼스에 연관되어서 비모수통계를 적용한 경우를 소개하고 있다. 이에 따르면 이전 절에서 소개한 바와 같이 언어 자료에 대한 피실험자 실험에서 논의된 비모수통계를 활용하고 있다. 코퍼스에 기반한 언어 학습 프로그램에서 두 가지 다른 유형을 두 집단에게 시행하고 사용자의 만족도를 측정한다. 이 경우에 결과를 윌콕슨 부호순위검정으로 처리하고 있다. 여기서 영가설은 '다른 유형의 학습 방식에는 만족도에 있어서 아무런 차이가 없다.'이고, 연구가설은 그 반대의 경우로 '다른 유형의 학습 방식에는 만족도에 있어서 차이가 있다.'이다. 부호검정의 경우는 이전 절에서 이미 소개하였다.

설문조사에서 가장 많이 활용되는 것이 리커트 척도(Likert scale)이다. 리커트 척도는 설문 문항에서 5점 또는 3점 척도로 많이 활용되는데, 5점 척도일 경우에는 (7)과 같이 문항을 구성한다.

(7) a. 아주 불만족
  b. 불만족
  c. 보통
  d. 만족
  e. 아주 만족

이미 논의한 바와 같이 척도 사이의 엄밀성이 보장되면 측정의 결과는 순서척도로 만-위트니 U 검정, 윌콕슨 부호검정, 부호검정을 적용해 볼 수 있다. 그렇지 않다면 부호검정을 적용해서 처리하면 간단하면서도 강력한 검정을 할 수 있다.

연습문제

1. 비모수통계와 연관된 자료를 수집하여 보고, 어떠한 경우에 비모수통계가 가능한지 나열해 보시오.

2. 다음의 두 언어 자료는 수필과 신문기사로 장르가 서로 다르다. 이 경우에 장르의 특성을 나타낼 수 있는 척도를 측정할 수 있는 방안을 비모수통계를 사용해서 고려해 보시오.[24] 여기서 형태소 분석 표지를 토대로 측정방안을 고려해 보라.

   예를 들어서 다음과 같은 것을 비교해 볼 수 있다.

   ■ 수필의 경우에는 글을 쓰는 관점이 있으므로 인칭대명사를 많이 사용한다.
   ■ 신문기사의 경우에는 지명, 인명과 같은 고유명사를 수필보다 더 많이 사용한다.
   ■ 신문기사는 간결함을 특징으로 하므로, 조사나 어미활용을 많이 하지 않는데 반해서 수필의 경우는 수려함을 특징으로 할 수 있으므로 조사나 어미활용을 더 많이 할 수 있다.
   ■ 수필의 경우에는 수식어구를 활용하므로 관계절이나 수식어를 더 많이 활용한다.

24) 여기서 모수에 대한 접근이 불가능하므로 비모수통계를 사용하는 것이 더 바람직하다.

식사를	식사/NNG + 를/JKO
한	하/VV + ㄴ/ETM
뒤,	뒤/NNG + ,/SP
그	그/MM
동안은	동안/NNG + 은/JX
늘	늘/MAG
내가	내/NP + 가/JKS
먹은	먹/VV + 은/ETM
밥그릇	밥그릇/NNG
국그릇만	국그릇/NNG + 만/JX
들고	들/VV + 고/EC
설거지통에	설거지통/NNG + 에/JKB
갖다	갖/VV + 다/EC
놓았는데,	놓/VX + 았/EP + 는데/EC + ,/SP
오늘은	오늘/NNG + 은/JX
처음으로	처음/NNG + 으로/JKB
아내가	아내/NNG + 가/JKS
먹고	먹/VV + 고/EC
난	나/VX + ㄴ/ETM
밥그릇	밥그릇/NNG
국그릇을	국그릇/NNG + 을/JKO
치우기	치우/VV + 기/ETN
위해	위하/VV + 아/EC
들어	들/VV + 어/EC
보았습니다.	보/VX + 았/EP + 습니다/EF + ./SF

〈그림 10-1〉 수필

미국에는	미국/NNP + 에/JKB + 는/JX
현재	현재/MAG
단체가	단체/NNG + 가/JKS
기금을	기금/NNG + 을/JKO
마련하고	마련/NNG + 하/XSV + 고/EC
이	이/MM
기금에서	기금/NNG + 에서/JKB
법률	법률/NNG
서비스를	서비스/NNG + 를/JKO
직접	직접/MAG
제공하거나	제공/NNG + 하/XSV + 거나/EC
그	그/MM
대가를	대가/NNG + 를/JKO
치르는	치르/VV + 는/ETM
공제형과,	공제/NNG + 형/XSN + 과/JC + ,/SP
보험	보험/NNG
회사가	회사/NNG + 가/JKS
가입자에게	가입자/NNG + 에게/JKB
제공된	제공/NNG + 되/XSV + ㄴ/ETM
법률	법률/NNG
서비스의	서비스/NNG + 의/JKG
대가를	대가/NNG + 를/JKO
보험금으로	보험금/NNG + 으로/JKB
지급하는	지급/NNG + 하/XSV + 는/ETM
상업보험형	상업/NNG + 보험/NNG + 형/XSN
두	두/MM
가지가	가지/NNB + 가/JKS
함께	함께/MAG
통용되고	통용/NNG + 되/XSV + 고/EC
있다.	있/VX + 다/EF + ./SF

〈그림 10-2〉 신문 기사

11. 카이제곱 검정

11.1. 카이제곱 검정이란?

카이제곱 검정은 통계학에서 많이 활용되는 검정 방식이다. 변인이 명명척도일 경우에 특히 (○)또는 (×)로 나타나는 경우에 활용한다. 예를 들어서 언어 자료인 경우에 명사인지 아닌지, 주어가 있는지 없는지와 같이 변인을 (○)또는 (×)로 구분할 수 있는 경우에 활용이 가능하다. 반면에 이전 절에서 논의한 통계의 경우에 문장의 문법성의 정도의 척도와 같이 순서척도인 경우에는 이 검정을 적용하지 못한다.

카이제곱 검정을 간단하게 설명하면, 모든 통계적 실험에는 모집단의 분포에 근거한 표본을 추출이 시행되므로, 표본에 대한 예측치(expected frequency)가 있다. 그런데, 표본을 추출해서 관찰한 관찰치(observed frequency)가 예측치와 차이를 가질 수 있다. 여기서 예측치에 대한 관찰치의 차이는 오차가 되는데, 통계량은 예측치와 관찰치 사이에서 발견되는 오차 제곱의 비율의 합을 측정한다. (1)에서 O는 관찰치가 되고, E는 예측치가 된다.

(1) $\chi^2 = \sum \frac{(O-E)^2}{E}$

영가설은 관찰치와 예측치가 같다는 것이다. 반면에 연구가설은 관찰치와 예측치가 다르다는 것이다. 만약 관찰치와 예측치가 동일하다면 관찰된 결과는 충분히 예측이 가능하다. 반면에 관찰치와 예측치가 다르면 관찰의 결과는 예측되지 않는다. 이를 활용하면 관찰치가 예측치에서 벗어나 있는지를 조사하고, 관찰된 결과가 중요한지 안한지를 통계적으로 결정할 수 있다.

카이제곱은 과학적 실험에서 많이 활용된다. 실험을 실시하고 그 실험의 결과가 기존 실험의 결과와 어떠한 차이가 있는지를 알아보고자 하는 경우에 활용한다. 실험을 한 경우에 카이제곱 검정을 사용하면 실험의 결과가 이전에 실험해서 예측할 수 있는 예측치에서 벗어나 있는지를 검정할 수 있다. 만약 현 실험에서 실시한 방식이 효력이 있다면 실험의 결과는 이전 실험 결과와 차이가 있어야 한다.

카이제곱 검정은 T-분포와 동일하게 자유도를 적용한다. 따라서 분포의 정도는 자유도에 달려 있다. 자유도가 2인 경우는 특이한 분포를 이루고 있다. 분포도를 그림으로 나타내면 다음과 같다.

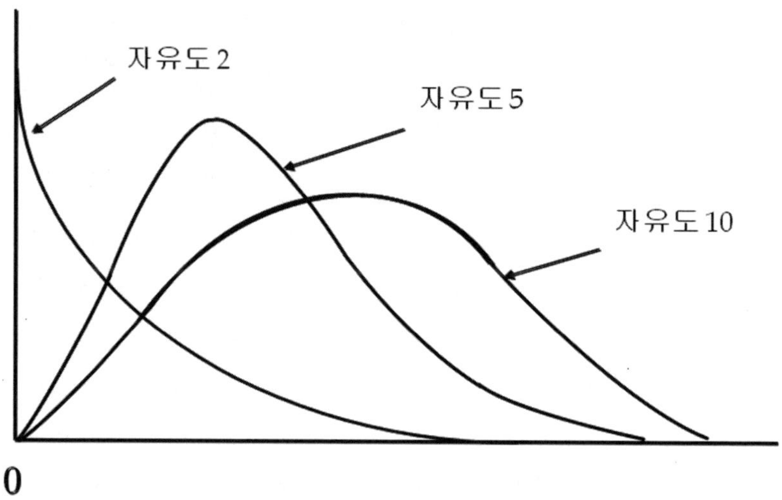

〈그림 11-1〉 카이제곱 분포

카이제곱 검정은 모집단이 정규분포를 갖고 있다고 가정한다. 이것은 Z-분포나 T-분포와는 다르다. Z-분포는 모집단의 통계량을 측정하기 때문에 정규분포가 무조건적으로 가정된다. 그런데, T-분포는 모집단에서 추출한 표본이 자유도에 따라서 정규분포와 같아지기 때문에 역시 정규분포를 가정한다. 그런데, 카이제곱은 모집단의 정규분포를 가정하는 것이며, 표본이 이 정규분포에서 얼마만큼 벗어나 있는지를 측정하게 된다. 따라서 표본의 정규분포를 가정하는 것은 아니며, 모집단과 얼마만큼의 오차가 있는지를 측정하는 것이다. 만약 세 개의 변인이 있으며 통계량을 $x_1 + x_2 + x_3 + \ldots$과 같이 측정할 수 있으며, 이 통계량은 카이제곱 계수 χ의 통계량을 $(\chi_1)^2 + (\chi_2)^2 + (\chi_3)^2 + \ldots$으로 측정하는 것과 동일하다. 즉 카이제곱 계수 χ는 오차의 폭을 가리키며 오차의 폭이 각각의 변인에서 연산이 되는데, 이 연산 전체가 어떠한 통계적 의미를 갖는지를 계산해낸다.

11.2. 비율에 의한 가설 검정

이 절에서는 하나의 변인이 꼭 하나의 변인을 갖는 경우에만 측정되는 카이제곱 검정을 소개한다. 이것의 의미는 변인의 범주는 여러 가지가 있을 수가 있는데, 변인이 꼭 하나의 경우이어야만 한다. 예를 들어서 인간집단에서 남녀의 구분은 둘 중 하나이다. 따라서 어느 개체를 예로 들더라도 남녀의 자연구분은 남자 또는 여자 중 하나이다. 반면에 학생과 선생님의 집합은 둘 중 하나 일 수도 있다. 어떤 학생은 학생인 동시에 선생님이 될 수 있다. 고등학교에서 학생들을 가르치는 선생님이 대학원에 진학을 하면 이 경우에 학생이 된다. 따라서 학생인 동시에 선생님이 되는 경우가 발생한다. 이 경우와 남녀의 예는 다르다. 변인들 중 꼭 하나만을 선택해야 하는데, 이러한 변인들을 갖는 모집단을 다항모집단(multinominal population)이라고 한다.

동전을 던져서 앞면과 뒷면이 나오는 경우는 어떻게 고려되는가? 기댓값은 앞면이 50%, 뒷면이 50%이다. 그렇다면 실제 동전을 200회 던진 실험에서 앞면이 92번, 뒷면이 108번 던진 결과는 이러한 기댓값과 어떤 차이를 지닐 것인가? 일단 통계적 가설을 세워보자.

(2) a. H_0 (영가설)

동전의 앞면과 뒷면이 나올 확률은 관찰되는 결과와 같다.

b. H_a (연구가설)

동전의 앞면과 뒷면이 나올 확률은 관찰되는 결과와 다르다.

모집단은 두 개의 범주를 갖고 있는데, {앞면, 뒷면}의 집합으로 구성된다. 영가설은 모집단이 {앞면, 뒷면}의 범주별로 주어진 확률을 가진 다항모집단 분포를 따른다는 것이고, 연구가설은 다항모집단 분포를 따르지 않는다는 것이다. (2)를 바탕으로 실험결과와 예측에 대한 표를 다음과 같이 만들 수 있다.

[표 11-1] 동전의 앞면 뒷면의 카이제곱 검정

	관찰치	예측치	관찰치-예측치	(관찰치-예측치)^2	(관찰치-예축치)^2/관찰치
앞면	92	100	-8	64	0.64
뒷면	108	100	+8	64	0.64
합계	200	200	0		$\chi^2 = 1.28$

여기서 자유도는 전체 개수에서 하나를 뺀 값이다. 2-1=1이므로 자유도는 1이 된다. 자유도가 1이며 유의수준 0.05인 단측검정의 경우에 카이제곱은 $\chi^2_{0.05} = 3.841$이 된다. 이 값보다 [표 11-1]의 값이 더 적게 되므로 영가설을 기각할 수 없다. 따라서 기댓값이 관측치와 다르지 않다는 것을 나타낸다.

엑셀을 활용한 경우에 다음과 같이 측정할 수 있다. 다항모집단의 범주가 A, B, C가 있고 각각의 예측치인 가설비율이 30%, 50%, 20%이며 관측도수가 48, 98, 54인 경우에 값을 구하면 다음과 같다. 여기서 카이제곱 검정의 값은 자유도와 검정 통계량 값을 대입하여 산출하는 CHIDIST함수를 활용한다.

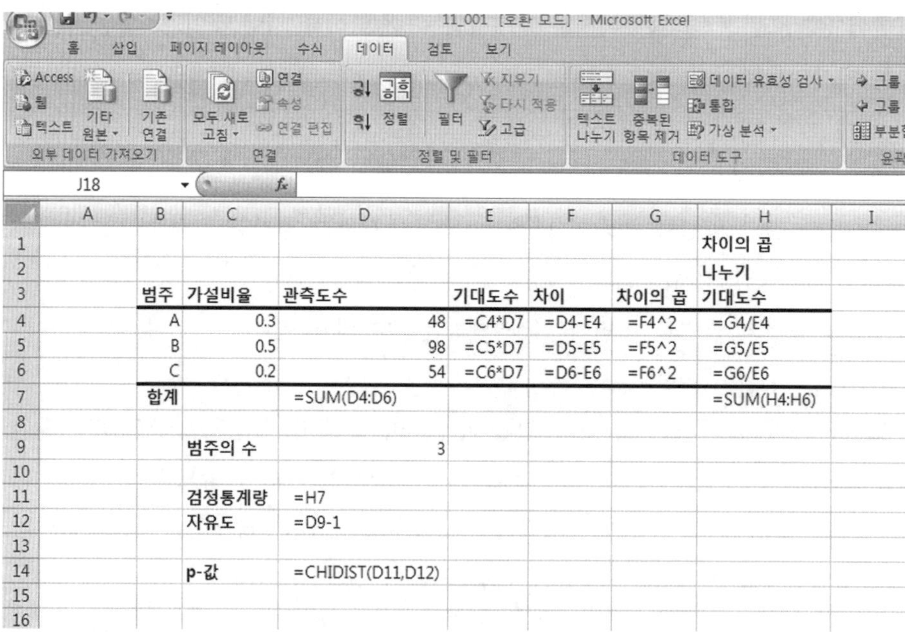

〈그림 11-2〉 엑셀을 활용한 다항모집단 카이제곱 검정의 예

11.3. 독립성 검정

카이제곱 검정을 활용해서 두 변인의 독립성 검정(test of independence) 기능이 있는데, 카이제곱 검증의 중요한 부분이다. 독립성 검증은 서로 다른 변인들이 범주형변인(categorical variable)일 경우에 서로 다른 범주에 속하는데, 두 범주에 속하는 변인이 서로 독립적으로 나타나는지를 조사하는 것을 말한다. 예를 들어서 남자와 여자의 범주형변인인 경우에 정당의 선호경향이 어떻게 영향을 미치는지를 조사하는 경우를 생각해 보자. 정당은 공화당, 민주당, 무소속이 있다고 가정을 하고 정당의 선택에 있어서 어떠한 영향을 미치는가를 고려해 보자. 이 경우에 독립성 검증은 범주형변인인 남자와 여자가 정당의 선호도에 영향을 미치는가이다. 여기서 영가설과 연구가설을 세우면 다음과 같다.

(3) a. H_0 (영가설)

남녀 성별의 범주형변인은 정당의 선호와 독립적이다.

b. H_a (연구가설)

남녀 성별의 범주형변인은 정당의 선호에 독립적이지 않다.

예를 들어서 남자 80명과 여자 70명, 총 150명을 대상으로 공화당, 민주당, 무소속의 차이를 조사해 보았다. [표 11-2]는 남녀 간의 정당의 선호도의 차이를 나타낸 것이다.

[표 11-2] 남녀 간의 정당의 차이의 관찰치

	공화당	민주당	무소속	합계
남자	20	40	20	80
여자	30	30	10	70
합계	50	70	30	150

이러한 표를 분할표(contingency table)라고 한다. 이러한 분할표 통계에 대한 유용성은 성별의 차이와 정당의 선호도를 조사하는 것으로, 이 통계적 조사는 선거정책 수립에 많은 영향을 미칠 수 있는 조사결과일 것이다. 남녀 간의 차이가 정당의 선택에 영향을 미친다면 남자와 여자 각각 다른 선거정책을 수립해야 할 것이고,

반대로 영향을 미치지 않는다면 다른 정책을 수립할 필요성이 없을 것이다.

남녀 범주형변인의 차이에 대한 예측치를 미리 조사해서 남자의 경우에 공화당, 민주당, 무소속은 각각 30%, 40% 30%로 예측이 되었고, 여자의 경우에는 35%, 35%, 30%로 예측이 된 경우를 고려해 보자. 이를 토대로 예측치를 계산하면 다음과 같다.

[표 11-3] 남녀 간의 정당의 차이의 예측치

	공화당	민주당	무소속	합계
남자	24	32	24	80
여자	24.5	24.5	21	70
합계	48.5	56.5	45	150

[표 11-2]와 [표 11-3]의 분할표는 행렬로 되어 있다. 행과 열에 따른 표로 나타나게 된다. 남자이면서 공화당인 경우는 1행 1열이 된다. 여기서 행을 i, 열을 j로 나타내면 (1)의 카이제곱 검정을 (4)와 같이 수정할 수 있다. 또한 자유도는 (행-1)×(열-1)로 계산한다.

$$(4)\ \chi^2 = \sum_i \sum_j \frac{(O_{ij} - E_{ij})^2}{E_{ij}}$$

이를 토대로 카이제곱을 연산하는데, [표 11-1]와 같이 각각의 경우에 예측치와 관찰치를 연산해서 계산해 보자.

[표 11-4] 동전의 앞면 뒷면의 카이제곱 검정

	관찰치	예측치	관찰치-예측치	(관찰치-예측치)^2	(관찰치-예측치)^2/관찰치
(남성, 공화당)	20	24	-4	16	0.8
(남성, 민주당)	40	32	+8	64	1.6
(남성, 무소속)	20	24	-4	16	0.8
(여성, 공화당)	30	24.5	+5.5	30.25	1.008
(여성, 민주당)	30	24.5	+5.5	30.25	1.008
(여성, 무소속)	10	21	-11	121	12.1
합계	150	150	0		$\chi^2 = 17.316$

여기서 자유도는 (3-1)×(2-1)이므로 2가 된다. 자유도가 2이며, 유의수준 0.05인 경우에 $\chi^2_{0.05} = 5.991$이 된다. 따라서 산출된 통계치가 기각치보다 더 크게 되어서, 영가설을 채택할 수 없다. 결과적으로 남녀의 구분이 정당의 선택에 있어서 중요하며, 정당의 선거정책 담당자는 남녀에 따라 서로 다른 선거정책을 수립해야 할 것이다. 이와 같이 카이제곱 통계는 두 변인이 통계량에 중요한 역할을 하는지 안 하는지를 결정하는 역할을 한다. 두 변인들 사이의 상관성 검증에 활용되므로, 이후에 살펴볼 상관성 분석과 연관성이 있다.

자유도가 1인 경우 중 행과 열이 각각 2인 경우는 2×2 분할표로 나타난다.

[표 11-5] 2×2 분할표

	1열	2열	합계
1행	A	B	A+B
2행	C	D	C+D
합계	A+C	B+D	N=A+B+C+D

이 경우는 (5)를 활용해서 간단하게 연산할 수 있다.

$$(5)\ \chi^2 = \frac{N(AD - BC)^2}{(A+B)(C+D)(A+C)(B+D)}$$

(5)를 적요한 경우에 표본의 수가 작거나 기대빈도가 5이하인 행열의 수가 많은 경우에는 값이 지나치게 커지게 된다. 이러한 경우에 (5)의 식을 수정한 것이 예이츠의 수정(Yate's correction)으로 (6)과 같다.

$$(6)\quad \chi^2 = \frac{N(|AD-BC|-\frac{1}{2}N)^2}{(A+B)(C+D)(A+C)(B+D)}$$

엑셀을 활용한 독립성 검증은 이전 절의 〈그림 11-2〉와 같다. 동일한 유형의 연산이 가능하므로 생략한다.

11.4. 언어 자료와 카이제곱 검정

언어 자료 검정에서 카이제곱 검정은 매우 다양하게 사용된다. 특히 언어실험과 관련되어서 피실험자의 실험결과에서 범주형변인들 사이의 상관성을 조사하는데 있어서 중요하게 사용된다. 이 절에서는 코퍼스 분석과 연관된 통계작업에서 활용되는 카이제곱 검정 사용의 예를 살펴본다.

Manning and Schütze (1999)에서는 연어 검정에서 카이제곱 검정을 사용하는 방식을 소개하고 있다. 세 가지 방식을 소개하고 있는데, 첫 번째 방식은 Church and Mercer (1993)에서 도입한 방식으로 연어인지 아닌지를 검정하는 방식인데, 분할표는 2×2 행렬을 사용한다. 예를 들어서 'new company'가 연어인지 아닌지 검증하는 방식은 다음의 분할표를 활용한다. 다음 분할표에서 'w_1 w_2' 단어 연쇄가 'new company'일 경우를 고려한다.

[표 11-6] 2×2 분할표를 활용한 연어검정

	w_1이 new일 경우	w_1이 new가 아닐 경우
w_2가 company일 경우	'new company'의 경우	'old company'와 같이 w_1이 new가 아닐 경우
w_2가 company가 아닐 경우	'new machine'과 같이 이 w_2가 company가 아닌 경우	w_1, w_2 둘다 new나 company가 아닌 경우

여기서 영가설과 연구가설은 다음과 같이 설정할 수 있다.

(7) a. H_0 (영가설)

new와 company의 단어 연쇄는 우연한 것으로 연어를 구성하지 않는다.

b. H_a (연구가설)

new와 company의 단어 연쇄는 우연하지 않은 것으로 연어를 구성한다.

통계연산은 2×2 분할표이므로 (5)의 방식을 활용한다. 결과적으로 카이제곱 계수 χ^2의 결과가 영가설의 영역에 있는지 아닌지를 따져보고, 검증하게 된다. 여기서 예측치는 두 단어가 독립확률에 의해서 나타날 확률로 연산한다. 따라서 'new company'의 경우에 new와 company의 각각의 확률을 연산한다. 이 확률의 곱인 P(new)×P(company)의 확률로 연산한다.

두 번째 경우는 언어 간 자동번역의 경우에 활용된다. 이 방식은 Church and Gale (1991)에 의해서 제안되었는데, 두 개의 언어로 구성된 코퍼스를 활용해서 자동번역을 하기 위한 방식으로 제안되었다. 캐나다의 경우에는 영어와 불어 두 개의 언어를 사용하는 국가이다. 의회에서는 모든 기록을 영어와 불어로 속기하는데, 이때 영어와 불어 두 개의 언어의 번역들이 정렬된 코퍼스가 생성이 된다. 이 코퍼스를 Hansard 코퍼스라고 한다. 이 코퍼스를 활용하면 하나의 언어의 단어들이 다른 언어의 단어들과 정렬되어 있어서 자동번역하는 것이 가능해진다. 예를 들어서 영어의 'cow'는 불어의 'vache'로 정렬이 되어 있는 경우가 많이 발견되는데, 이 정렬을 활용하면 영어의 'cow'를 불어의 'vache'로 번역하는 것이 가능하다. 이러한 정렬이 전체 통계량에서 의미가 있는지를 조사하기 위해서 카이제곱 검정을 사용한다. 이 검정도 2×2 분할표 행렬을 사용한다.

[표 11-7] 2×2 분할표를 활용한 자동번역

	cow인 경우	cow가 아닌 경우
vache인 경우	cow가 vache로 정렬된 경우	vache가 cow가 아닌 경우로 정렬이 된 경우
vache가 아닌 경우	cow가 vache가 아닌 경우로 정렬된 경우	cow가 vache가 서로 정렬되지 않는 경우

마지막의 경우는 Kilgariff and Rose (1998)에서 소개되었는데, 두 개의 다른 코퍼스에서 발견되는 단어 집단의 카이제곱 검정을 연산해서 두 개의 코퍼스가 동일한 분포를 보이는지 않는지를 검정한다.

[표 11-8] 분할표를 활용한 단어 분포 검정

	코퍼스 1	코퍼스 2
단어 1		
단어 2		
....		
단어 500		

여기서 500개의 다른 단어의 분포를 두 개의 코퍼스에서 살펴보게 되는데, 영가설은 두 코퍼스 1과 코퍼스 2 사이에는 동일한 유형의 단어 분포가 나타난다는 것이다. 만약 같은 유형의 단어 분포가 나타나면 동일한 유형의 장르가 될 가능성이 높거나 유사한 주제에 대한 텍스트일 가능성이 높다.

한국어의 경우에는 매우 다양한 유형의 카이제곱을 활용한 연구가 발표되었으나, 여기서는 두 가지만을 소개한다. 먼저, 최재웅 외(2006)에서는 형용사에 대한 분류 방식을 비교하는 측면에서 카이제곱 검정을 활용하였다. 한국어에서 형용사의 경우에 학자마다 서로 다른 분류 방식을 제시하고 있다. 유현경(1998, 2000)에서는 주관과 객관형용사의 범주로 형용사를 분류하고 김정남(2005)에서는 상관과 비상관형용사의 범주로 분류한다. 이에 따르면 동일한 형용사가 서로 다른 범주로 분류되게 된다. 예를 들어서 '아름답다'의 경우에 객관과 비상관의 두 개의 서로 다른 범주에 해당하게 된다. 문제는 이러한 서로 다른 분류 방식들이 객관이나 비상관과 같이 서로 다른 분류명을 사용하였지만 객관으로 분류하던 비상관으로 분류하던 같은 부류의 형용사를 의미하는지 검증되어질 필요성이 있다.

최재웅 외(2006)에서는 316개의 형용사 목록을 활용해서 두 가지 다른 분류 방식이 동질적인지 아닌지를 검증하는데, 카이제곱을 활용하고 있다. 이전 절에서 논의한 남녀의 성별이 정당의 선택에 있어서 영향을 미친다는 것은 두 변인들 간에 상관성이 있다는 것을 말한다. 이를 그대로 적용하면 다음과 같은 연구가설과 영가설을 도입할 수 있다. 여기서 영가설은 두 분류 방식 사이에 동질성이 없다는 것으로 두 변인들 사이에 상관성이 없다는 것이다. 반면에 연구가설은 두 분류 방식에 동질성이 있어서 두 변인들 사이에 상관성이 있다는 것이다. 결과적으로 최재웅 외(2006)에서는 두 분류 사이에는 아무런 상관성이 없으며, 동질성이 없는 것으로 나타났다. 최재웅 외(2006)는 두 분류 방식 사이의 연관성을 입증한 것으로 카이제곱을 검증의 도구로 활용하였다. 다시 말하면 두 분류 방식이 주관적인 것으로 객관화가 어렵다는 것으로도 해석할 수 있다.

카이제곱 검정 방식을 적용해서 통계적 분포를 결정하고 이를 통해서 분류를 시도한 연구가 이해윤 외(2008)에서 발견된다. 이 연구는 Gries and Stefanowitsch (2006)의 일련의 연구를 한국어에 적용해 본 것인데, 동사의 통사구조에 따라서 나타나는 구조를 코퍼스에서 측정하고 이를 통해서 동사를 분류하는 방식이다. 코퍼스에서 발견되는 동사의 구조를 연어와 유사하다고 해서 연구조(collolexeme)라고 명명하였는데, 이 구조를 측정하는 방식은 카이제곱의 분할표를 활용하였다.

[표 11-9] 연구조를 활용한 2×2 분할표

	구조 1인 경우	구조 1이 아닌 경우
단어 1인 경우	단어 1이 구조 1에 나타난 경우	단어 1이 구조 1이 아닌 경우에 나타난 경우
단어 1이 아닌 경우	단어 1이 아닌 경우에 구조 1에 나타난 경우	단어 1도 아니면서 구조 1도 아닌 경우

이러한 분할표를 활용해서 여러 개의 단어의 통계량을 측정하였는데, 피셔의 정확검정(Fisher's exact test)을 활용하였다. 이 검정을 개별 단어의 통계치로 산정하고 이를 다시 계층적 병합 클러스터링(hierarchical agglomerative clustering) 기법을 활용해서 분류를 시도하였다. 이 방식은 유사도 측정에 의해서 서로 합치는 상향식 클러스터링 방식이다.

Gries and Stefanowitsch (2006)는 이러한 분류방식이 영어의 경우에 다음과 같은 동사의 의미적 구분을 할 수 있다고 하였다.

(8) a. 속이는 것과 관련된 동사: con, talk, trick, dupe
    b. 물리적 힘과 관련된 동사: coerce, force, push, pressure

c. 부정 설득과 관련된 동사: frighten, scare, intimidate

d. 긍정 설득과 관련된 동사: entice, seduce, tempt

(8)의 결과를 보면 의미 분류가 설득력이 있다. 특히 이러한 분류의 근거에는 언어학적으로 의미적 분류가 어휘-통사 구조와 연관성이 있다는 주장과 연관성이 많다. 의미적으로 동사의 분류는 통사적 구조에 직접적으로 연관되어 있다는 Levin (1993)의 연구를 통계적으로 입증한 것이라고도 할 수 있다.[25)]

한국어의 경우에 다음과 같이 논항 교체를 허용하는 경우가 있다.

(9) a. 진이가 하얀 페인트를 벽에 칠했다.

b. 진이가 벽을 하얀 페인트로 칠했다.

여러 동사들에는 이러한 교체 현상을 허용하는 동사가 있고, 허용하지 않는 동사가 있다.

(10) a. 주민들이 바위로 마을 입구를 막았다.

b. ?*주민들이 바위를 마을 입구에 막았다.

따라서 '칠하다'와 '막다'는 서로 다른 통사구조로 실현되며, 서로 다른 논항교체 현상을 보이고 있다. 남승호(2007)에서는 이러한 주장에 근거해서 Dowty (2000)에서 제안한 바와 유사하게 몇 개의 동사들을 소리내기 술어, 빛내기 술어, 전체적 점유 술어로 동사를 분류하였다. 이러한 면은 Gries and Stefanowitsch (2004, 2006)의 주장과 같이 서로 다른 논항교체를 보이는 경우에 서로 다른 의미 부류에 있는 동사들로 분류될 가능성과 직접적으로 연관된다. 특히 Gries and Stefanowitsch (2006)에서와 같이 코퍼스 연구조 분석을 통한 동사분류로도 확장시켜 볼 수 있다. 이러한 점에서 이해윤 외(2008)에서는 이러한 동사 분류가 올바른 것인지 연구조 분석을 활용해서 검증하여 보았는데, 남승호(2007)에서 제시한 동사들의 분류가 입증되지 않는다는 것을 발견하였다. 이 연구에서는 기존의 언어 직관에 의한 분류

25) Levin (1993)에서는 논항교체 현상이 의미현상과 연관되어 있다고 주장하였다.

방식인 남승호(2007)의 제안이 실제 언어 자료인 코퍼스에서 발견되는 언어 현상과 어떠한 차이점을 지니는가를 논의하였다. 결과적으로 남승호(2007)의 분류 방식이 코퍼스에서 발견되는 분류와 서로 맞지 않는다는 결론에 도달하였다. 어떠한 분류 방식이 한국어의 분류 방식에 적합한지는 추후의 연구가 될 것이다.

연습문제

1. 11.4절에서 논의한 연구조 구문을 분석할 수 있는 통계적 기재를 고려해 보시오. 〈그림 11-3〉은 [NP-가 NP-에 울리다]의 구문을 고려한 경우인데, 통사 분석이 된 세종 코퍼스를 참조하시오.

   다음을 구체적으로 생각해 보라.

   ■ 구문에서 'NP-가'와 'NP-에'의 문장 역할이 어떠한지를 살펴보고 이것이 어떻게 이 문제에 고려되는지를 생각해 보시오.

   ■ 구문 형태가 의미적 문제와 어떻게 연결되어 있는지를 생각해 보고, 연구조 분석에 통사-구문의 연결문제를 어떻게 해결할 수 있는지를 생각해 보시오.

   ■ 〈그림 11-3〉 구문의 '울리다'의 의미를 구조를 통해서 어떻게 구분할 지를 고려해 보시오. 사전과 같은 언어 자원을 활용해 보시오.

```
; 마침내 노여운 선생님의 목소리가 조용한 교실 안에 쩡쩡 울렸습니다.
(S      (AP 마침내/MAG)
        (S      (NP_SBJ     (NP_MOD      (VP_MOD 노엽/VA + ㄴ/ETM)
                                         (NP_MOD 선생/NNG + 님/XSN + 의/JKG))
                            (NP_SBJ 목소리/NNG + 가/JKS))
                (VP         (NP_AJT      (VP_MOD 조용/XR + 하/XSA + ㄴ/ETM)
                                         (NP_AJT      (NP 교실/NNG)
                                                      (NP_AJT 안/NNG + 에/JKB)))
                            (VP          (AP 쩡쩡/MAG)
                                         (VP 울리/VV + 었/EP + 습니다/EF + ./SF)))))

; 또 다른, 조금 느린 라틴 음악이 귓가에 울렸다.
 (S     (NP_SBJ             (VP_MOD      (AP 또/MAG)
                            (VP_MOD 다르/VA + ㄴ/ETM + ,/SP))
                (NP_SBJ     (VP_MOD      (AP 조금/MAG)
                                         (VP_MOD 느리/VA + ㄴ/ETM))
                            (NP_SBJ      (NP 라틴/NNP)
                                         (NP_SBJ 음악/NNG + 이/JKS))))
        (VP     (NP_AJT 귓가/NNG + 에/JKB)
                (VP 울리/VV + 었/EP + 다/EF + ./SF)))

; 그리고 새삼 계약 결혼이라는 한마디가 머릿속에 팡파르처럼 울려퍼졌다.
 (S     (AP 그리고/MAJ)
        (S      (AP 새삼/MAG)
                (S          (NP_SBJ      (VNP_MOD     (NP 계약/NNG)
                                         (VNP_MOD 결혼/NNG + 이/VCP + 라는/ETM))
                                         (NP_SBJ 한마디/NNG + 가/JKS))
                            (VP          (NP_AJT 머릿속/NNG + 에/JKB)
                                         (VP          (NP_AJT 팡파르/NNG + 처럼/JKB)
                                                      (VP 울리/VV + 어/EC + 퍼지/VV + 었/EP + 다/EF + ./SF)))))
```

〈그림 11-3〉 세종 통사분석 코퍼스의 예

12. F-분포

12.1. F-분포란?

10장에서 두 개의 집단 간 평균비교를 설명하였다. 두 집단 간 평균비교는 Z-분포나 T-분포를 활용한다. 그런데, 집단이 세 개 이상일 경우에는 이러한 분포를 사용하지 못한다. F-분포(F-distribution)는 이러한 경우에 사용하는 분포이다.

세 개 이상의 경우에는 어떠한 통계적 가정이 가능한가? 먼저, 자연계에서 진화론의 검증에 이러한 집단 간 비교를 하는 경우를 가정해 보자. 다윈은 갈라파고스 군도에서 여러 동식물을 관찰하고 특정 섬에 서식하는 동식물이 다른 섬에 사는 동식물과 일정한 차이가 있음을 발견하고 진화론을 주장하였다. 이러한 다윈의 연구를 카나리 군도에[26] 사는 게코 도마뱀에 적용하여 보자. 카나리 군도에는 여러 섬이 있는데, 게코 도마뱀의 서식지이기도 하다. 이 중 테네리페섬에 사는 게코 도마뱀이 다른 섬과 다르게 진화하였는지 관찰해 보도록 하자. 이를 알기 위해서는 5개의 주변 섬에서 발견되는 게코 도마뱀을 30마리씩 포획해서 몸길이를 측정해보기로 하자. 측정을 해서 각 섬에서 발견된 도마뱀의 길이에 차이가 있는지 없는지를 통계적으로 검정하는 경우를 고려해 보자. 여기서 가능한 통계적 가설은 다음과 같다.

(1) a. H_0 (영가설)

여러 섬들에서 포획되는 게코 도마뱀의 몸길이에는 차이가 없다.

b. H_a (연구가설)

여러 섬들에서 포획되는 게코 도마뱀의 몸길이에는 차이가 있다.

두 개 집단의 평균비교와 같은 통계적 방식을 적용하려면 두 개씩 집단을 짝지어야 하므로, 결과적으로 10개의 집단비교가 가능하다.

---

26) 카나리 군도는 스페인령으로 아프리카와 유럽 대륙 사이에 있는데, 아프리카 북부 지역에서 가깝다.

(2) a. $H_0 : \mu_1 = \mu_2$

$H_a : \mu_1 \neq \mu_2$

b. $H_0 : \mu_2 = \mu_3$

$H_a : \mu_2 \neq \mu_3$

…………………

j. $H_0 : \mu_4 = \mu_5$

$H_a : \mu_4 \neq \mu_5$

(2)의 비교에 따라서 10개의 T-검정이나 Z-검정을 해야 한다. 그런데, 이 경우에 통계적으로 제1종 오류와 제2종 오류 사이에 발생하는 문제점이 생긴다.

세 개 이상의 집단을 비교하는 경우에 평균비교를 사용하면 각 집단에 유의수준 α를 적용한다면, 각 집단은 $1-\alpha$확률로 발생 가능성이 있다. 검증에서는 제1종 오류와 제2종 오류의 문제점이 있다. 제1종 오류는 연구가설이 참인데, 영가설이 채택된 경우이고, 제2종 오류는 반대로 영가설이 참인데 연구가설이 채택된 경우이다. 제2종 오류는 피할 수 없는 오류이지만, 제1종 오류를 방지하려면 유의수준 α를 조절하면 된다. 여기서 제1종 오류를 피할 수 있는 확률은 $1-\alpha$를 집단의 개수만큼 반복해 보자. 즉, 집단이 10개 이면 $(1-\alpha)^{10}$이 된다. 반면에 제1종 오류를 범하는 확률은 $1-(1-\alpha)^{10}$이 된다. α를 0.05로 한다면 제1종 오류를 범하는 확률은 $1-(1-0.05)^{10}=0.401$이 된다. 따라서 이 경우에 전체 10개 집단의 유의수준이 커진 것을 알 수 있다. 유의수준이 커지면 제2종 오류를 범할 확률도 커지게 되므로, 이와 다르게 10개 집단 전체의 유의수준을 0.05로 일정하게 하는 경우를 생각해 보자. 이 경우에 전체 유의수준을 0.05로 하려면 $1-(1-\alpha)^{10}=0.05$를 만족하는 α가 설정되어야 한다. 여기서 α는 0.005로 개별 집단에서 유의수준을 너무 작게 되는 문제점이 있다. 개별집단의 유의수준이 너무 작아지면 영가설이 채택될 확률이 많아진다. 따라서 이번에는 제1종 오류가 발생할 확률이 높아진다.

제1종 오류와 제2종 오류 사이에는 반비례관계가 성립하기 때문에, 어느 한쪽을 조정하는 것은 다른 한쪽의 오류 발생의 기회를 높이게 된다. 세 개 이상의 집단의 평균비교를 기존 방식으로 시행하는 것은 두 가지 오류 발생 사이에서 딜레마를 겪게 된다. 그러므로 세 개 이상의 집단에서는 다른 형태로 집단 간 검정을 수행해야 한다.

또한 분석을 위한 (2)의 통계가설은 (3)과 같이 고쳐져야 한다.

(3) a. $H_0 : \mu_1 = \mu_2 = \mu_3 = \mu_4 = \mu_5$

$H_a : (\mu_1 = \mu_2 = \mu_3 = \mu_4 = \mu_5)$은/는 통계적 사실이 아니다.

이러한 분포를 고려하기 위해서 세 가지 가정이 필요하다. 첫째로 모집단은 정규분포를 따른다. 둘째로 각 집단의 분산은 모든 모집단에서 동일하다. 셋째로 모든 관찰치는 서로 독립적이어야 한다. 첫째 가정에 따르면 다섯 개 섬에서 발견되는 게코 도마뱀의 몸길이의 분포는 정규분포라는 것이다. 둘째 가정에 따르면 각 섬에서 측정한 게코 도마뱀 몸길이의 분산은 동일하다고 가정된다. 셋째 가정에 따르면 테네리페섬에 사는 게코 도마뱀의 몸길이는 다른 섬에 사는 게코 도마뱀의 몸길이에 영향을 미치지 못하는 것으로 가정된다.

이를 바탕으로 표본을 통해서 모집단을 추정한다. 표본은 모집단의 평균에서 벗어나 있을 수 있기 때문에, 모집단 평균을 추정하는 작업은 매우 중요하다. 하나의 모집단에서 표본 분포의 위치는 모집단 평균과의 거리로 나타나며, 표본은 모집단에 포함되어 있다. 〈그림 12-1〉에서 개별 표본평균 $\overline{x_1}$, $\overline{x_2}$, $\overline{x_3}$은 모집단 내에 포함되어 있으며 모집단 평균 μ와 개별 표본평균 사이에 차이가 있다.

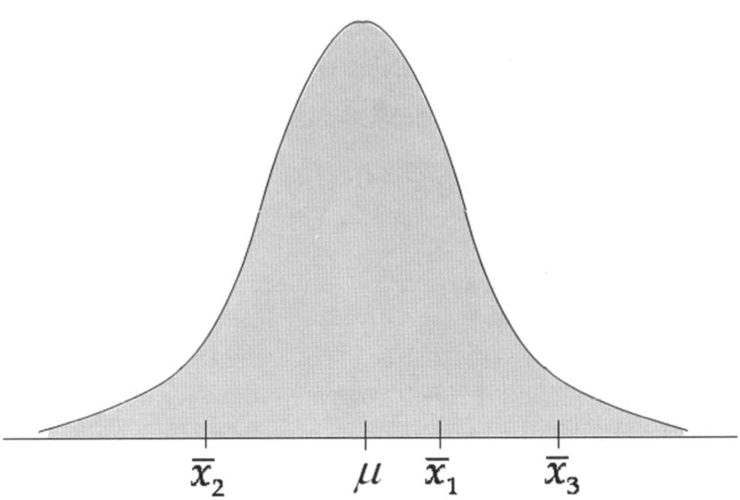

〈그림 12-1〉 표본과 모집단의 분포

두 집단의 평균을 비교하는 경우에도 하나의 모집단 분포를 산정하고 두 집단의 평균이 같다는 가정아래에서 출발한다. 따라서 하나의 모집단 분포를 산정하게 된다. 반면에 세 개 이상의 집단을 산정한 경우에는 세 개의 서로 다른 분포를 고려하게 된다. 〈그림 12-2〉에서 개별 표본평균 $\overline{x_1}$, $\overline{x_2}$, $\overline{x_3}$이 존재하게 되고, 각 표본에 대한 모집단 평균 μ_1, μ_2, μ_3이 각기 존재한다.

여기서 하나의 모집단을 산정한 경우에 모집단의 분산이 σ^2이라면 표본의 분산은 $\sigma^2_{\overline{x}}$이 되며, 표본의 분산은 $\sigma^2_{\overline{x}} = \dfrac{\sigma^2}{n}$으로 연산된다. 이 경우에 표본의 분산은 전체 집단의 개수가 모집단 분산에 어떠한 영향을 미치는지로 연산한다.

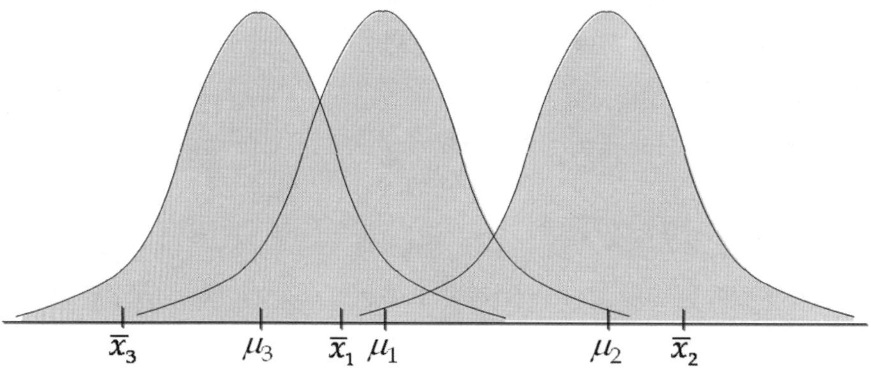

〈그림 12-2〉 세 표본의 분포

집단이 많아진 경우에는 개별 표본평균과 전체 집단을 모아놓은 집단을 산정하고 이를 모집단으로 삼아서 모집단 평균과의 차이를 연산하게 된다. 즉 분산은 (4)와 같이 연산하게 된다.

$$(4)\quad s^2_{\overline{x}} = \frac{\sum(x_i - \overline{x})^2}{n-1}$$

여기서, $\overline{x}$는 추정된 값으로 총표본평균(overall sample mean)이라고 하며, $s^2_{\overline{x}}$는 총표본평균에 의해서 추정되는 표본 표준편차가 된다. 이 표준편차를 활용하면 모집단의 분산을 추정할 수 있다. $\sigma^2_{\overline{x}} = \dfrac{\sigma^2}{n}$이므로, $\sigma^2 = n\sigma^2_{\overline{x}}$이 된다. 이러한 분산

을 집단 간 추정분산(between-treatment estimate of σ^2)이라고 한다.

F-분포는 집단내 표본의 분포의 차이와 더불어 집단 간 분포의 차이를 추정한다. 따라서 표본들 내부의 분포의 차이와 전체 표본들의 차이 둘 다 고려하게 된다. 즉 두 개의 분산을 가정하는데, 하나는 집단 내 분산이고 다른 하나는 집단 간 분산이다. 두 분산의 차이가 자료들이 어떻게 분포하고 있는지를 통계적으로 설명하게 된다.

12.2. F-검정

이 절에서는 집단 간 변량(between variance)과 집단 내 변량(within variance)으로 나누어서 통계적 처리를 하는 일원 F-검정을 소개한다. 여기서 일원분석법은 처치(treatment)에 의해서 나타나는 집단 간 변량과 집단 내 표본오차에 의해서 나타나는 집단 내 변량을 비교하게 된다. 이를 공식화하면 $F = \dfrac{varaince\ between\ groups}{variance\ within\ groups}$ 으로 나타난다. 만약 집단 간 변량이 집단 내 변량보다 더 크게 되면 F-검정치는 커지게 되고, 집단 간 처치가 효과가 있다는 해석을 할 수 있다. 반대의 경우에는 집단 간 처치가 효과가 없다는 해석이 가능하다.

언어 교육에서 어느 일정한 학습 방식이 효과가 있는지를 검증하기 위해서 실험을 해 볼 수 있다. 집단 A와 집단 B를 산정하고 집단 A는 학습 방식을 적용하고 집단 B에는 학습 방식을 적용하지 않는다. 이후 학습의 결과를 시험으로 검증하고 이를 통계적 처리를 한다고 하자. 집단 A와 집단 B는 각각 학습 방식에 의한 처치로 나눠지는 집단 구분이 된다. 그런데, 집단 A와 집단 B 모두 집단 내 피실험자들 간에 개인차가 존재하게 된다. 즉, 동일 집단에 속한 사람이라고 해도 개인차로 인해서 처치의 효과가 높은 사람과 적은 사람이 있을 것이다. 이것은 오차변량(error variance)이라고 하는데, 개인차로 생기는 자연변동이라고 한다.

문제는 집단 간 차이를 분석하기 위해서는 집단내 차이가 집단 간 차이보다 더 적어야 한다. 집단 내 차이는 자연적으로 발생하는 오차일 수 있는데, 이 오차의 폭이 집단 간 오차보다 더 크다면 자연적으로 발생하는 자연변동이 더 크기 때문에 처치에 의한 효과가 없다는 결론에 도달할 수 있다. 반대의 경우에는 처치에 의한 효과가 더 크다는 결론에 도달할 수 있다.

F-검정에서 일원분석법은 집단 간에 발생하는 변량과 집단 내에 발생하는 변량의 비율을 비교한다. 이를 통해서 표본오차로 발생하는 오차보다 집단 간 오차에 의해서 발생하는 오차가 더 크다면 집단 간이 통계적으로 동일하다는 영가설 (3)이 틀린 것으로 고려한다. 따라서 처치에 의한 효과가 있다는 결론에 도달하고, 집단 간의 차이가 통계적으로 유의미한 것으로 간주한다.

카나리군도의 게코 도마뱀의 경우로 돌아가 보자. 5개의 섬에 사는 도마뱀들을 30마리씩 포획해서 길이를 측정한 경우에 자료구조는 다음과 같이 나타난다.

[표 12-1] 일원분석법의 자료구조

섬 1	섬 2	섬 3	....	섬5
도마뱀1	도마뱀1	도마뱀1	도마뱀1	도마뱀1
.....	.....	.....	.....	.....
도마뱀30	도마뱀30	도마뱀30	도마뱀30	도마뱀30

여기서 각 섬에 사는 도마뱀은 각각 (섬1, 도마뱀7)과 같이 구조화될 것이다. 섬을 i, 도마뱀을 j로 각각 색인화하고 통계모형을 설정하면 다음과 같다.

(5) $L_{ij} = \mu_i + \epsilon_{ij} = \mu + \alpha_i + \epsilon_{ij}$

여기서 각각은 각 집단의 평균 μ_i과 오차변량인 ϵ_{ij}으로 구성되는데, 이것은 모든 집단의 평균 μ와 처치에 의한 효과 α_i와 오차변량 ϵ_{ij}으로 구성된다. 즉 통계적 내용은 각 집단내의 평균과 오차변량으로 구성되는데, 이것은 다시 집단 간 평균과 처치에 의한 효과와 오차변량으로 구성된다. 오차변량과 처치에 의한 효과 중 어느 것이 더 큰지에 따라서 집단 간 변량과 집단 내 변량 중 어느 것이 더 큰지를 연산하게 된다.

F-검정을 변량에 의한 분석(ANOVA: ANalysis Of VAriance)이라고도 한다. 이러한 분석법은 [표 12-3]과 같은 분산분석표(table of analysis of variance)를 통해서 분석된다.

[표 12-41] 일원분석법의 자료구조

변동요인	제곱합	자유도	평균제곱합	F
처치	$SSTR$	$k-1$	$MSTR=\frac{SSTR}{k-1}$	$\frac{MSTR}{MSE}$
오차	SSE	n_T-k	$MSE=\frac{SSE}{n_T-k}$	
합계	SST	n_T-1		

여기서 전체 표본평균은 다음과 같이 구하게 된다.

$$(6)\ \ \overline{\overline{x}}=\frac{\sum_{j=1}^{k}\sum_{i=1}^{n_j}x_{ij}}{n^T}$$

여기서, 각 표본의 크기가 동일하면 $n_T=kn$일 경우에 (7)의 공식을 적용하면 된다. 즉 각 표본의 평균을 모두 더하고 집단의 개수로 나누면 된다.

$$(7)\ \ \overline{\overline{x}}=\frac{\sum^{k}\overline{x_j}}{k}$$

SSTR (Sum of Squares due to TReatments)은 처리제곱합이라고 하며, 개별 표본평균과 전체 표본평균 사이의 분산을 개수로 곱한 것이다.

$$(8)\ \ SSTR=\sum_{j=1}^{k}n_j(\overline{x_j}-\overline{\overline{x}})^2$$

SSE (Sum of Sqaures due to Error)는 오차제곱합이라고 하며, 개별 표본분산을 자유도로 곱한 것이다.

$$(9)\ \ SSE=\sum_{j=1}^{k}(n_j-1)s^2$$

SST (Sum of Squares Total)은 SSE와 SSTR을 더한 것이다. 이를 토대로 처리 제곱평균인 MSTR (Mean Square due to Treatments)과 오차제곱합인 MSE (Mean Square Error)를 구한다.

분산에 대한 추정치 비교는 F-검정을 활용하는데, MSE에 대한 MSTR의 비율의 정도를 측정한다. 즉 $\frac{MSTR}{MSE}$의 분포를 활용해서 미리 정해진 분포영역의 값과 비교하고 기각과 채택을 결정하게 된다.

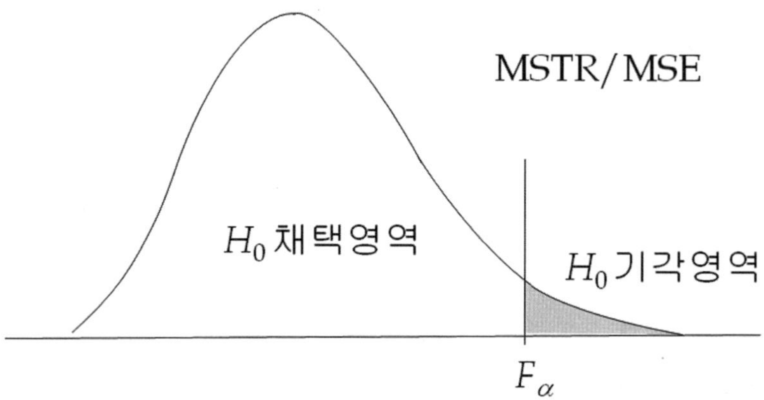

〈그림 12-3〉 F-검정 적용방식

카나리군도의 게코 도마뱀의 경우에 테네리페섬의 게코 도마뱀의 몸길이가 차이가 있는지 없는지를 통계적으로 검증하는 절차는 다음과 같다. 먼저, SSTR을 계산한다. 모든 섬들의 관찰치 전체 표본평균을 구하고, 관찰치와 전체 표본평균의 차이를 구하여 제곱을 한다. 이 과정을 모든 관찰된 게코 도마뱀 몸길이에 반복하고 모두 더하여 구한다. 다음으로는 SSE를 구한다. 각 섬들에서 포획된 게코 도마뱀의 평균을 구하고, 섬들의 평균과의 차이를 구한다. 이 둘 사이의 차이를 제곱한다. 섬별로 이러한 작업을 반복하고 모두 더한다. 이를 토대로 MSTR과 MSE를 구하는데, MSTR의 자유도는 섬의 개수에서 하나를 뺀 수가 되고 MSE의 자유도는 전체 개수에서 섬의 개수를 뺀 수가 된다. 이 경우에 각각 4와 144가 된다. 첫 번째 자유도를 df1이라고 하고, 두 번째 자유도를 df2라고 한다. [부록-6]의 F-분포표를 참조할 때, df1과 df2에 따라서 알맞은 유의수준을 선택해야 한다.

엑셀을 활용하면 [분석도구]를 사용하여 F-검정을 간단하게 처리할 수 있다. 데이터를 입력하고, [데이터]탭의 [데이터 분석]탭을 누른다.

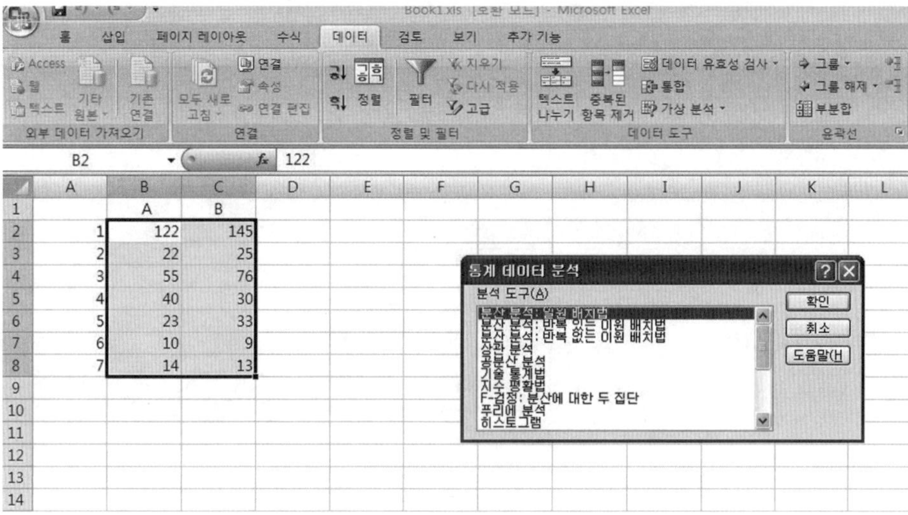

〈그림 12-4〉 분산 분석 선택의 예

다음으로 [분산 분석: 일원 배치법]을 누르고 입력할 데이터의 범위를 설정한다.

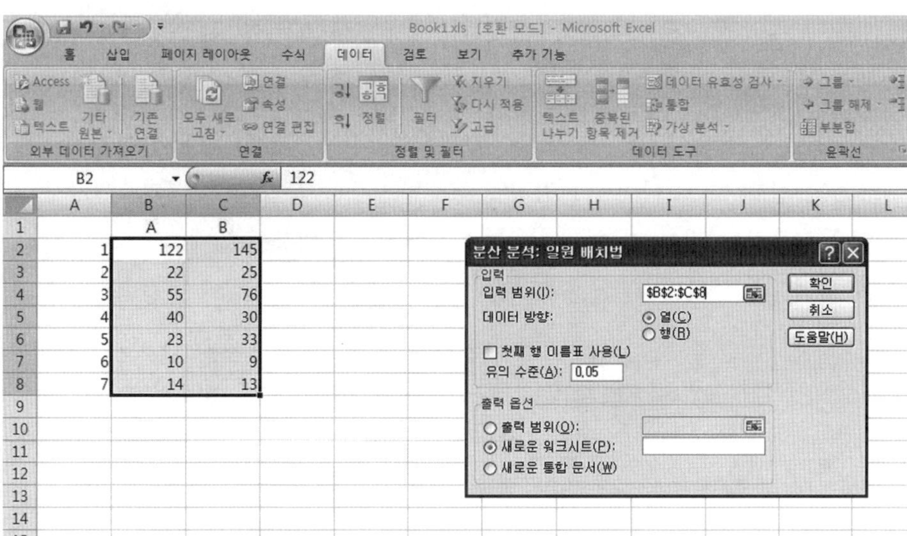

〈그림 12-5〉 분산 분석의 입력 범위 입력의 예

입력 범위를 설정하고 [확인]을 누르면 결과를 알려준다.

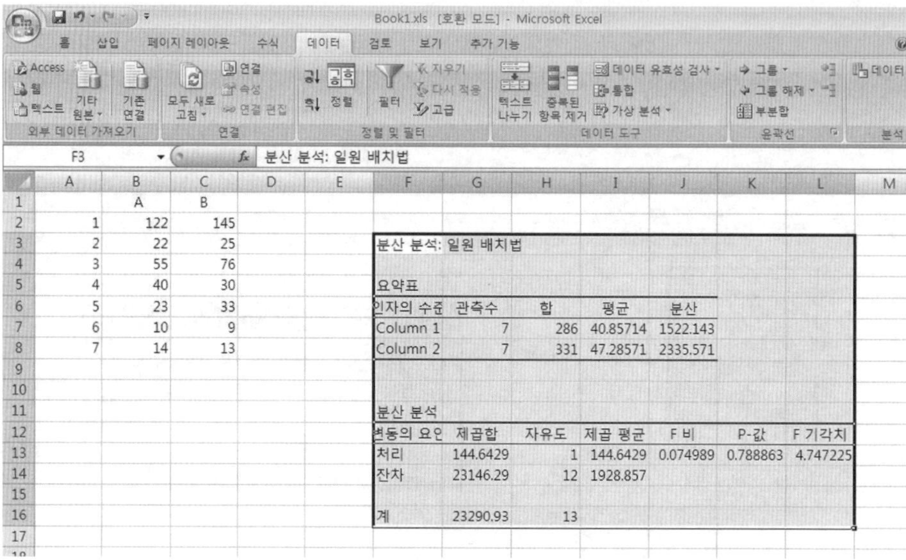

〈그림 12-6〉 분산 분석 결과의 예

12.3. 다변량 F-검정

다변량 F-검정은 매우 복잡하다. 다변량 F-검정은 변량을 몇 개 선정하는가에 따라 나누게 된다. 이전 절에서는 변량이 하나만 설정된 경우를 다루었다. 변량이 두 개 이상이면 다변량인데, 두 개, 세 개의 예를 설명하고 복잡한 연산 방식을 설명해야 한다.[27] 실제적으로 다변량 F-검정일 경우에는 너무 복잡하므로 통계 패키지 프로그램을 사용하는 것이 더 현명하다. 이 책에서는 다변량을 깊숙이 다루지 않고, 어떻게 다변량을 설정할 수 있는지, 그리고 어떻게 통계적 모델이 설정되는지를 설명한다.

여기서 처치의 요인(factor)을 설정한다. 처치의 요인은 상관성이 있는 변인들이다. 이와 같이 다변량 분석은 변인 간의 상호작용을 조사할 수 있기 때문에, 사회과학의 여러 실험에서 많이 활용된다. 행동과학(behavorial science)라고 불리는 학문

27) 변량이 네 개 이상이 되면 현실적으로 통계 연산이 너무 복잡해서 다루지 않는다. 대부분이 변량을 세 개 정도만으로 한정한다.

분야는 행동의 일반 원리를 탐구하는 분야로 사회과학 및 사회인류학, 심리학, 생태학, 경제, 병리학 등을 포괄한다. 이 분야의 실험에서는 행동에 영향을 미치는 변인 간의 상관성을 조사하는 것이 주된 연구목적이 된다. 이러한 경우에 단일요인의 분석을 시행하면 상호작용의 효과를 측정하는 것이 불가능해진다. 따라서 다변량 분석을 통해서 변인들 간의 관련성, 상호작용의 효과를 관찰하게 된다.

F-검정을 n-way ANOVA라고 하여 n 개, 즉 몇 개의 변량을 설정했는가를 명시한다. 이전 절은 1-way ANOVA이고, 변량이 두 개이면 2-way ANOVA이고, 변량이 세 개이면 3-way ANOVA이다. 2-way ANOVA의 경우를 먼저 고려해 보자. 폭력적 영화를 보고 남녀 간에 어떻게 다르게 반응하는지를 관찰하는 실험을 한다고 가정해 보자. 간단하게 표로 만들어 보면 다음과 같다.

[표 12-3] 2-way ANOVA 요인 설계의 예1

	폭력 영화	비폭력 영화
남		
여		

이러한 실험의 경우에 남녀의 집단이 각각 두 개씩 서로 다른 형태의 영화를 시청하게 되고, 이에 대한 반응을 관찰하게 된다. 여기서 실험의 요인이 되는 것은 폭력적 만화는 남녀라는 독립적 변인들 간에 요인으로 작용한다. 따라서 이 경우에 독립적 변인들에 종속적 변인으로 작용하는 것들이 요인이 된다. 실험에서 결정하는 것은 어느 변인이 어떠한 요인으로써 작용하는지를 관찰하는지에 대한 통계적 입증이다.

다른 경우를 고려해 보자. 교육 방식에 대한 효과를 검증하는 실험을 한다고 고려해 보자. 언어 교육에서 특정한 학습 방식을 세 가지 정도로 고려해 보고, 각각이 어떻게 성적 향상에 영향을 미치는지를 관찰해 보자. [표 12-3]과 같은 표를 설계해 보자.

[표 12-4] 2-way ANOVA 요인 설계의 예2

	85점 이하	86~90	91~95	96~100
방식1				
방식2				
방식3				

여기서 방식1, 방식2, 방식3이 어떠한 요인으로 작용했는지 실험 집단의 점수를 확인하고 각 점수대별 분포를 관찰한다. 이러한 요인으로 작용했는지를 관찰하고 학습 방식의 효과를 관찰할 수 있다.

3-way ANOVA는 요인들 안에 다른 요인들이 들어 있는 경우이다. 예를 들어서 [표 12-3]의 경우에 남녀를 다시 나이로 구분해서 20대와 30대로 구분한 경우를 고려해 보자.

[표 12-5] 3-way ANOVA 요인 설계

		폭력 영화	비폭력 영화
남	20대		
	30대		
여	20대		
	30대		

이 경우에는 각 요인들이 조합할 수 있는 경우의 수가 늘어나게 된다. 2-way ANOVA의 경우에는 요인들이 두 개이므로 첫 번째 요인을 i, 두 번째 요인을 j라고 하면 $i \times j$로 만들어지는 조합의 개수가 만들어진다. 3-way ANOVA의 경우에는 요인이 세 개가 되므로 각각을 i, j, k라고 하면, $i \times j \times k$로 만들어지는 조합의 개수가 만들어진다. 요인의 개수가 더 늘어나게 되면 복잡한 형태의 조합의 개수가 만들어지게 된다.

2-way ANOVA의 경우에 통계적 모형은 다음과 같다.

(10) $X_{ij} = \mu + \alpha_i + \beta_j + \epsilon_{ij}$

여기서 α_i는 첫 번째 요인의 처리효과를 다루고, β_i는 두 번째 요인의 처리효과를 다루게 된다. ϵ_{ij}는 오차변량이 된다. 또한 이 모형은 하나의 변인에 대해서 하나의 요인만이 있는 모형이다. 현실 세계에서는 하나의 변인에 대해서 두 개 또는 여러 개의 요인의 부여가 가능하다. 예를 들어서 벼의 생육 조건을 알아보는 실험을 한 경우에 각각의 벼 품종 A, B, C에 대해서 기온, 강우량, 일조량과 같은 다양한 유형의 요인이 부여될 수 있다.

[표 12-6] 2-way ANOVA 요인 설계의 예3

	품종 A	품종 B	품종 C
기온			
강우량			
일조량			

이 경우에는 (10)에서 제시한 통계모형이 아닌 좀 더 복잡한 유형의 통계모형이 필요하다. (11)에서 제시한 모형은 요인이 두 개가 중복된 경우이다.

(11) $X_{ij} = \mu + \alpha_i + \beta_j + (\alpha\beta)_{ij} + \epsilon_{ij}$

다른 것은 (10)과 동일하나 모형에서 더 필요한 것은 두 요인들이 교차해서 작용하는 $(\alpha\beta)_{ij}$ 요인 간의 결합이 필요하다. 엑셀에서도 일원 분석법과 다른 이원 분석법 분석 방법이 있다. 〈그림 12-4〉를 보면 이원 분석법에는 두 개의 다른 분석법이 있다. 하나는 [반복있는 이원 배치법]이고, 다른 하나는 [반복없는 이원 배치법]이다. [반복있는 이원 배치법]은 동일한 표본에 여러 요인이 반복되는 경우이고, [반복없는 이원 배치법]는 동일한 표본에 여러 요인이 반복되지 않는 경우이다.

12.4. 언어 자료와 F-검정

F-검정은 이전 절에서 설명한 바와 같이 행동과학적 관점에서 많이 활용된다. 따라서 심리적 관점에서 어떠한 요인들이 행동에 영향을 미치는지를 통계적으로 Johnson (2008)에서는 Pitt and Shoaf (2002)의 심리언어학적 연구를 소개하고 있다.

심리적으로 어떠한 것이 다른 것 보다 더 우세하게 작용하는 효과를 점화효과(priming effect)라고 한다. 심리언어학적 실험에서 두 개의 단어 중 하나를 선택하게 하였을 때, 코퍼스에서 발견되는 빈도가 높은 단어가 낮은 단어보다 우월하게 선택되는데, 이러한 빈도효과도 단어 선택에서 점화효과로 작용한다.[28] Pitt and Shoaf (2002)에서 실시한 실험은 음운론적 점화효과인데, 단어의 인지와 음운론적 점화효과의 연관성을 측정하였다. 3개의 음소를 겹쳐서 듣고 인지하는 실험을 진행을 하였다. 이 경우에 음소를 겹쳐서 듣고 반응하는 반응시간(response time)을 측정하였는데, 이 반응시간이 시작, 중간, 끝인지에 따라서 다르게 기록을 하였다. 이것을 바탕으로 실험에 대한 통계 자료를 만들고, 각 실험자 6명에 대한 음소 중첩의 경우와 중첩하지 않은 2가지 경우와 시작, 중간, 끝에 대한 반응이 3가지에 대한 6×3×2의 3-way ANOVA를 시행하였다.

Oakes (1998)에서는 Kenny (1982)의 ANOVA를 소개하고 있는데, Kenny (1982)는 세 명의 서로 다른 시인인 Pope, Johnson, Goldsmith의 영웅 2행 연구(heroic couplet)에 사용한 시어의 수에 차이가 있는지를 검사하였다. 이 경우에는 2-way ANOVA로 시어의 수와 각 시인에 대한 검사표가 작성이 된다.

비슷한 연구로 Louwerse (2004)에서는 문학작품에서 개인방언(idiolect)과 사회방언(sociolect)의 차이를 연구하였다. 개인방언은 개인적 언어를 많이 활용하는 행태를 말하며, 사회방언은 사회적, 시대적 흐름에 따른 언어사용을 의미한다. 따라서 문학작품에 사회방언에 많이 사용되었다면 작가가 시대적, 남녀구분, 사회적 흐름에 의한 언어를 많이 사용하였을 것이고, 반대로 개인방언을 많이 사용하였다면 개인화된 언어를 많이 사용하였을 것이다. Louwerse (2004)는 사실주의(realism)와 모더니즘(modernism)으로 문학사조를 구분하고, George Eliot, Charles Dickens, Virginia Wolf, James Joyce를 남녀 작가로 구분하며, 각 작가의 작품 중 대표작품을 네 개씩 골라서 2×2×4의 3-way ANOVA를 시행하였다.

Fazly and Hirst (2003)에서는 ANOVA를 언어 자료 통계를 활용한 단어완성

---

28) 빈도효과와 관련된 심리언어학에 대한 기초적 소개는 Garman (1990)을 참조. 한국어의 경우에 정재범 외(1997)는 코퍼스의 빈도가 점화효과와 직접적인 연관성이 있다고 주장하였다. 이에 반해서 정한진 외(2007)에서는 빈도효과가 직접적이지 않다고 주장하였다. 김동성(2009)에서는 정한진 외(2007)의 연구를 통계적인 관점에서 비판하였다. 실제 한국어 학습 어휘 목록에 대한 여러 연구들(김광해 2003, 서상규 2000, 임지룡 1991)에서는 코퍼스의 빈도와 다른 목록을 제시하고 있다.

(word completion) 기법에 활용하였다. 단어완성은 키보드나 다른 입력 장치를 통한 단어를 완성하는 작업을 말한다. 가령 예를 들어서 키보드를 통해서 단어를 입력할 때 s를 입력하면 14,234개의 영어 단어가 후보가 된다. 이후에 계속해서 단어를 입력하면 선택될 단어의 폭이 줄어든다.

(12) a. so: 848개
b. soc: 75개
c. socc: 2개

이와 같이 입력된 철자의 연쇄를 예측하면 전산적으로 언어 처리에 있어서 유용하다. 다음이나 네이버, 엠파스와 같은 국내 포털 사이트를 통해서 검색을 할 때 단어를 입력하면, 후보 단어를 보여주는 것은 이러한 단어완성 기법을 활용한 것이다. Fazly and Hirst (2003)에서는 기본 통계로 n-gram 중 uni-gram과 bi-gram을 적용해서 변형시킨 두 개의 다른 알고리즘들을 적용하여 보았다. 그리고 네 개의 다른 성능측정 방식을 적용하여 보는데, 문제는 어느 알고리즘이 네 개의 서로 다른 측정방식을 적용한 결과 우월한지를 검사하는 것이다. 이 경우에 2×4의 2-way ANOVA를 시행할 수 있으며, 통계적으로 어느 알고리즘이 우월한지를 검증할 수 있다.

연습문제

1. ANOVA는 여러 개의 집단을 구분하는 데 있어서 매우 유용하게 작용할 수 있다. 한국어의 장르적 특성을 연구한 강범모(1999)는 텍스트에 따라서 다음과 같은 빈도 특성이 나타난다고 한다.

   ■ 시제와 상은 장르에 따라 큰 차이를 보이는 특성이다. 지나간 일을 서술하는 것은 과거나 과거완료를 더 많이 쓴다(강범모 1999; 124)

   예를 들어서 강연, 사회면 신문기사, 보고서와 같이 장르가 다른 텍스트를 조사하면 시제와 상을 나타내는 어휘들이 분포가 다르게 나타난다. 지나간 일을 서술하는 형식의 사회면 신문기사일 경우에는 현재의 일을 서술하는 강연들에 비해서 시제나 상을 나타내는 어휘를 많이 사용한다. 특히 과거나 과거완료를 더 많이 사용하게 된다. 강범모(1999)에서는 이 외에 무수히 많은 장르의 특성을 기술하고 있는데, 통계적 검증보다는 통계적 사실에 기초해서 서술하고 있다. 강범모(1999)의 주장을 설명할 수 있는 통계적 검증을 위해서 ANOVA를 설계해 보시오.

13. 상관성과 회귀분석

13.1. 상관성과 회귀분석이란?

지금까지는 통계량을 측정하고, 이를 통해서 검증하고 입증하는 통계를 살펴보았다. 이러한 통계는 현상을 설명하고, 증명하는 측면이라면, 이 장에서 설명하는 상관성(correlation)과 회귀분석(regression analysis)은 상호연관성을 조사하고, 조사된 연관성에 바탕을 두어서 앞으로 일어날 통계적 사실, 즉 미래의 통계적 사실에 대한 예측에 치중한다.

상관성은 모집단에서 관찰되는 두 개의 변인 간의 상호관련성의 정도를 측정하고 이를 통계적으로 분석한다. 회귀분석은 하나의 변인을 중심으로 다른 변인이나 변인들을 예측한다. 따라서 이전까지 살펴보았던 통계보다 더 향상된 기법으로 통계적으로 집단 변화의 방향성을 계산하게 된다.

먼저, 상관성을 살펴보자. 두 개의 변인 간에 상관성이 있다는 경우는 어떤 것일까? 일상적으로 식사량과 몸무게의 변화는 상관이 있다. 이 말은 식사량이 많으면 많을수록 몸무게가 늘게 되는 것을 말한다. 여기서, 상관성이란 식사량이 몸무게와 어느 정도의 상관성을 갖게 되는지를 살펴보는 것이다. 많은 상관성이 있는지 아니면 적은 상관성이 있는지 수량적으로 살펴볼 필요성이 있다. 통계적으로 상관성이란 이러한 측면을 말하는데, 두 변인 간의 상관의 정도를 수량적으로 측정하고 이를 통계적 측면에서 보여준다.

상관성은 하나의 직선함수로 가장 잘 나타난다. 직선상에서 해당 분산이 얼마나 밀접해 있는 선형강도(linear intensity)가 상관성이다. 다시 말하면 두 변인 간의 함수관계를 직선으로 상정하고 분산도 상의 관측치들이 해당 직선에서 얼마나 가까이 또는 멀리 분포하고 있는가를 선형강도로 나타내는 것이 상관성이 된다. 3장에서 논의한 바와 같이 산포도와 추세선을 그려보자. 예를 들어서 키와 몸무게의 관련성을 살펴보는 산포도를 〈그림 13-1〉과 같이 그려보자. 각각의 키에 해당하는 몸무게의 정도가 하나의 점으로 나타날 것이다. 이러한 산포도에 추세선을 그려보자. 추세선이 각각의 키-몸무게 점들의 중앙을 따라 선으로 나타나고, 이 선을 중심으로 각 키-몸무게 점들이 추세선에서 약간씩 떨어져 있게 된다. 선형강도는 각 점들이 추세선에서 얼마나 많이 떨어져 있는지를 나타내게 된다. 선형강도가 높으면 높을수록 두 변인 간의 상관의 정도가 높을 것이다. 즉, 키와 몸무게 사이에 관련성이 매우 높을 것이다.

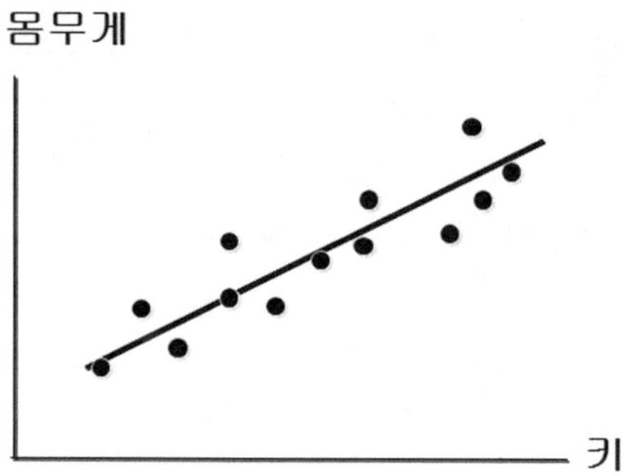

〈그림 13-1〉 키와 몸무게 간의 산포도

회귀분석의 경우에는 회귀(regression)라는 용어에 주의할 필요가 있다. 회귀라는 단어는 무엇으로 돌아간다는 의미이다. 앞에서 설명한 바와 같이 회귀분석은 통계적으로 미래의 사건을 예측한다는 의미이다. 그렇다면 어떻게 미래의 사건을 예측하는 것이 무엇으로 돌아간다는 의미와 동일하게 되었을까? 진화론의 창시자인 다윈의 사촌인 갈톤(Galton)의 영향을 많이 받았는데, 갈톤은 세대별 유전적 요인을 조사하였다. 완두콩을 여러 세대에 걸쳐서 재배하고 완두콩의 지름 크기를 측정해 보았다. 갈톤은 1세의 지름 크기가 크면 2세도 지름 크기가 크다는 것을 발견하였다. 이를 기준으로 선형강도를 측정할 수 있었는데, 추세선의 기울기의 정도가 두 변인 간의 상관성의 정도를 잘 나타낼 수 있다고 생각하였다. 그런데, 관련된 자료를 잘 관찰해 본 결과 갈톤은 2세는 1세보다 더 클 수 있으나, 2세의 그 다음 3세는 더 작을 수 있었다. 여기서 1세와 3세 간에 상관성이 예측되었는데, 3세는 1세로 돌아가려는 회귀현상을 보인다고 설명하였다. 이러한 생물학적 관찰이 통계적 측면에서 회귀현상으로 발전하게 되었다. 회귀는 미래를 예측하는 것으로 과거의 통계적 사실로 다시 돌아가려는 것이라고도 할 수 있으며, 과거의 사실을 기초로 미래의 통계적 사실을 예측한다고도 말할 수 있다.

상관성과 회귀분석 모형은 변인 간의 관계로 나타나는데, 변인은 분석 대상이 되는 변인인 반응변인(response variable)과 반응변인을 설명해 주는 설명변인(explanatory variable)으로 구성된다.[29] 간단한 모형은 다음과 같다.

(1) $y = f(x_1, x_2, \ldots, x_p)$

여기서, y는 반응변인이고, $x_1, x_2, \ldots, x_p$는 설명변인이 된다. 여기서 함수를 1차 함수로 가정하고 오차항 ϵ을 추가하면 다음과 같은 회귀분석모형이 설정된다.

(2) $y = \beta_0 + \beta_1 x_1 + \beta_2 x_2 + \ldots.. + \beta_p x_p + \epsilon$

여기서 x가 일항만 나타나는 함수를 단순선형회귀(simple linear regression)이라고 하고, 이항 이상으로 나타나는 함수를 다중선형회귀(multiple linear regression)이라고 한다. 단순선형회귀모형은 (3)과 같다.

(3) $y = \beta_0 + \beta_1 x_1 + \epsilon = \alpha + \beta x + \epsilon$

이 모형에서 α는 절편으로 나타나고, β는 곡선의 기울기이고 ϵ는 오차로 나타난다. 그림으로 나타내면 〈그림 13-2〉와 같다.

29) 반응변인을 기준변인(criterion variable)이라고 하며, 설명변인을 예측변인(predictive variable)이라고도 한다.

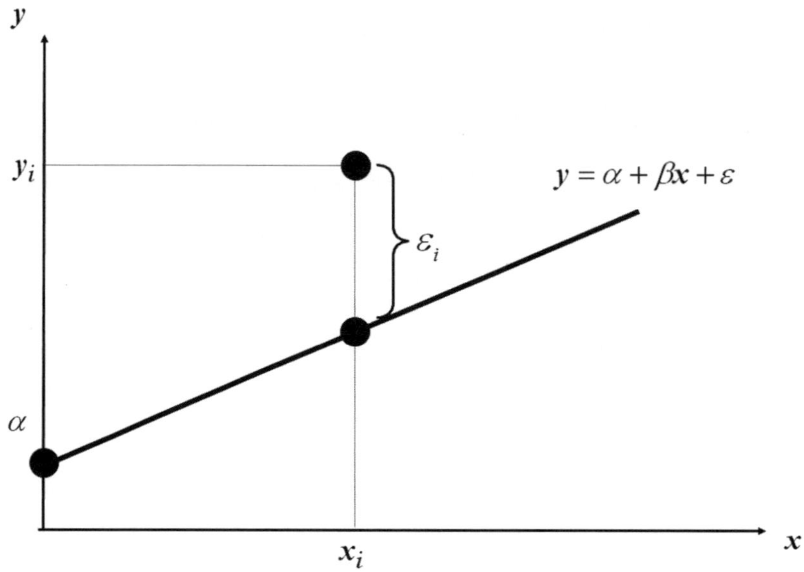

〈그림 13-2〉 단순선형회귀모형의 그림

상관성은 두 변인 간의 관련성을 조사하는데 반해서, 선형회귀를 포함한 회귀모형은 변인 간에 예측을 한다. 〈그림 13-2〉에서 보이는 모형은 실제 반응변인 x_i에 대해서 설명변인 y_i의 값을 예측한다. 또한 오차에 대한 고려를 하고 있어서 실제 세계에서 나타나는 변인 간의 값을 표현하고 예측할 수 있다..

13.2. 상관성

상관성은 크게 세 가지로 구분된다. 먼저 서로 비례하는 관계로 양의 상관성을 갖는 경우이다. 예를 들어서 키와 몸무게 사이에는 비례하는 관계로 키가 크면 몸무게도 크다.

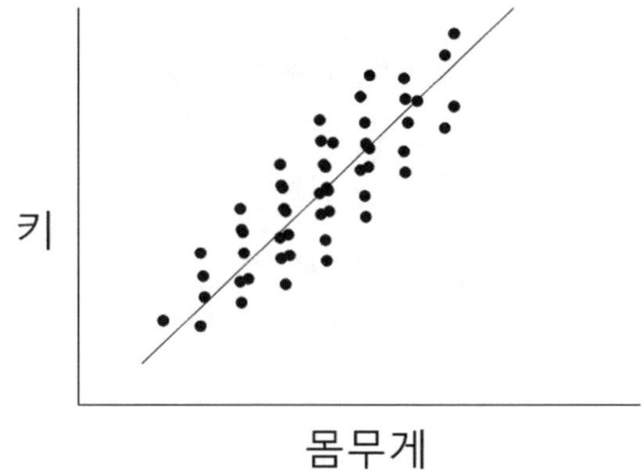

〈그림 13-3〉 양의 상관성

반대로 음의 상관성은 서로 반비례 하는 경우이다. 예를 들어서, TV 시청시간과 시험점수는 서로 반비례한다. TV를 많이 시청하면 할수록 시험점수는 더 내려간다.

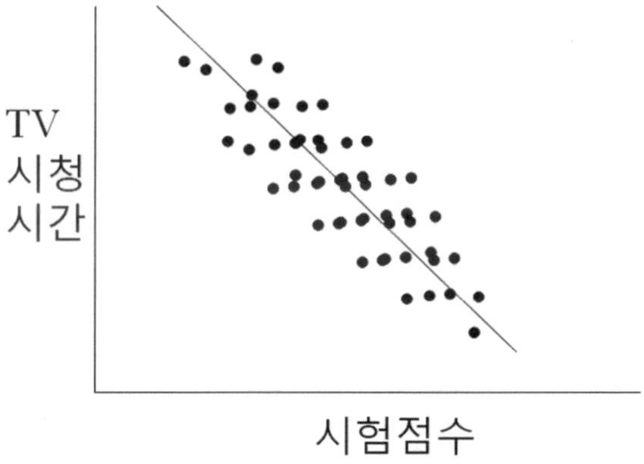

〈그림 13-4〉 음의 상관성

마지막으로 변인 간에 아무런 상관성이 없는 관계이다. 예를 들어서, 키와 IQ는 아무런 상관성이 없다.

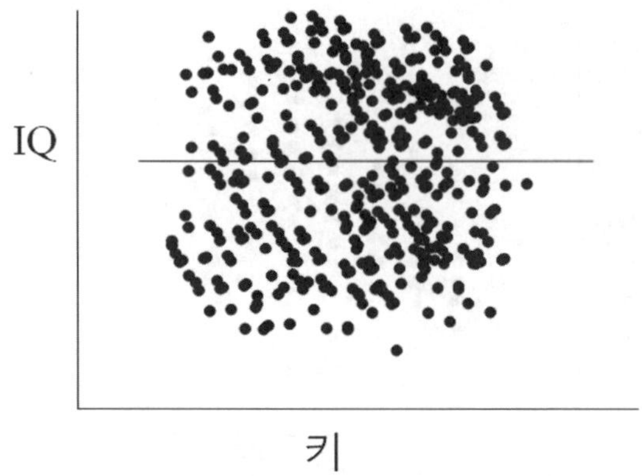

〈그림 13-5〉 상관성이 없는 경우

상관성을 측정하기 위한 여러 방식이 제안되었으나, 보통 피어슨의 상관계수(Pearson's correlation coefficient) r을 많이 활용된다. 피어슨의 상관계수는 다음과 같이 구한다.

(4) $r_{xy} = \dfrac{s_{xy}}{s_x s_y}$

여기서 s_{xy}는 표본의 공분산을 말하고, s_x는 x의 표본표준편차를 말하며 s_y는 y의 표본표준편차를 말한다. 여기서 s_x는 $\sqrt{\dfrac{\sum(x-\overline{x})^2}{N-1}}$ 이고 s_y는 $\sqrt{\dfrac{\sum(y-\overline{y})^2}{N-1}}$ 이 된다. 또한 표본분포인 x, y 간의 Z-분포는 $Z_y = \dfrac{y-\overline{y}}{s_y}$와 $Z_x = \dfrac{x-\overline{x}}{s_x}$이 되므로, r_{xy}는 $\dfrac{\sum Z_x Z_y}{N-1}$이 된다.

실제적으로 피어슨 공식의 상관계수는 (5)를 활용해서 구해진다.

(5) $r_{xy} = \dfrac{N\sum xy - \sum x \sum y}{\sqrt{(N\sum x^2 - (\sum x)^2)(N\sum y^2 - (\sum y)^2)}}$

만약 [표 13-1]과 같은 A와 B 변인으로 측정된 값이 있다면 A와 B 사이에 상관성을 조사에 볼 수 있다.

[표 13-1] 피어슨 상관계수의 예

A	B	A^2	B^2	AB
5	3	25	9	15
3	4	9	16	12
2	2	4	4	4
5	3	25	9	8
1	2	1	4	3
$\sum x$=11	$\sum y$=14	$\sum x^2$=64	$\sum y^2$=42	$\sum xy$=42

이를 공식에 대입하면 다음과 같이 계산된다.

$$(6)\ r_{AB} = \frac{5\times 42 - 11\times 14}{\sqrt{(5\times 64 - 11^2)(5\times 42 - 42^2)}} = -0.42$$

여기서 두 변인 A와 B 사이에는 음의 상관성이 있다. 그런데 피어슨의 상관계수 r은 -1과 1 사이에 존재한다. 만약 값이 0이라면 상관성이 없는 것으로 판단되고, -1이면 완전한 음의 상관성을 띠며 1이면 완전한 양의 상관성을 띤다. 상관성이 얼마나 높은지를 양의 상관성을 기준으로 해서 수치적 해석은 다음과 같다.

(7) $0 \leq r_{xy} \leq 0.2$: 관계가 없거나 거의 없는 경우
$0.2 < r_{xy} \leq 0.4$: 낮은 상관성의 경우
$0.4 < r_{xy} \leq 0.7$: 비교적 높은 상관성의 경우
$0.7 < r_{xy} \leq 0.9$: 높은 상관성의 경우
$0.9 < r_{xy} \leq 1.0$: 매우 높은 상관성이거나 완전한 상관성의 경우

이를 그림으로 그리면 〈그림 13-6〉과 같다. 피어슨 상관성은 직선으로 나타나는데, 상관성 직선에서 해당 관측치가 얼마나 밀접한지 또는 얼마나 분산되어 있는지에 달려있다.

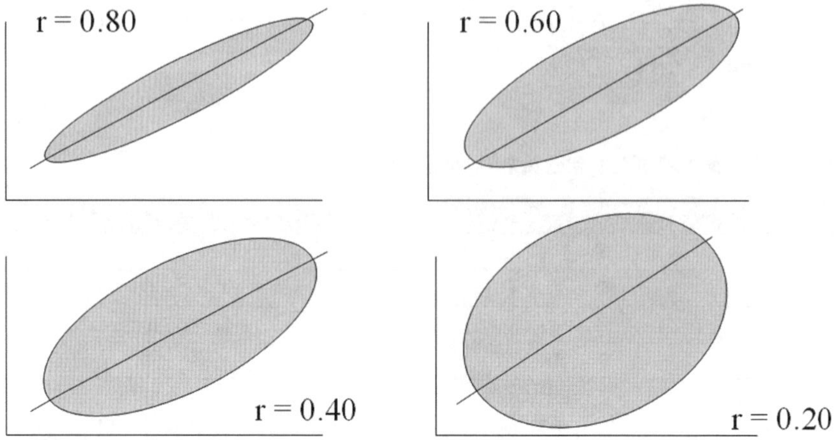

〈그림 13-6〉 상관성의 강도

엑셀에서 피어슨 상관계수 r을 구하는 함수는 CORREL이다. CORREL은 두 개의 변인의 범위를 요구하는데, 해당 범위를 입력하면 된다.

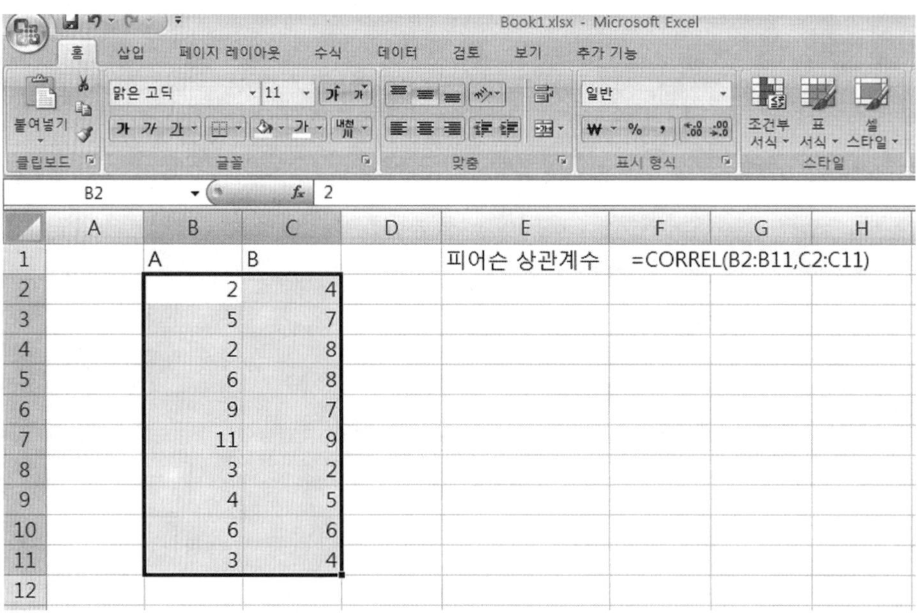

	A	B	C	D	E	F
1		A	B		피어슨 상관계수	=CORREL(B2:B11,C2:C11)
2		2	4			
3		5	7			
4		2	8			
5		6	8			
6		9	7			
7		11	9			
8		3	2			
9		4	5			
10		6	6			
11		3	4			
12						

〈그림 13-7〉 피어슨 상관계수의 예

이 이외에도 여러 가지 종류의 상관성 분석이 있다. 순서척도로 측정된 통계량의 경우에는 스피어맨의 상관계수(Spearman's correlation coefficient) ρ(rho)를[30] 사용한다. 그리고, 범주형 변인일 경우에 2×2 분할표를 활용하는 파이 상관계수(φ(phi) correlation coefficient)를 사용한다. 여기서 스피어맨의 상관계수는 피어슨 상관계수의 해석인 (7)과 〈그림 13-6〉의 방식을 따르지만, 파이 상관계수는 카이제곱 검정표를 따라서 해석한다. 즉 파이 상관계수의 경우는 검정에 따라서 유의수준에 따른 카이제곱 통계수준과 비교해서 기각과 채택의 과정을 통하게 된다.[31]

13.3. 회귀분석

회귀분석은 크게 단순회귀와 다중회귀로 나뉜다. (2-3)에서 제시한 식과 같이 다항식인지 아닌지에 따라서 구분된다. 다중회귀는 단순회귀보다 더 복잡하나 단순회귀의 일항식을 다항식으로 확장한 통계적 해석에 따른다. 이 책에서는 단순회귀를 중심으로 회귀분석을 설명한다.

예를 들어서, 식사량이 x, 몸무게가 y인 경우에 두 변인 사이의 회귀식이 $y = 5x + 6$이라는 일항식으로 산출된 경우를 고려해 보자. 이 경우에 식사량과 몸무게 사이의 통계량을 $y = 5x + 6$라는 식으로 예측하게 된다. 만약 식사량이 5이면 몸무게는 31로 산출된다. 회귀분석에서는 이러한 회귀식을 표본통계를 통해서 추정하게 된다.

회귀식을 산출하기 위해서 사용하는 방식은 최소자승법(least squares method)이다. 최소자승법은 두 변인 간의 관측치와 추정치에 대한 차이를 제곱하여서 만들어 낸다.

(8) $\min\sum(y_i - \widehat{y_i})^2$

여기서 y_i는 i번째 관측치 x_i에 대한 종속되는 변인의 값이고, $\widehat{y_i}$는 i번째 관측치 x_i에 대한 종속되는 변인의 추정치이다. (8)을 미분하면 기울기와 Y축 상의 절편을 얻게 된다.

30) ρ는 그리스어 문자로 p가 아니고 rho(로)라고 읽는다.

31) 자세한 사항은 Butler (1985)를 참조하기 바람.

(9) a. $\hat{y_i} = b_0 + b_1 x_i$

b. $b_1 = \dfrac{\sum(x_i - \overline{x})(y_i - \overline{y})}{\sum(x_i - \overline{x})^2}$

$b_0 = \overline{y} - b_1 \overline{x}$

여기서 (9a)와 같이 회귀식이 추정되었다면 식의 기울기와 절편은 (9b)와 같이 만들어진다. 여기서 x_i는 i번째 관측치이고 $\overline{x}$는 관측치의 평균값이다. y_i는 i번째 관측치인 x_i에 종속되는 변인의 값이고, $\overline{y}$는 종속되는 변인의 평균값이다. [표 13-2]와 같은 관측치가 예측되었다고 가정해보자.

[표 13-2] 최소자승법의 예

x_i	y_i	$x_i - \overline{x}$	$y_i - \overline{y}$	$(x_i - \overline{x})(y_i - \overline{y})$	$(x_i - \overline{x})^2$
10	11	-7.7	-10.7	82.39	59.29
24	12	6.3	-9.7	-61.11	39.69
21	31	3.3	9.3	30.69	10.89
10	9	-7.7	-12.7	97.79	59.29
11	22	-6.7	0.3	-2.01	44.89
35	24	17.3	2.3	39.79	299.29
22	33	4.3	11.3	48.59	18.49
15	33	-2.7	11.3	-30.51	7.29
18	22	0.3	0.3	0.09	0.09
11	20	-6.7	-1.7	11.39	44.89
$\overline{x}$=17.7	$\overline{y}$=21.7			$\sum(x_i - \overline{x})(y_i - \overline{y})$= 217.1	$\sum(x_i - \overline{x})^2$= 584.1

이를 적용해서 (9b)에 대입해 보면 다음과 같은 값이 산출된다.

(10) a. $b_1 = \dfrac{217.1}{584.1} = 0.37$

b. $b_0 = 21.7 - 0.37 \times 17.7 = 15.5$

(10)에서 산출된 값을 (9a)에 대입하면 $\hat{y} = 0.37x + 15.5$라는 회귀식이 나온다. 이 식은 x의 값에 따라서 y를 추정할 수 있다. 예를 들어서 x가 10이면 y의 추정치는 19.2가 된다.

3.2절에서 설명한 바와 같이 엑셀에서는 분산형 차트를 그릴 수 있는데, <그림 13-8>과 같이 산포도를 그릴 수 있다. 이 산포도를 중심으로 추세선을 그리고, 선의 회귀식도 표현할 수 있다.

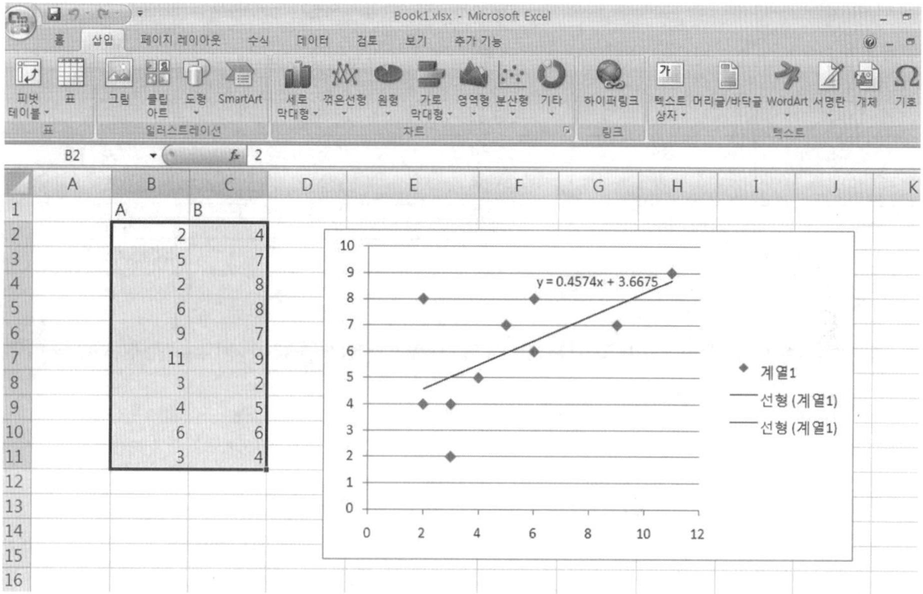

<그림 13-8> 추세선과 추정 회귀식

여기서 추정된 회귀식이 얼마나 자료의 특성을 반영했는지를 평가할 필요성이 있다. 즉 관측된 값에 대한 값을 토대로 회귀식을 추정하는데 추정된 회귀식이 관찰치를 잘 반영하는가, 또는 얼마나 적합한가를 조사한다. 추정 회귀식의 적합도는 결정계수(coefficient of determination)를 이용한다.

결정계수를 구하기 위해서 먼저 관측치와 추정치의 오차를 조사하는 오차제곱합(sum of squares due to error)인 SSE를 구한다.

(11) $SSE = \sum(y_i - \hat{y_i})^2$

관측치 y_i와 추정치 $\hat{y_i}$의 차이를 제곱하여서 구한다. [표 13-2]을 활용해서 SSE를 구하면 [표 13-3]과 같다.

[표 13-3] SSE 계산의 예

x_i	y_i	$\hat{y_i}$	$y_i - \hat{y_i}$	$(y_i - \hat{y_i})^2$
10	11	15.5	-4.5	20.25
24	12	19.2	-7.2	51.84
21	31	24.38	6.62	43.82
10	9	23.27	-14.27	203.63
11	22	19.2	2.8	7.84
35	24	19.57	4.43	19.62
22	33	28.45	4.55	20.7
15	33	23.64	9.36	87.6
18	22	21.05	0.95	0.9
11	20	22.16	-2.16	4.66
				SSE=460.89

실제 관측치가 평균과의 차이를 구해서 오차인 총제곱합(total sum of squares)인 SST를 (12)와 같이 구한다.

(12) $SST = \sum(y_i - \overline{y})^2$

[표 13-2]을 이용해서 구하면 [표 13-4]와 같다.

[표 13-4] SSE 계산의 예

x_i	y_i	$y_i - \overline{y}$	$(y_i - \overline{y})^2$
10	11	-10.7	114.49
24	12	-9.7	94.09
21	31	9.3	86.49
10	9	-12.7	161.29
11	22	0.3	0.09
35	24	2.3	5.29
22	33	11.3	127.69
15	33	11.3	127.69
18	22	0.3	0.09
11	20	-1.7	2.89
			SST=720.1

여기서 추정 회귀식이 예측하는 바와 측정치의 평균이 얼마나 멀리 떨어져 있는

가는 회귀제곱합(sum of squares due to regression)인 SSR은 (13)과 같이 구한다.

(13) $SSR = \sum(\hat{y_i} - \bar{y})^2$

여기서 SSE, SSR, SST 사이에는 다음과 같은 관계가 성립한다.

(14) SST = SSR + SSE

SSR은 (13) 식을 활용해서 구할 수 있으나 (14)를 활용하면 더 편리하다. 즉, SSR = SST - SSE 이므로 720.1-460.89=259.21이 산출된다. 여기서 결정계수는 SST와 SSR의 비율로 계산된다.

(15) $r^2 = \frac{SSR}{SST}$

위에서 계산한 SSR과 SST를 활용하면 0.359964가 산출된다. 이것은 백분율로 총제곱합 중 36% 정도가 추정회귀식으로 설명된다고 말할 수 있다. 따라서 대략 36% 정도만이 설명되고, 나머지는 설명되지 못한다.

또한 회귀식으로 예측하는 바에 대한 유의성을 검정할 필요성이 있다. 즉 선형회귀식으로 산출되는 값이 통계적으로 유의미한 값인지 아닌지에 대한 검정을 시행해서 모형의 적합도를 검정한다. 일반적으로 T-검정과 F-검정을 시행한다.

단순선형회귀 모형은 (3)과 같이 $y = \beta_0 + \beta_1 x_1 + \epsilon$으로 산출된다. T-검정의 목적은 선형회귀식이 예측하는 바가 두 변인 사이에 상관성이 있는지 없는지를 검정하게 된다. 여기서 상관성이 없다는 것은 β_1이 0이어서 〈그림 13-5〉와 같이 두 변인 사이에 아무런 관련성이 없다는 것이다. 연구가설은 $\beta_1 \neq 0$이어서 두 변인 사이에 유의미한 관련성이 있다는 것이고, 반대로 영가설은 $\beta_1 = 0$이어서 두 변인 사이에 아무런 관련성이 없다는 것이다. T-검정은 $\frac{\text{관측된 계수} - \text{모형의 계수}}{\text{표준편차}}$으로 측정되므로, 관측된 계수를 포함한 (9a)의 회귀식인 $\hat{y_i} = b_0 + b_1 x_i$에서의 계수 b_1와 모형의 계수를 β_1를 비교하게 된다.

(16) $T = \frac{b_1 - \beta_1}{s_{b_1}}$

여기서 s는 $\sqrt{\frac{SSE}{n-2}}$ 로 연산되며, b_1의 표준편차는 s_{b_1}는 $\frac{s}{\sqrt{\sum(x_i - \bar{x})^2}}$ 으로 연산된다. 가정에 따라 영가설의 모형인 β_1를 $\beta_1 = 0$으로 산정하면 $T = \frac{b_1}{s_{b_1}}$이 된다. 지금까지 연산된 바를 적용하면 $T = \frac{0.37}{57.611} = 0.006422$가 산출이 된다. 따라서 T-분포가 유의수준 0.05이고 단측검정일 경우에 1.86이므로 모형이 예측한 바의 T-검정 수준이 너무 낮아서 영가설을 기각할 수 없다. 그러므로 두 변인 사이에는 아무런 상관성이 없고 통계적으로 유의미하지 않다.

독립변인이 하나일 경우에는 T-검정과 동일한 F-검정의 결과는 일치한다. 그러나 독립변인이 둘 이상일 경우에는 F-검정의 결과를 통해서 유의미성을 검증하여야 한다. 12장에서 논의한 바와 같이 F-검정은 분산분석표를 사용하는데, 아래 분석표를 사용한다. 여기서 독립변수가 1인 경우를 고려한 것이다.

[표 13-5] 단순선형회귀모형의 분산분석표

변동요인	제곱합	자유도	평균제곱합	F
회귀	SSR	1	$MSR = \frac{SSR}{1}$	$\frac{MSR}{MSE}$
오차	SSE	$n-2$	$MSE = \frac{SSE}{n-2}$	
합계	SST	$n-1$		

12장에서 논의한 F-검정은 $\frac{MSTR}{MSE}$의 비율로 통계량을 측정하는데, 회귀분석의 경우에는 MSTR 대신에 평균제곱회귀(mean square regression)인 MSR을 사용한다. MSR은 $\frac{SSR}{\text{독립변인의 수}}$이나 여기서 독립변인의 수가 1이므로 $MSR = \frac{SSR}{1}$이 된다.

지금까지의 [표 13-2]의 연산을 대입하면, [표 13-6]으로 산출된다.

[표 13-6] [표 13-2]의 분산분석표

변동요인	제곱합	자유도	평균제곱합	F
회귀	259.21	1	259.21	4.49
오차	460.89	8	57.611	
합계	720.1	9		

회귀분석은 계산적이 매우 까다로운 작업이다. 엑셀을 활용하면 매우 간단하게 회귀분석을 진행할 수 있다. 먼저 [데이터 분석]탭을 누르고 [회귀분석]을 선택한다.

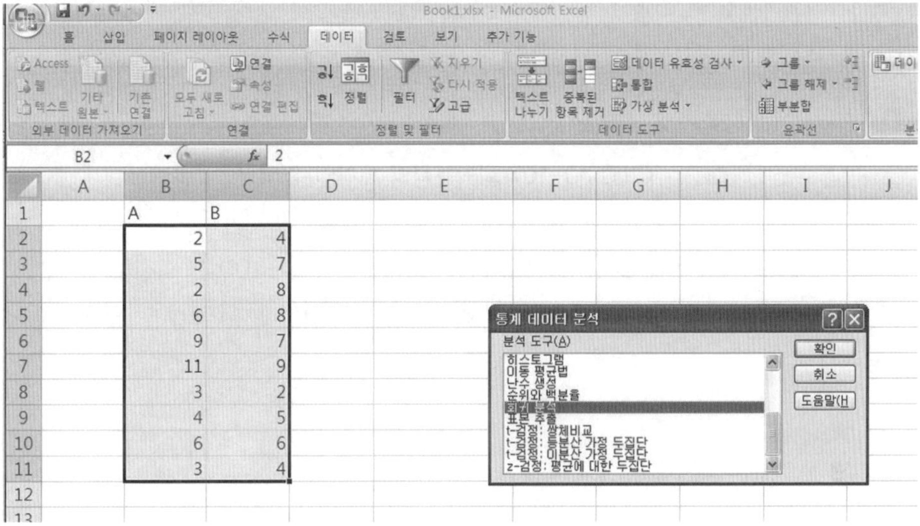

〈그림 13-9〉 회귀분석 선택

그 다음으로 X축과 Y축의 입력을 선택한다.

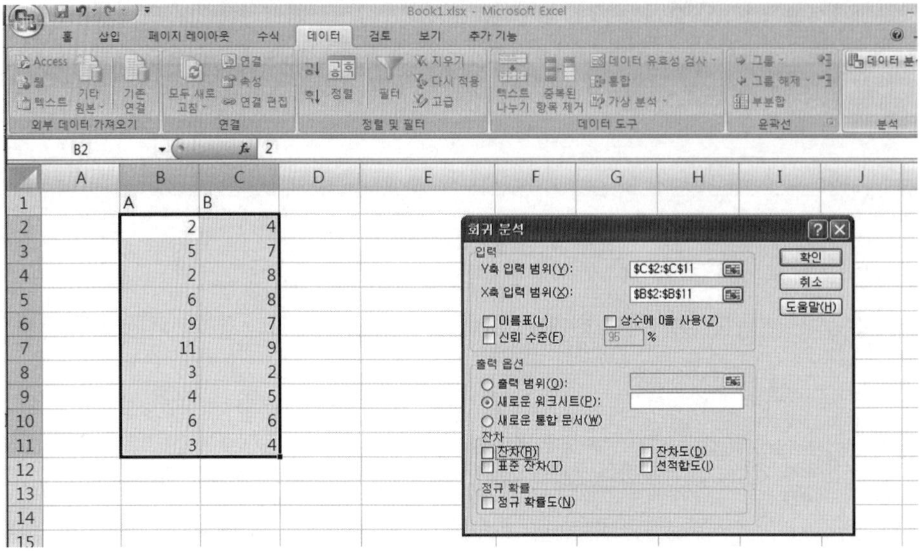

〈그림 13-10〉 회귀분석의 데이터 입력

그 다음으로 [확인]버튼을 누르면 결과를 알려준다. 결과에서는 회귀분석의 통계량, F-검정, T-검정 회귀식, 잔차와 같은 회귀분석과 관련된 모든 부분을 상세히 알려준다.

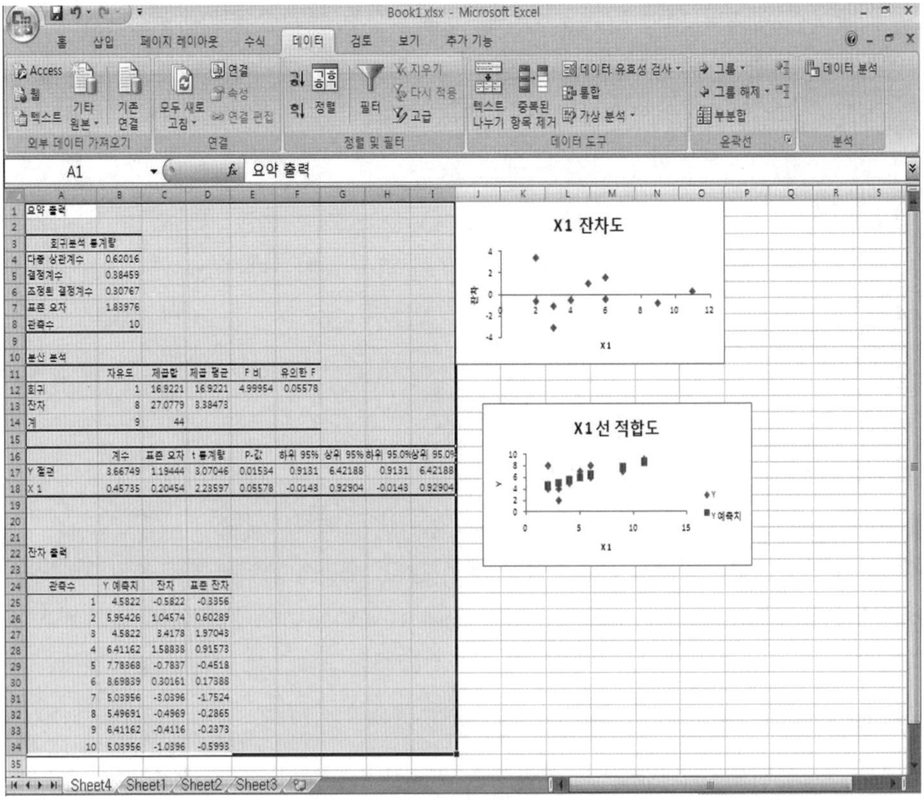

〈그림 13-11〉 회귀분석 결과의 예

13.4. 언어 자료와 회귀분석

Lapata and Lascarides (2003)와 Lapata and Brew (2004)에서는 언어 직관의 선택 모형이 확률 모형과 유사함을 피어슨 상관계수를 적용해서 주장하였다. 이 연구들은 언어 직관과 비교함에 있어서 확률 모형 하나만을 상정하였다. 이에 반해서 김동성 · 최재웅(2006b)에서는 언어 직관과 세 가지 서로 다른 수학적 모형들과의 상관성을 살펴보았다. 김동성 · 최재웅(2006b)에서는 부울 검색(Boolean search)에 기반한 논리 모형, 최대추정치(maximum likelihood)에 기반한 확률 모형, 베이지안 추론 (Bayesian inference)에 기반한 확률 추론 모형을 제시하고, 언어 직관과 비교하였다. 이러한 모형들을 추정하는데 코퍼스를 활용하였으며, 언어 직관 실험을 위한 자료의 근거도 코퍼스에서 추출하였다. 김동성 · 최재웅(2006b)에서는 각각의 모형을 활용한 결과와 언어 직관을 피어슨 상관계수를 통해서 비교하여 보았는데, 논리 모형이 가장 언어 직관과 상관성이 높은 것으로 나타났다.

Oakes (1998)에서는 상관성, 회귀분석을 활용한 Xu (1996)와 Brainerd (1974), Tottie (1991)의 언어 자료 분석을 예로 들고 있다. Xu (1996)는 영어와 중국어가 상호 번역된 언어 자료에서 영어 단어의 알파벳 숫자와 해당 중국어 한자의 글자 수 간에 서로 상관성을 조사하였다. 이 경우에 피어슨 상관계수를 사용하였는데, 상관계수가 0.39로 별로 중요하지 않은 것으로 나타났다. Brainerd (1974)는 노자의 도덕경에서 장과 해당 장에 쓰인 단어의 숫자 간에 회귀분석을 하고 회귀식을 $\hat{y}=5.775+0.474x$로 산출하였다. 도덕경은 여러 판본이 남아 있어서 판본에 대한 분석 작업에 통계적 방식을 적용한다. 또한 Tottie (1991)은 다중회귀분석을 Lancaster-Oslo/Bergen 코퍼스에 적용하였다. 이 연구에서 Tottie (1991)는 등위적으로 접속되는 경우에 두 개의 절에 모두 부정의 의미를 부여하는 경우의 등위접속의 부정어와 하나의 절만 부정하고 다른 절과 대비되는 성격을 지니는 대비의 부정어를 코퍼스에서 찾아서 통계량을 측정하고 다중회귀분석을 시행하였다.

(17) a. Those children who will not go on to a grammar or senior technical school.

b. Peter saw no elephants but Mary saw many.

(17a)의 경우에 'not'은 등위접속으로 연결된 절 두 개를 모두 부정하는 등위접속의 부정어 역할을 한다. 반면에 (17b)의 'no'는 연결된 두 개의 절 중 앞의 절만 부정하고 뒤의 절과 대비되는 속성을 지니는 대비의 부정어 역할을 한다. Tottie (1991)는 다중회귀분석을 통해서 x_1이 등위접속의 부정어이고, x_2이 대비의 부정어라면 $\hat{y}=0.310x_1+0.696x_2$과 같은 회귀식을 산출하였다.

Gries (2006)에서는 'run'의 여러 의미를 코퍼스에 발견하는 연구를 진행하면서 여러 'run'의 의미들을 대상으로 회귀분석을 진행하고, 이 분석들을 하나의 일관된 방식으로 측정하고자 하는 피셔의 Z 변형(Fisher's Z transformation)을 시행하였다. 회귀분석은 두 개의 대상 간, 즉 독립되는 변인과 종속되는 변인 간의 관계성을 살펴보게 된다. 문제는 독립변인과 종속변인을 다른 환경에서 여러 번 검출한 경우에 각각의 경우를 동일하게 판별할 수 없다. 예를 들어서 키와 몸무게의 회귀분석을 한 경우에 학생의 집단을 바꿔가면서 측정할 수 있다. 즉, 초등학생, 중학생, 고등학생, 대학생 집단의 회귀분석의 결과가 여러 개인데, 서로 다른 집단에서 산출된 회귀분석을 동일한 조건이라고 생각하고 같이 한꺼번에 고려할 수는 없다. 서로 다른 집단에서 추출한 통계이므로 어느 집단에서 추출한 회귀분석이 키와 몸무게 간에 상관성을 잘 보여주는 것인지 바로 결정할 수 없다. 이 경우에 각각의 회귀분석 중 어느 것이 가장 키와 몸무게 상관성을 잘 보여주는 회귀분석인지 동일한 분포로 바꿔준다면 가능할 것이다. 이와 같이 피셔 Z 변형은 회귀분석의 결정계수가 여러 개가 나올 경우에 이를 하나의 동일한 분포로 바꿔주는 역할을 한다. 피셔 Z 변형의 공식은 다음과 같다.

(18) $Z = \frac{1}{2} log \frac{1+r}{1-r}$

피셔 Z 변형은 회귀분석의 결정계수 r을 정규분포로 바꿔주는 역할을 한다. 이를 활용하면 각 회귀분석을 하나의 동일한 정규분포 안에서 살펴보게 된다. Gries (2006)에서 활용한 바는 'run'의 여러 의미들의 회귀분석을 시행하고 이 회귀분석의 결정계수를 피셔 Z 변형을 통해서 같은 정규분포로 분석하였다. Gries (2006)가 하나의 정규분포로 만든 이유는 결과적으로 여러 의미들을 계층적 병합 클러스터링에 의해서 분류를 시도하기 위함이다. Gries (2006)의 궁극적 목적은 11장에서 살펴본 방식과 유사하게 통사적, 또는 여러 외형적 문법 자질이 의미 자질과 직접적으로 연결되어 있다는 가설을 입증하기 위한 노력의 일환이었다. 그러나 이해윤 외 (2009)에서 살펴본 바와 같이 통사와 의미가 일치한다는 가설이 성립하기 위해서는, 특히 통계적으로 정확하기 위해서는 더 많은 연구가 필요하다. 다시 말하면 통사-의미 인터페이스를 연구하기 위해서는 더 섬세하고 정교한 연구가 필요하다. 동사의 의미 분류를 통사 현상에 의해서 시도했던 Levin (1993)은 조심스러운 접근에 대한 논의를 하는데, 다음과 같이 언급하고 있다.

(19) a. "...there are indeed correlation between verb meaning and verb behavior...[p. 12]"

b. "..the hypothesis that the syntactic behavior of a word is fully semantically determined is not uncontroversial. Many researchers have argued that this hypothesis must be rejected, citing numerous purported counterexamples to it.[p. 12]....Such correlation will be found to have limited applicability.[p. 13]"

영어의 경우에 과거를 표현하기 위해서 단순 과거 시제(I saw her)나 현재 완료(I have seen her)를 사용할 수 있다. 단순 과거 시제는 시간 부사 (yesterday 또는 last week)를 사용하고, 현재 완료는 부사(since, yet 또는 just)를 사용한다. 그런데, Hundt and Smith (2009)의 코퍼스 연구에 따르면 현재 완료일 경우에도 단순 과거 시제를 나타내는 시간 부사를 사용할 수 있다고 하였다(And Robert has played for us last season). 또한 이러한 변화는 시간적 흐름에 따라서 다르게 사용되고, 미국 영어와 영국영어가 다르게 발전한다고 주장하였다. Gries (예정)는 이러한 Hundt and Smith (2009)의 연구는 회귀분석 중 로지스틱 회귀분석(logistic regression)을 사용하면 Hundt and Smith (2009)의 코퍼스 연구가 더 잘 분석될 수 있다고 주장하였다.

로지스틱 회귀분석은 $\hat{y_i} = 0.1 + 0.01x_i$과 같은 회귀모형에서 $\hat{y_i}$ 추정이 0 또는 1로 발생하는 경우를 고려하는 경우이다. 이 경우에 x_i가 1,000이라면 $\hat{y_i}$는 10.1로 추정의 범위를 벗어나게 된다. 만약 베르누이 실행에 의한 분포로 예측된다면 이항확률에 의한 분포로 결정하면 될 수 있다고 주장을 할 수 있다. 그러나 실제 이항확률보다는 정규분포로 모형화되기 때문에 베르누이 실행에 의한 이항확률 분포의 예측의 범위를 벗어난다. 따라서 관측에 의한 통계분포를 결정하는 함수를 고려해야 한다. 이 경우에는 (20)과 같은 로지스틱 회귀분석을 적용해야 한다.

(20) $\ln(\frac{p_i}{1-p_i}) = \beta_0 + \beta_1 x_1 + ... + \beta_{p_i} x_{p_i}$

여기서 odds의 비율(odds ratio)을 따져서 odds의 비율이 1보다 작으면 독립변인 x_i가 감소방향으로 영향을 미치는 것이 관찰되고 1보다 크면 증가방향으로 영향을 미치는 것으로 분석된다. odds의 비율은 (21)과 같이 측정된다.

$$(21)\quad \frac{e^{\beta_0 + \beta_1 x_1 + \ldots + \beta_{p_i} x_{p_i}}}{1 + e^{\beta_0 + \beta_1 x_1 + \ldots + \beta_{p_i} x_{p_i}}}$$

이 분석법은 확률의 분포적 특성이 정규화되어 있는 경우에 활용된다. Manning (2003)은 통사적 규칙의 확률적 분포를 최적성 이론(Optimality Theory)에 활용하기 위해서 제시하였다. 또한 Johnson (2008)에서는 음절말 /l/음이 유성음화하는 것을 사회언어학적 관점에서 조사된 자료를 토대로 로지스틱 회귀분석을 적용하였다.

연습문제

1. 뮐레(1968)는 불어의 경우에 과거와 대과거가 다른 문법적 상황에서 다르게 나타나는 점에 주목해서 [표 13-7]을 제시하였다. 이 표를 중심으로 상관성을 측정할 수 있는 방법을 설명해 보시오.

[표 13-7] 대과거/과거 상관성

	대과거	과거
분사절	69	37
시간절	7	216
관계절	155	30
보어절	63	10
상황절	49	8

2. Johnson (2008)에서는 조음음성학(articulatory phonetics)의 관점에서 모음의 발성시에 혀의 움직임을 관찰하는 연구를 진행한 데이터에 다중회귀분석 모형을 적용하였다. 조음시에는 혀, 턱, 입술 등이 유기적으로 관찰되는데, 이러한 움직임은 역동적(dynamic)이다. 이 경우에 혀를 여러 개로 나누고, 혀의 움직임을 엑스레이로 찍어서 데이터를 수집한다. 이러한 연구에 다중회귀모형을 적용한 연유를 고려해 보고, 또 다중회귀모형을 활용하면 어떠한 것을 예측해 낼 수 있는지도 생각해 보시오.

14. 결론

통계학을 활용한다는 것은 오랜 인류의 문명을 연구한다는 것과 같다. 이전에 논의한 바와 같이 통계학의 역사는 기원전 인류의 문명과도 일치한다. 그리고 필요에 의해서 통계를 하게 되었으며, 축적된 지식이 통계학의 발전으로 이어졌다. 통계는 선험적 사상(transcendental philosophy)이기보다는 경험적 사상(empirical philosophy)이다. 이 말은 경험하지 않고서 미리 결과를 짐작하기 어렵다는 말이다. 따라서 통계학의 역사는 인류의 경험의 역사인 것이다. 동양의 역서(易書)인 주역이 경험의 산물로 만들어졌다는 주장도 매우 일리가 있는 말이다.

처음에는 빈도나 평균과 분산과 같이 자료를 기술하고 평가하는 기술적 통계에만 몰두하였던 통계가 검정의 시기로 넘어가서 입증하고 평가하는 방식의 추론 통계로 이어졌다. 일정한 분포의 내용을 예측하는 추정과 이를 활용해서 통계적 사실을 입증하는 검정이 사용되었다. 이후에는 통계가 분포를 예측하고 사실들 사이의 상관성을 검증하는 측면에서 활용되었다. 이후에는 미래의 통계량이 과거의 통계량으로 회귀한다는 지식이 쌓여서 미래의 통계량도 계산하는 측면으로 발전하였다.

흔히들 통계가 어렵다고 말하는 사람들이 매우 많다. 그런데, 어렵기 때문에 피하는 것은 정답이 아닌 것 같다. 피하려는 사람에게 다음의 충고를 하고 싶다.

첫째, 통계의 역사는 인류의 역사와 같다. 그 오랜 역사를 어떻게 빨리 단순하고 간편하게 뛰어 넘을 수 있겠는가? 차근차근 조금씩 알려고 한다면 오랜 역사의 내용을 파악할 수 있을 것이다. 조바심은 항상 금물이고 노력은 정답이다.

둘째, 통계는 원리와 연관된 학문이지 수량만을 연산하는 수학이 아니다. 따라서 원리를 파악하는 것이 연산하는 것보다 우선이다. 통계적 연산은 종이와 연필을 활용하는 것보다 통계 패키지를 활용하는 것이 더 낫다. 통계에 대한 원리를 이해하려고 애쓰는 것이 정답이다.

셋째, 통계는 모든 현상을 분석하는 도구이다. 어떠한 도구를 어떻게 적용하는가가 통계학자의 역할이다. 즉, 도구가 무엇인지, 도구의 쓰임새가 무엇인지에 집중해서 연구하라. 대부분의 연구자들이 검증의 부분을 활용하기 위해서 통계를 공부한다. 가령 언어 실험의 결과 분석을 위해서 통계를 도구로 사용한다. 그렇다면 어떤 도구를 어떻게 사용하는가가 매우 중요한 일일 것이다. 앞서 말한 바와 같이 통계의 도구를 사용하면 되므로 도구의 선택과 결과 분석에 치중하라.

넷째, 남의 손을 빌어서 일을 처리하는 것은 아주 바람직하지 않다. 대부분의 연구자들이 통계적 내용에 대해서 전문가를 구해서 일을 한다. 이러한 사고는 결국에는 의존성만 높여서 개인적 연구를 방해할 뿐이다. 자기 스스로 일을 하는 방식을 터득하도록 하자.

다섯째, 언어와 연관된 학문 분야의 사람들은 대체로 수학을 무서워한다. 그런데, 통계에서 사용하는 수학은 우리가 고등학교, 중학교 시절부터 배워왔던 기본적인 수학에 기초한다. 무서워하거나 두려워하는 자세를 버리고 원리를 파악하고 들여다보는 자세를 가져야 두려움을 떨쳐 버릴 수 있다.

통계를 접하는 사람들은 윤리적인 측면을 매우 고민해야 한다. 대부분의 통계적 사실의 결정에서 쓰이는 숫자는 소수점 이하의 작은 숫자이다. 유의수준을 약간 조정하거나 자료를 몇 개 수정하면 원하는 통계적 사실을 얻을 수 있다. 이 경우에 연구자는 원하는 그림을 얻기 위해서 조작이라는 심정을 갖게 된다. 이것은 올바른 자세가 아니다. 통계는 연구자에게 윤리적 측면을 지켜야 하는 점을 요구한다.

마지막으로 향후 학습 방식은 원하는 자료를 처리하기 위한 관련 분야의 세부 내용을 파악해야 한다는 것이다. 언어 자료는 이미 말한 바와 같이 통계적으로 예측하기 어렵다. 따라서 이를 연구하기 위해서는 통계학과 연관된 분야의 여러 학문들을 넓게 연구할 필요성이 있다. 그 중 자료 자체를 연구하는 분야인 데이터 마이닝(data mining)은 매우 유용한 학문 분야이다. 이 분야는 자료 안에서 체계적이고 자동적으로 규칙이나 패턴을 찾아내는 작업을 한다. 데이터에서 통계적 사실들을 찾아내는 작업을 연구하는 것으로 예측하기 어려운 언어 자료 분석을 위해서 효율성이 높다. 그 다음으로는 기계 학습(machine learning)을 연구하기를 권장한다. 기계 학습은 기계 스스로 학습하는 인공 지능에 대한 연구이다. 이 분야의 여러 새로운 알고리즘의 발전이 곧 통계와 데이터 마이닝 기법과의 연관성이 높다. 현재 코퍼스 언어학의 발전은 기계 학습의 발전과도 연관되어 있다.

예전부터 통계학을 바탕으로 언어학을 연구하는 분야인 통계 언어학이 있어 왔다. 이 분야는 자료에 대한 분석과 기술에 통계를 사용하였다. 또한 통계적 사실을 기반으로 이론 언어학의 발전을 도모하였다. 현재는 언어 생성력에 대한 연구에만 몰두하는 생성문법의 연구 경향이 이러한 통계 언어학과 같은 분야의 발전을 경시하는 경향이 있었다. 통계 언어학이 경험적 사실에 치중하는 반면에 생성문법의 연구 경향은 언어 직관을 중시하는 선험적 연구에 몰두해서 서로가 대립하는 것처럼 보인다. 그러나 1장에서 논의한 바와 같이 선험적 연구와 경험적 연구는 대립하는 것이 아니라 상호 보완적이다. 물론 닭이 먼저인가 계란이 먼저인가에 대한 이론적 입증이 중요하지만, 생성문법과 통계 언어학의 대립은 선험성과 경험성 중 어느 것이 우선하는지를 이론적으로 입증해야 하는 것이 필요한 것은 아니다. 이러한 대립은 단지 연구 방식의 차이로 인한 것으로 서로가 서로에게 필수적인 부분이다. 따라서 상호보완적인 관계로 파악하고 이러한 측면에서 추구해야 한다.

연습문제 풀이

연습문제 풀이에서는 연습문제에 수록된 내용에 대한 풀이를 제공한다. 풀이에 제공되지 않은 연습문제는 간단하게 답으로 제공되지 않는 여러 복잡한 내용이 고려되어야 하는 경우나, 실제 단답형 문제가 아니고 서술형 문제로 고민과 연구가 필요한 내용이 담긴 경우이다. 그 외의 연습문제의 경우에는 풀이를 제공한다.

2장 통계와 엑셀의 기초

(1번 문제) 표본 추출에 있어서 중요한 것은 균형잡힌 표본의 추출이다. 소설과 시는 표본 추출에 있어서 전체 집단의 크기에 차이가 있어서 시의 경우에 균형잡힌 표본이 추출될 수 있는지가 의문스럽게 된다. 반면에 20대 젊은층과 60대 노년층의 언어 사용의 경우에 균형잡힌 표본을 추출하기 위해서는 여러 언어 사용 집단이 골고루 섞여져야 한다. 남녀와 사회적이고 경제적인 고려가 필요하고, 지역적인 방언이나 교육과 같은 여러 요소도 고려되어야 한다. 가장 표본이 큰 미국영어와 영국영어의 경우에는 어느 특정한 고려 요인이 존재하지는 않는다. 너무 표본이 큰 경우에는 대체적으로 표본을 제한하고 추출하는데, 연령을 가장 중요한 요소로 고려한다. 가령 20대나 30대로만 제한하는 것과 같이 나이를 제한함으로써 언어 사용의 폭을 제한한다.

(2번 문제) 어휘들의 친밀도는 순서척도에 의해서 측정된다. 친밀한 것과 친밀하지 않는 것을 양극으로 삼고 그 사이에 정도를 순서로 매긴다. 보통 5개나 3개를 기준으로 한다. 리커트 척도와 같은 순서척도를 많이 활용한다. 시제의 문법화는 명명척도가 좋다. 시제는 과거와 현재로 구분되므로, 두 가지 형태의 척도로 구분될 수 있는 명명척도가 적합하다. 복잡도도 순서척도를 활용하는 것이 좋다. 복잡도는 아주 복잡한 것과 조금 복잡한 것, 복잡하지 않은 것과 같이 정도의 차이가 있으므로 순서에 의한 척도인 순서척도가 적합하다.

(3번 문제) 구구단의 예에서 아래로는 변경되어야 하고 위로는 변경이 되지 않아야 한다. 즉, 행으로는 바뀌어야 하고, 열로는 바뀌지 않아야 한다. 따라서 열이 절대참조가 되어야 한다. F4 기능키를 누르면서 열을 절대참조로 바꿔줄 수 있는데, F4 기능키 1번 누르면 절대참조($A$1))로 바뀌고, 2번 누르면 행이 고정(A$1)되며, 3번 누르면 열이 고정($A1)된다.

4장 평균과 분산

어절 단위와 형태소 단위는 서로 다른 윈도가 된다. 어절이 되면 띄어쓰기 단위가 윈도우의 경계가 된다. 반면에 형태소는 형태소 구분이 윈도우의 경계가 되며, 이 경우에는 띄어쓰기도 하나의 경계로 취급해야 한다. 의미적 요인은 중요한 고려 대상이 된다. '머리를 감다'와 '눈을 감다'를 구분하는 것이 의미적 요인인지 아닌지를 먼저 고려해야 한다. '머리를 감다'의 경우에는 '머리를 샴푸하다'와 같이 세척하다의 의미이며, '눈을 감다'는 보이지 않게 또는 잠을 자려고 하는 행위를 의미한다. 따라서, 서로 다른 의미를 지니므로 이 경우에 동일하다고는 할 수 없다. 또한 통사적 요소는 어구 내에서 매우 중요하게 고려되어야 할 것이다. 이런 경우를 고려하면 어절의 경우에 각각의 offset은 ①, ③, ④, ⑥의 경우에 1, 1, 2, 3 이다. 평균은 1.75이고, 분산은 1.5이다. 형태소의 경우를 연습으로 계산해보라.

5장 확률

(1번 문제) 자음과 모음이 출현하는 확률은 서로 독립확률이다. 따라서 $\frac{1}{2}$과 $\frac{1}{2}$을 곱하여 1/4로 연산하면 된다. 또는 이항분포를 활용해서 구하면 다음과 같다. 먼저 두 개가 연속일 경우에 이항분포는 $(p+q)^2 = p^2 + 2pq + q^2$으로 결정된다. 각각의 항들은 p^2, $2pq$, q^2들은 각각의 항들을 나타낸다. 맨 처음부터 p가 두 번 연속으로 나올 확률, p와 q가 같이 나올 확률, q가 두 번 연속으로 나올 확률이다. 이 경우에 p가 자음의 확률이라면 p를 제곱한 확률 즉 $\frac{1}{4}$이 된다.

(2번 문제) P(A|B)는 B의 조건 아래에서 A인 경우이다. 즉, 여자인 경우에 승진할 확률이다. P(B|A)는 A의 조건 아래에서 B인 경우이다. 즉, 승진한 경우에 여자일 확률이다. 처음의 조건부 확률은 여자 직원 전체에서 승진한 사람의 비율이고, 두 번째는 승진한 사람들 중 여자일 확률이다. 따라서 전체 집합의 범위가 달라진다. 두 번째 조건부 확률은 여성 평등과 관련해서 좋은 지표가 될 수 있지만, 첫 번째 조건부 확률은 여성 평등 보다는 집단 내 통계량을 조사하는 정도가 될 것이다.

(3번 문제) 나이브 베이즈 확률을 적용하기 위해서는 먼저 [배01], [배02], [배09]에 서로 공기하는 어휘들을 수집한다. 수집된 어휘들 중 각각의 의미를 잘 드러내는 어휘가 주요 어휘가 된다. 예를 들어서 [배01]의 경우에는 {아프다, 홀쭉하다,......}와 같은 어휘이고, [배02]의 경우에는 {멀미, 호수, 승조원,...}와 같은 어휘이다. 이러한 어휘들을 중심으로 하여서 출현 확률과 해당 의미에 출현하는 확률을 계산한다. 이를 토대로 동음이의어 구분이 필요한 문맥이 등장하면, 공기하는 어휘들을 중심으로 확률을 연산하게 된다. 이 때 중요한 것이 평탄화 작업인데, 공기하는 어휘의 빈도가 0인 경우이다. (24) 공식에 의해서 계산하면 확률을 서로 곱하게 되므로 0인 경우가 나오면 모두 0이 된다. 따라서 빈도가 0인 어휘가 나온 경우에 빈도를 조절하는 작업인 평탄화 작업이 중요하게 작용한다. 7장에서 자세히 논의될 것이다.

6장 정규분포

(1번 문제) 평균이 14이고, 표준편차가 5인 경우에 30의 Z-값은 $\frac{(30-14)}{5}=1.2$ 이다. 이 값을 토대로 Z-분포표를 살펴보면 0.5478이다. 출현확률은 1에서 이 값을 빼어야 하므로, 0.4522이 된다.

(2번 문제) 95%의 발생확률이므로 Z-값은 1.64나 1.65에 해당한다. $z-score=\frac{x-\mu}{\sigma}$ 이므로, x를 구하기 위해서는 수식을 $x=\mu+z-score\times\sigma$와 같이 바꾸면 된다. 이를 토대로 적합한 변수를 계산하면 28.92나 28.95에 해당한다.

7장 추정

(1번 문제) 신뢰구간을 구하는 식은 $\overline{x} \pm Z_{\frac{\alpha}{2}} \times \frac{\sigma}{\sqrt{n}}$ 이므로, $36 \pm 1.96 \times \frac{5.5}{\sqrt{100}}$ $= 36 \pm 1.08$ 이 된다. 따라서 모집단의 평균은 37.08과 34.92 사이에 있게 된다.

(2번 문제) 여기서 점추정치 비율은 0.2이고, 이 비율에 바탕을 둔 표준편차는 0.02이다. $0.2 \pm 1.96 \times 0.02 = 0.2 \pm 0.03$ 이 되므로, 고유명사가 95%의 신뢰도로 300여개의 명사 중 나타날 비율은 0.23에서 0.17 사이에 있다.

(3번 문제) 먼저, (8)에 의해서 이항분포에 의한 예측치를 계산하고, 실제 개별 빈도를 조절하는 (9)의 작업을 수행한다. (9)가 적용되면 개별 빈도가 조절된다. 만약 빈도가 0인 어휘 나오면 (8)에 의해서 예측치가 1인 경우를 전체 개수로 나눈 (10)의 방식을 적용한다.

8장 검정

여기서 단어열이 $w_1 w_2 w_3$ 이므로, 두 개씩 묶어 낼 수 있다. $[w_1 w_2] w_3$ 인 경우와 $w_1 [w_2 w_3]$ 경우 두 가지가 있다. 여기서 주의할 점은 연구가설과 영가설이 각각의 경우에 세워지므로, 모두 네 개가 된다. 먼저 $[w_1 w_2] w_3$ 인 경우에 연구가설은 $w_1 w_2$ 의 관계는 매우 밀접해서 연어 관계가 성립한다는 것이고, 영가설은 연구가설을 부정한 것이다. 반대의 경우인 $w_1 [w_2 w_3]$ 는 다른 관계가 성립한다. 그러므로 통계적 검증의 경우에는 두 번의 검증이 시도가 된다. 8.4절의 연어 측정인 T-분포에 따른 검증의 방식의 적용을 시도해 보라.

9장 모수 통계

(1번 문제) 두 모집단 평균의 차이의 구간추정을 하는 경우에는 각각의 평균을 $\overline{x_1}$, $\overline{x_2}$ 이라고 하면 점추정량은 $\overline{x_1} - \overline{x_2}$ 이 된다. 이 경우에 점추정량과 Z-분포값과

표준오차가 오차한계가 된다. 이를 공식으로 표현하면 $\overline{x_1}-\overline{x_2}\pm Z_{\alpha/2}\sqrt{\frac{\sigma_1^2}{n_1}+\frac{\sigma_2^2}{n_2}}$ 이 된다. 주어진 값을 대입하면 $40-35\pm 1.96\sqrt{\frac{9^2}{36}+\frac{10^2}{49}}=5\pm 4.06$이 된다.

(2번 문제) 여기서 표준편차는 이항분포에 따라서 $\sqrt{\frac{p(1-p)}{n}}$ 으로 구해진다. 두 집단 사이의 표준오차는 $\sqrt{\frac{p_1(1-p_1)}{n_1}+\frac{p_2(1-p_2)}{n_2}}$ 이 연산이 될 것이다. 따라서, Z-분포는 점추정량을 표준오차로 나눈 것이 되므로, $\frac{p_1-p_2}{\sqrt{\frac{p_1(1-p_1)}{n_1}+\frac{p_2(1-p_2)}{n_2}}}$ 이 된다. 이 식에 대입해 보면 $\frac{0.28-0.34}{\sqrt{\frac{0.28\times 0.72}{100}+\frac{0.34\times 0.66}{90}}}=-1.43$이 된다. 1%의 유의수준에서 Z-값은 단측검정의 경우에 2.58이 되므로 통계적으로 중요하지 않게 된다. 그러나, 양측검정의 경우에는 +1.29가 오른쪽 검정의 한계이고 -1.29가 왼쪽 검정의 한계가 되므로 통계적으로 중요하게 된다.

13장 상관성과 회귀분석

(1번 문제) 여기서 상관성의 측정은 분사절, 시간절, 관계절, 보어절, 상황절의 문법구분이 대과거와 과거와 같은 시제에서 어떠한 상관성을 보이는지에 초점이 맞추어져 있다. 문법적 구분들이 대과거와 과거와 같은 문법화와 어떠한 관련성이 있는지를 점검하게 된다. 만약 상관성이 높다면 문법구분이 시제에 밀접하게 관련성이 있으며, 상관성이 없다면 문법구분은 시제와 연관성이 없을 것이다. 과거나 대과거는 일정하게 문법구분과 연관성이 있을 수 있다. 반대로 말하면 분사절이라는 문법구분이 대과거나 과거와 같은 시제와 연관이 있다는 것과 같으며, 시제 구분이 문법구분에 영향을 미칠 수 있다는 것으로도 해석할 수 있다. 문제는 여기서 피어슨 상관계수는 -0.57 정도로 음의 상관성을 띤다는 것이다. 음의 상관성은 반비례의 관계로 과거나 대과거의 구별이 문법구분에 반비례하는 관계로 측정된다는 것이다.

(2번 문제) 발성시에 혀, 턱, 입술 등 많은 발성기관들이 유기적으로 움직인다. 이러한 움직임을 예측하는 것은 역동적인 발성시의 관련성을 파악하기 위함이다. 다중회귀모형이 적용되는 것은 여러 발성기관들을 변인으로 해서 각 변인들이 다른 변인들에 어떠한 영향을 미치는지를 살펴보기 위함이다. 특히 다중회귀모형이기 때문에 각각의 변인들간의 관련성을 시간이라는 역동적 축에서 살펴볼 수 있게 한다.

부록

통계표

[부록-1] Z-분포

z	0.00	0.01	0.02	0.03	0.04	0.05	0.06	0.07	0.08	0.09
0.0	0.5000	0.4960	0.4920	0.4880	0.4840	0.4801	0.4761	0.4721	0.4681	0.4641
0.1	0.4602	0.4562	0.4522	0.4483	0.4443	0.4404	0.4364	0.4325	0.4286	0.4247
0.2	0.4207	0.4168	0.4129	0.4090	0.4052	0.4013	0.3974	0.3936	0.3897	0.3859
0.3	0.3821	0.3783	0.3745	0.3707	0.3669	0.3632	0.3594	0.3557	0.3520	0.3483
0.4	0.3446	0.3409	0.3372	0.3336	0.3300	0.3264	0.3228	0.3192	0.3156	0.3121
0.5	0.3085	0.3050	0.3015	0.2981	0.2946	0.2912	0.2877	0.2843	0.2810	0.2776
0.6	0.2743	0.2709	0.2676	0.2643	0.2611	0.2578	0.2546	0.2514	0.2483	0.2451
0.7	0.2420	0.2389	0.2358	0.2327	0.2296	0.2266	0.2236	0.2206	0.2177	0.2148
0.8	0.2119	0.2090	0.2061	0.2033	0.2005	0.1977	0.1949	0.1922	0.1894	0.1867
0.9	0.1841	0.1814	0.1788	0.1762	0.1736	0.1711	0.1685	0.1660	0.1635	0.1611
1.0	0.1587	0.1562	0.1539	0.1515	0.1492	0.1469	0.1446	0.1423	0.1401	0.1379
1.1	0.1357	0.1335	0.1314	0.1292	0.1271	0.1251	0.1230	0.1210	0.1190	0.1170
1.2	0.1151	0.1131	0.1112	0.1093	0.1075	0.1056	0.1038	0.1020	0.1003	0.0985
1.3	0.0986	0.0951	0.0934	0.0918	0.0901	0.0885	0.0869	0.0853	0.0838	0.0823
1.4	0.0808	0.0793	0.0778	0.0764	0.0749	0.0735	0.0721	0.0708	0.0694	0.0681
1.5	0.0668	0.0655	0.0643	0.0630	0.0618	0.0606	0.0594	0.0582	0.0571	0.0559
1.6	0.0548	0.0537	0.0526	0.0516	0.0505	0.0495	0.0485	0.0475	0.0465	0.0455
1.7	0.0446	0.0436	0.0427	0.0418	0.0409	0.0401	0.0392	0.0384	0.0375	0.0367
1.8	0.0359	0.0351	0.0344	0.0336	0.0329	0.0322	0.0314	0.0307	0.0301	0.0294
1.9	0.0287	0.0281	0.0274	0.0268	0.0262	0.0256	0.0250	0.0244	0.0239	0.0233
2.0	0.0228	0.0222	0.0217	0.0212	0.0207	0.0202	0.0197	0.0192	0.0188	0.0183
2.1	0.0179	0.0174	0.0170	0.0166	0.0162	0.0158	0.0154	0.0150	0.0146	0.0143
2.2	0.0139	0.0136	0.0132	0.0129	0.0125	0.0122	0.0119	0.0116	0.0113	0.0110
2.3	0.0107	0.0104	0.0102	0.0099	0.0096	0.0094	0.0091	0.0089	0.0087	0.0084
2.4	0.0082	0.0080	0.0078	0.0075	0.0073	0.0071	0.0069	0.0068	0.0066	0.0064
2.5	0.0062	0.0060	0.0059	0.0057	0.0055	0.0054	0.0052	0.0051	0.0049	0.0048
2.6	0.0047	0.0045	0.0044	0.0043	0.0041	0.0040	0.0039	0.0038	0.0037	0.0036
2.7	0.0035	0.0034	0.0033	0.0032	0.0031	0.0030	0.0029	0.0028	0.0027	0.0026
2.8	0.0026	0.0025	0.0024	0.0023	0.0023	0.0022	0.0021	0.0021	0.0020	0.0019
2.9	0.0019	0.0018	0.0018	0.0017	0.0016	0.0016	0.0015	0.0015	0.0014	0.0014
3.0	0.0013	0.0013	0.0013	0.0012	0.0012	0.0011	0.0011	0.0011	0.0010	0.0010
3.1	0.0010	0.0009	0.0009	0.0009	0.0008	0.0008	0.0008	0.0008	0.0007	0.0007
3.2	0.0007	0.0007	0.0006	0.0006	0.0006	0.0006	0.0006	0.0005	0.0005	0.0005
3.3	0.0005	0.0005	0.0005	0.0004	0.0004	0.0004	0.0004	0.0004	0.0004	0.0003
3.4	0.0003	0.0003	0.0003	0.0003	0.0003	0.0003	0.0003	0.0003	0.0003	0.0002
3.5	0.0002	0.0002	0.0002	0.0002	0.0002	0.0002	0.0002	0.0002	0.0002	0.0002
3.6	0.0002	0.0002	0.0001	0.0001	0.0001	0.0001	0.0001	0.0001	0.0001	0.0001
3.7	0.0001	0.0001	0.0001	0.0001	0.0001	0.0001	0.0001	0.0001	0.0001	0.0001
3.8	0.0001	0.0001	0.0001	0.0001	0.0001	0.0001	0.0001	0.0001	0.0001	0.0001
3.9	0.0000	0.0000	0.0000	0.0000	0.0000	0.0000	0.0000	0.0000	0.0000	0.0000

[부록-2] T-분포

df	p									
	0.4	0.25	0.1	0.05	0.025	0.01	0.005	0.0025	0.001	0.0005
1	0.325	1.000	3.078	6.314	12.706	31.821	63.657	127.32	318.31	636.62
2	0.289	0.816	1.886	2.920	4.303	6.965	9.925	14.089	23.326	31.598
3	0.277	0.765	1.638	2.353	3.182	4.541	5.841	7.453	10.213	12.924
4	0.271	0.741	1.533	2.132	2.776	3.747	4.604	5.598	7.173	8.610
5	0.267	0.727	1.476	2.015	2.571	3.365	4.032	4.773	5.893	6.869
6	0.265	0.718	1.440	1.943	2.447	3.143	3.707	4.317	5.208	5.959
7	0.263	0.711	1.415	1.895	2.365	2.998	3.499	4.029	4.785	5.408
8	0.262	0.706	1.397	1.860	2.306	2.896	3.355	3.833	4.501	5.041
9	0.261	0.703	1.383	1.833	2.262	2.821	3.250	3.690	4.297	4.781
10	0.260	0.700	1.372	1.812	2.228	2.764	3.169	3.581	4.144	4.587
11	0.260	0.697	1.363	1.796	2.201	2.718	3.106	3.497	4.025	4.437
12	0.259	0.695	1.356	1.782	2.179	2.681	3.055	3.428	3.930	4.318
13	0.259	0.694	1.350	1.771	2.160	2.650	3.012	3.372	3.852	4.221
14	0.258	0.692	1.345	1.761	2.145	2.624	2.977	3.326	3.787	4.140
15	0.258	0.691	1.341	1.753	2.131	2.602	2.947	3.286	3.733	4.073
16	0.258	0.690	1.337	1.746	2.120	2.583	2.921	3.252	3.686	4.015
17	0.257	0.689	1.333	1.740	2.110	2.567	2.898	3.222	3.646	3.965
18	0.257	0.688	1.330	1.734	2.101	2.552	2.878	3.197	3.610	3.922
19	0.257	0.688	1.328	1.729	2.093	2.539	2.861	3.174	3.579	3.883
20	0.257	0.687	1.325	1.725	2.086	2.528	2.845	3.153	3.552	3.850
21	0.257	0.686	1.323	1.721	2.080	2.518	2.831	3.135	3.527	3.819
22	0.256	0.686	1.321	1.717	2.074	2.508	2.819	3.119	3.505	3.792
23	0.256	0.685	1.319	1.714	2.069	2.500	2.807	3.104	3.485	3.767
24	0.256	0.685	1.318	1.711	2.064	2.492	2.792	3.091	3.467	3.745
25	0.256	0.684	1.316	1.708	2.060	2.485	2.787	3.078	3.450	3.725
26	0.256	0.684	1.315	1.706	2.056	2.479	2.779	3.067	3.435	3.707
27	0.256	0.684	1.314	1.703	2.052	2.473	2.771	3.057	3.421	3.690
28	0.256	0.683	1.313	1.701	2.048	2.467	2.763	3.047	3.408	3.674
29	0.256	0.683	1.311	1.699	2.045	2.462	2.756	3.038	3.396	3.659
30	0.256	0.683	1.310	1.697	2.042	2.457	2.750	3.030	3.385	3.646
40	0.255	0.681	1.303	1.684	2.021	2.423	2.704	2.971	3.307	3.551
60	0.254	0.679	1.296	1.671	2.000	2.390	2.660	2.915	3.232	3.460
120	0.254	0.677	1.289	1.658	1.980	2.358	2.617	2.860	3.160	3.373
∞	0.253	0.674	1.282	1.645	1.960	2.326	2.576	2.807	3.090	3.291

[부록-3] 맨-위트니 U 검정

양측검정, p≤0.05 (단측검정일 경우 p≤0.025)

N1 \ N2	5	6	7	8	9	10	11	12	13	14	15	16	17	18	19	20
5	2	3	5	6	7	8	9	11	12	13	14	15	17	18	19	20
6		5	6	8	10	11	13	14	16	17	19	21	22	24	25	27
7			8	10	12	14	16	18	20	22	24	26	28	30	32	34
8				13	15	17	19	22	24	26	29	31	34	36	38	41
9					17	20	23	26	28	31	34	37	39	42	45	48
10						23	26	29	33	36	39	42	45	48	52	55
11							30	33	37	40	44	47	51	55	58	62
12								37	41	45	49	53	57	61	65	69
13									45	50	54	59	63	67	72	76
14										55	59	64	69	74	78	83
15											64	70	75	80	85	90
16												75	81	86	92	98
17													87	93	99	105
18														99	106	112
19															113	119
20																127

양측검정, p≤0.01 (단측검정일 경우 p≤0.005)

N1 \ N2	5	6	7	8	9	10	11	12	13	14	15	16	17	18	19	20
5	0	1	1	2	3	4	5	6	7	7	8	9	10	11	12	13
6		2	3	4	5	6	7	9	10	11	12	13	15	16	17	18
7			4	6	7	9	10	12	13	15	16	18	19	21	22	24
8				7	9	11	13	15	17	18	20	22	24	26	28	30
9					11	13	16	18	20	22	24	27	29	31	33	36
10						16	18	21	24	26	29	31	34	37	39	42
11							21	24	27	30	33	36	39	42	45	48
12								27	31	34	37	41	44	47	51	54
13									34	38	42	45	49	53	57	60
14										42	46	50	54	58	63	67
15											51	55	60	64	69	73
16												60	65	70	74	79
17													70	75	81	86
18														81	87	92
19															93	99
20																105

[부록-4] 윌콕슨 부호순위검정

N	양측검정	
	p≤0.05	p≤0.01
	단측검정	
	p≤0.025	p≤0.005
6	0	-
7	2	-
8	3	0
9	5	1
10	8	3
11	10	5
12	13	7
13	17	9
14	21	12
15	25	15
16	29	19
17	34	23
18	40	27
19	46	32
20	52	37
21	58	42
22	65	48
23	73	54
24	81	61
25	89	68

[부록-5] 부호검정

N	양측검정		
	p≤0.10	p≤0.05	p≤0.02
	단측검정		
	p≤0.05	p≤0.025	p≤0.01
5	0	-	-
6	0	0	-
7	0	0	0
8	1	0	0
9	1	1	0
10	1	1	0
11	2	1	1
12	2	2	1
13	3	2	1
14	3	2	2
15	3	3	2
16	4	3	2
17	4	4	3
18	5	4	3
19	5	4	4
20	5	5	4
21	6	5	4
22	6	5	5
23	7	6	5
24	7	6	5
25	7	7	6

[부록-6] 카이제곱 검정

df	p							
	0.995	0.99	0.975	0.95	0.05	0.025	0.01	0.005
1	0.04393	0.03157	0.03982	0.02393	3.841	5.024	6.635	7.879
2	0.0100	0.0201	0.0506	0.103	5.991	7.378	9.210	10.597
3	0.0717	0.115	0.216	0.352	7.815	9.348	11.345	12.838
4	0.207	0.297	0.484	0.711	9.488	11.143	13.277	14.860
5	0.412	0.554	0.831	1.145	11.070	12.832	15.086	16.750
6	0.676	0.872	1.237	1.635	12.592	14.449	16.812	18.548
7	0.969	1.239	1.690	2.167	14.067	16.013	18.475	20.278
8	1.344	1.646	2.180	2.733	15.507	17.535	20.090	21.955
9	1.735	2.088	2.700	3.325	16.919	19.023	21.666	23.589
10	2.156	2.558	3.247	3.940	18.307	20.483	23.209	25.188
11	2.603	3.053	3.816	4.575	19.675	21.920	24.725	26.757
12	3.074	3.571	4.404	5.226	21.026	23.337	26.217	28.300
13	3.565	4.107	5.009	5.892	22.362	24.736	27.688	29.819
14	4.075	4.660	5.629	6.571	23.685	26.119	29.141	31.319
15	4.601	5.229	6.262	7.261	24.996	27.448	30.578	32.801
16	5.142	5.812	6.908	7.962	26.296	28.845	32.000	34.267
17	5.697	6.408	7.564	8.672	27.587	30.191	33.409	35.718
18	6.265	7.015	8.231	9.390	28.869	31.526	34.805	37.156
19	6.844	7.633	8.907	10.117	30.144	32.852	36.191	38.582
20	7.434	8.260	9.591	10.851	31.410	34.170	37.566	39.997
21	8.034	8.897	10.283	11.591	32.671	35.479	38.932	41.401
22	8.643	9.542	10.982	12.338	33.924	36.781	40.289	42.796
23	9.260	10.196	11.689	13.091	35.172	38.076	41.638	44.181
24	9.886	10.856	12.401	13.848	36.415	39.364	42.980	45.558
25	10.520	11.524	13.120	14.611	37.652	40.646	44.314	46.928
26	11.160	12.198	13.844	15.379	38.885	41.923	45.642	48.290
27	11.808	12.879	14.573	16.151	40.113	43.194	46.963	49.645
28	12.461	13.565	15.308	16.928	41.337	44.461	48.278	50.993
29	13.121	14.256	16.047	17.708	42.557	45.722	49.588	52.336
30	13.787	14.953	16.791	18.493	43.773	46.979	50.892	53.672
40	20.707	22.165	24.433	26.509	55.758	59.342	63.691	66.766
50	27.991	29.707	32.357	34.764	67.505	71.420	76.154	79.490
100	67.328	70.065	74.222	77.929	124.342	129.561	135.807	140.169

[부록-7] F-분포

df2	p	df1								
		1	2	3	4	5	6	7	8	9
1	0.10	39.9	49.5	53.6	55.8	57.2	58.2	58.9	59.4	59.9
	0.05	161	200	216	225	230	234	237	239	241
	0.025	648	800	864	900	922	937	948	957	963
	0.01	4,052	5,000	5,403	5,625	5,764	5,859	5,928	5,981	6,022
2	0.10	8.53	9.00	9.16	9.24	9.29	9.33	9.35	9.37	9.38
	0.05	18.5	19.0	19.2	19.2	19.3	19.3	19.4	19.4	19.4
	0.025	38.5	39.0	39.2	39.3	39.3	39.3	39.4	39.4	39.4
	0.01	98.5	99.0	99.2	99.2	99.3	99.3	99.4	99.4	99.4
3	0.10	5.54	5.46	5.39	5.34	5.31	5.28	5.27	5.25	5.24
	0.05	10.1	9.55	9.28	9.12	9.01	8.94	8.89	8.85	8.81
	0.025	17.4	16.0	15.4	15.1	14.9	14.7	14.6	14.5	14.5
	0.01	34.1	30.8	29.5	28.7	28.2	27.9	27.7	27.5	27.3
4	0.10	4.54	4.32	4.19	4.11	4.05	4.01	3.98	3.95	3.94
	0.05	7.71	6.94	6.59	6.39	6.26	6.16	6.09	6.04	6.00
	0.025	12.2	10.7	9.98	9.60	9.36	9.20	9.07	8.98	8.90
	0.01	21.2	18.0	16.7	16.0	15.5	15.2	15.0	14.8	14.7
5	0.10	4.06	3.78	3.62	3.52	3.45	3.40	3.37	3.34	3.32
	0.05	6.61	5.79	5.41	5.19	5.05	4.95	4.88	4.82	4.77
	0.025	10.0	8.43	7.76	7.39	7.15	6.98	6.85	6.76	6.68
	0.01	16.3	13.3	12.1	11.4	11.0	10.7	10.5	10.3	10.2
6	0.10	3.78	3.46	3.29	3.18	3.11	3.05	3.01	2.98	2.96
	0.05	5.99	5.14	4.76	4.53	4.39	4.28	4.21	4.15	4.10
	0.025	8.81	7.26	6.60	6.23	5.99	5.82	5.70	5.60	5.52
	0.01	13.7	10.9	9.78	9.15	8.75	8.47	8.26	8.10	7.98
7	0.10	3.59	3.26	3.07	2.96	2.88	2.83	2.78	2.75	2.72
	0.05	5.59	4.74	4.35	4.12	3.97	3.87	3.79	3.73	3.68
	0.025	8.07	6.54	5.89	5.52	5.29	5.12	4.99	4.90	4.82
	0.01	12.2	9.55	8.45	7.85	7.46	7.19	6.99	6.84	6.72
8	0.10	3.46	3.11	2.92	2.81	2.73	2.67	2.62	2.59	2.56
	0.05	5.32	4.46	4.07	3.84	3.69	3.58	3.50	3.44	3.39
	0.025	7.57	6.06	5.42	5.05	4.82	4.65	4.53	4.43	4.36
	0.01	11.3	8.65	7.59	7.01	6.63	6.37	6.18	6.03	5.91
9	0.10	3.36	3.01	2.81	2.69	2.61	2.55	2.51	2.47	2.44
	0.05	5.12	4.26	3.86	3.63	3.48	3.37	3.29	3.23	3.18
	0.025	7.21	5.71	5.08	4.72	4.48	4.32	4.20	4.10	4.03
	0.01	10.6	8.02	6.99	6.42	6.06	5.80	5.61	5.47	5.35
10	0.10	3.29	2.92	2.73	2.61	2.52	2.46	2.41	2.38	2.35
	0.05	4.96	4.10	3.71	3.48	3.33	3.22	3.14	3.07	3.02
	0.025	6.94	5.46	4.83	4.47	4.24	4.07	3.95	3.85	3.78
	0.01	10.0	7.56	6.55	5.99	5.64	5.39	5.20	5.06	4.94
11	0.10	3.23	2.86	2.66	2.54	2.45	2.39	2.34	2.30	2.27
	0.05	4.84	3.98	3.59	3.36	3.20	3.09	3.01	2.95	2.90
	0.025	6.72	5.26	4.63	4.28	4.04	3.88	3.76	3.66	3.59
	0.01	9.65	7.21	6.22	5.67	5.32	5.07	4.89	4.74	4.63
12	0.10	3.18	2.81	2.61	2.48	2.39	2.33	2.28	2.24	2.21
	0.05	4.75	3.89	3.49	3.26	3.11	3.00	2.91	2.85	2.80
	0.025	6.55	5.10	4.47	4.12	3.89	3.73	3.61	3.51	3.44
	0.01	9.33	6.93	5.95	5.41	5.06	4.82	4.64	4.50	4.39

[F-분포표 계속]

df2	p	df1									
		10	11	12	15	20	24	30	60	120	∞
1	0.10	60.2	60.5	60.7	61.2	61.7	62.0	62.3	62.8	63.1	63.3
	0.05	242	243	244	246	248	249	250	252	253	254
	0.025	969	973	977	985	993	997	1001	1010	1014	1018
	0.01	6,056	6,082	6,106	6,157	6,209	6,235	6,261	6,313	6,339	6,366
2	0.10	9.39	9.40	9.41	9.42	9.44	9.45	9.46	9.47	9.48	9.49
	0.05	19.4	19.4	19.4	19.4	19.4	19.5	19.5	19.5	19.5	19.5
	0.025	39.4	39.4	39.4	39.4	39.5	39.5	39.5	39.5	39.5	39.5
	0.01	99.4	99.4	99.4	99.4	99.4	99.5	99.5	99.5	99.5	99.5
3	0.10	5.23	5.22	5.22	5.20	5.18	5.18	5.17	5.15	5.14	5.13
	0.05	8.79	8.76	8.74	8.70	8.66	8.64	8.62	8.57	8.55	8.53
	0.025	14.4	14.4	14.3	14.3	14.2	14.1	14.1	14.0	14.0	13.9
	0.01	27.2	27.1	27.1	26.9	26.7	26.6	26.5	26.3	26.2	26.1
4	0.10	3.92	3.91	3.90	3.87	3.84	3.83	3.82	3.79	3.78	3.76
	0.05	5.96	5.94	5.91	5.85	5.80	5.77	5.75	5.69	5.66	5.63
	0.025	8.84	8.80	8.75	8.66	8.56	8.51	8.46	8.36	8.31	8.26
	0.01	14.5	14.4	14.4	14.2	14.0	13.9	13.8	13.7	13.6	13.5
5	0.10	3.30	3.28	3.27	3.24	3.21	3.19	3.17	3.14	3.12	3.11
	0.05	4.74	4.71	4.68	4.62	4.56	4.53	4.50	4.43	4.40	4.37
	0.025	6.62	6.57	6.52	6.43	5.33	6.28	6.23	6.12	6.07	6.02
	0.01	10.1	9.96	9.89	9.72	9.55	9.47	9.38	9.20	9.11	9.02
6	0.10	2.94	2.92	2.90	2.87	2.84	2.82	2.80	2.76	2.74	2.72
	0.05	4.06	4.03	4.00	3.94	3.87	3.84	3.81	3.74	3.70	3.67
	0.025	5.46	5.41	5.27	5.27	5.17	5.12	5.07	4.96	4.90	4.85
	0.01	7.87	7.79	7.72	7.56	7.40	7.31	7.23	7.06	6.97	6.88
7	0.10	2.70	2.68	2.67	2.63	2.59	2.58	2.56	2.51	2.49	2.47
	0.05	3.64	3.60	3.57	3.51	3.44	3.41	3.38	3.30	3.27	3.23
	0.025	4.76	4.71	4.67	4.57	4.47	4.42	4.36	4.25	4.20	4.14
	0.01	6.62	6.54	6.47	6.31	6.16	6.07	5.99	5.82	5.74	5.65
8	0.10	2.54	2.52	2.50	2.46	2.42	2.40	2.38	2.34	2.32	2.29
	0.05	3.35	3.31	3.28	3.22	3.15	3.12	3.08	3.01	2.97	2.93
	0.025	4.30	4.25	4.20	4.10	4.00	3.95	3.89	3.78	3.73	3.67
	0.01	5.81	5.73	5.67	5.52	5.36	5.28	5.20	5.03	4.95	4.89
9	0.10	2.42	2.40	2.38	2.34	2.30	2.28	2.25	2.21	2.18	2.16
	0.05	3.14	3.10	3.07	3.01	2.94	2.90	2.86	2.79	2.75	2.71
	0.025	3.96	3.91	3.87	3.77	3.67	3.61	3.56	3.45	3.39	3.33
	0.01	5.26	5.18	5.11	4.96	4.81	4.73	4.65	4.48	4.40	4.31
10	0.10	2.32	2.30	2.28	2.24	2.20	2.18	2.16	2.11	2.08	2.06
	0.05	2.98	2.94	2.91	2.84	2.77	2.74	2.70	2.62	2.58	2.54
	0.025	3.72	3.67	3.62	3.52	3.42	3.37	3.31	3.20	3.14	3.08
	0.01	4.85	4.77	4.71	4.56	4.41	4.33	4.25	4.08	4.00	3.91
11	0.10	2.25	2.23	2.21	2.17	2.12	2.10	2.08	2.03	1.99	1.97
	0.05	2.85	2.82	2.79	2.72	2.65	2.61	2.57	2.49	2.43	2.40
	0.025	3.52	3.48	3.43	3.33	3.23	3.17	3.12	3.00	2.94	2.88
	0.01	4.54	4.46	4.40	4.25	4.10	4.02	3.94	3.78	3.66	3.60
12	0.10	2.19	2.17	2.15	2.10	2.06	2.04	2.01	1.96	1.93	1.90
	0.05	2.75	2.72	2.69	2.62	2.54	2.51	2.47	2.38	2.34	2.30
	0.025	3.37	3.32	3.28	3.18	3.07	3.02	2.96	2.85	2.79	2.72
	0.01	4.30	4.22	4.16	4.01	3.86	3.78	3.70	3.54	3.45	3.36

[F-분포표 계속]

df2	p	df1								
		1	2	3	4	5	6	7	8	9
13	0.10	3.14	2.76	2.56	2.43	2.35	2.28	2.23	2.20	2.16
	0.05	4.67	3.81	3.41	3.18	3.03	2.92	2.83	2.77	2.71
	0.025	6.41	4.97	4.35	4.00	3.77	3.60	3.48	3.39	3.31
	0.01	9.07	6.70	5.73	5.21	4.86	4.62	4.44	4.30	4.19
14	0.10	3.10	2.73	2.52	2.39	2.31	2.24	2.19	2.15	2.12
	0.05	4.60	3.74	3.34	3.11	2.96	2.85	2.76	2.70	2.65
	0.025	6.39	4.86	4.24	3.80	3.66	3.50	3.36	3.29	3.26
	0.01	8.86	6.51	5.56	5.04	4.69	4.46	4.28	4.14	4.03
15	0.10	3.07	2.70	2.49	2.36	2.27	2.21	2.16	2.12	2.09
	0.05	4.54	3.68	3.29	3.06	2.90	2.79	2.71	2.64	2.59
	0.025	6.20	4.77	4.15	3.80	3.58	3.41	3.29	3.20	3.12
	0.01	8.68	6.36	5.42	4.89	4.56	4.32	4.14	4.00	3.89
16	0.10	3.05	2.67	2.46	2.33	2.24	2.18	2.13	2.09	2.06
	0.05	4.49	3.63	3.24	3.01	2.85	2.74	2.66	2.59	2.54
	0.025	6.12	4.69	4.08	3.73	3.50	3.34	3.22	3.12	3.05
	0.01	8.53	6.23	5.29	4.77	4.44	4.20	4.03	3.89	3.78
17	0.10	3.03	2.64	2.44	2.31	2.22	2.15	2.10	2.06	2.03
	0.05	4.45	3.59	3.20	2.96	2.81	2.70	2.61	2.55	2.49
	0.025	6.04	4.62	4.01	3.66	3.44	3.28	3.16	3.06	2.98
	0.01	8.40	6.11	5.18	4.67	4.34	4.10	3.93	3.79	3.68
18	0.10	3.01	2.62	2.42	2.29	2.20	2.13	2.08	2.04	2.00
	0.05	4.41	3.55	3.16	2.93	2.77	2.66	2.58	2.51	2.46
	0.025	5.98	4.56	3.95	3.61	3.38	3.22	3.10	3.01	2.93
	0.01	8.29	6.01	5.09	4.58	4.25	4.01	3.84	3.71	3.60
19	0.10	2.99	2.61	2.40	2.27	2.18	2.11	2.06	2.02	1.98
	0.05	4.38	3.52	3.13	2.90	2.74	2.63	2.54	2.48	2.42
	0.025	5.92	4.51	3.90	3.56	3.33	3.17	3.05	2.96	2.88
	0.01	8.18	5.93	5.01	4.50	4.17	3.94	3.77	3.63	3.52
20	0.10	2.97	2.59	2.38	2.25	2.16	2.09	2.04	2.00	1.96
	0.05	4.35	3.49	3.10	2.87	2.71	2.60	2.51	2.45	2.39
	0.025	5.87	4.46	3.86	3.51	3.29	3.13	3.01	2.91	2.84
	0.01	8.10	5.85	4.94	4.43	4.10	3.87	3.70	3.56	3.46
24	0.10	2.93	2.54	2.33	2.19	2.10	2.04	1.98	1.94	1.91
	0.05	4.26	3.40	3.01	2.78	2.62	2.51	2.42	2.36	2.30
	0.025	5.72	4.32	3.72	3.38	3.15	2.99	2.87	2.78	2.70
	0.01	7.82	5.61	4.72	4.22	3.90	3.67	3.50	3.36	3.26
30	0.10	2.88	2.49	2.28	2.14	2.05	1.98	1.93	1.88	1.85
	0.05	4.17	3.32	2.92	2.69	2.53	2.42	2.33	2.27	2.21
	0.025	5.57	4.18	3.59	3.25	3.03	2.87	2.75	2.65	2.57
	0.01	7.56	5.39	4.51	4.02	3.70	3.47	3.30	3.17	3.07
60	0.10	2.79	2.39	2.18	2.04	1.95	1.87	1.82	1.77	1.74
	0.05	4.00	3.15	2.76	2.53	2.37	2.25	2.17	2.10	2.04
	0.025	5.29	3.93	3.34	3.01	2.79	2.63	2.51	2.41	2.33
	0.01	7.08	4.98	4.13	3.65	3.34	3.12	2.95	2.82	2.72
120	0.10	2.75	2.36	2.13	1.99	1.90	1.82	1.77	1.72	1.68
	0.05	3.92	3.07	2.68	2.45	2.29	2.18	2.09	2.02	1.96
	0.025	5.15	3.80	3.23	2.89	2.67	2.52	2.39	2.30	2.22
	0.01	7.08	4.98	4.13	3.65	3.34	3.12	2.95	2.82	2.72
∞	0.10	2.71	2.30	2.08	1.94	1.85	1.77	1.72	1.67	1.63
	0.05	3.84	3.00	2.60	2.37	2.21	2.10	2.01	1.94	1.88
	0.025	5.02	3.69	3.12	2.79	2.57	2.41	2.29	2.19	2.11
	0.01	6.63	4.61	3.78	3.32	3.02	2.80	2.64	2.51	2.41

[F-분포표 계속]

df2	p	df1									
		10	11	12	15	20	24	30	60	120	∞
13	0.10	2.14	2.12	2.10	2.05	2.01	1.98	1.96	1.90	1.86	1.85
	0.05	2.67	2.63	2.60	2.53	2.46	2.42	2.38	2.30	2.23	2.21
	0.025	3.25	3.20	3.15	3.05	2.95	2.89	2.84	2.72	2.66	2.60
	0.01	4.10	4.02	3.96	3.82	3.66	3.59	3.51	3.34	3.22	3.17
14	0.10	2.10	2.08	2.05	2.01	1.96	1.94	1.91	1.86	1.83	1.80
	0.05	2.60	2.57	2.53	2.46	2.39	2.35	2.31	2.22	2.18	2.13
	0.025	3.15	3.10	3.05	2.95	2.84	2.79	2.73	2.61	2.55	2.49
	0.01	3.94	3.86	3.38	3.66	3.51	3.43	3.35	3.18	3.09	3.00
15	0.10	2.06	2.04	2.02	1.97	1.92	1.90	1.87	1.82	1.79	1.76
	0.05	2.54	2.51	2.48	2.40	2.33	2.29	2.25	2.16	2.11	2.07
	0.025	3.06	3.01	2.96	2.86	2.76	2.70	2.64	2.52	2.46	2.40
	0.01	3.80	3.73	3.67	3.52	3.37	3.29	3.21	3.05	2.96	2.87
16	0.10	2.03	2.01	1.99	1.94	1.89	1.87	1.84	1.78	1.75	1.72
	0.05	2.49	2.46	2.42	2.35	2.28	2.24	2.19	2.11	2.06	2.01
	0.025	2.99	2.94	2.89	2.79	2.68	2.63	2.57	2.45	2.38	2.32
	0.01	3.69	3.62	3.55	3.41	3.26	3.18	3.10	2.93	2.84	2.75
17	0.10	2.00	1.98	1.96	1.91	1.86	1.84	1.81	1.75	1.72	1.69
	0.05	2.45	2.41	2.38	2.32	2.23	2.19	2.15	2.06	2.01	1.96
	0.025	2.92	2.87	2.82	2.72	2.62	2.56	2.50	2.38	2.32	2.25
	0.01	3.59	3.52	3.46	3.31	3.16	3.08	3.00	2.83	2.75	2.65
18	0.10	1.98	1.96	1.93	1.89	1.84	1.81	1.78	1.72	1.69	1.66
	0.05	2.41	2.37	2.34	2.27	2.19	2.15	2.11	2.02	1.97	1.92
	0.025	2.87	2.82	2.77	2.67	2.56	2.50	2.44	2.32	2.26	2.19
	0.01	3.51	3.43	3.37	3.23	3.08	3.00	2.92	2.75	2.66	2.57
19	0.10	1.96	1.94	1.91	1.86	1.81	1.79	1.76	1.70	1.67	1.63
	0.05	2.38	2.34	2.31	2.23	2.16	2.11	2.07	1.98	1.93	1.88
	0.025	2.82	2.77	2.72	2.62	2.51	2.45	2.39	2.27	2.20	2.13
	0.01	3.43	3.36	3.30	3.15	3.00	2.92	2.84	2.67	2.58	2.49
20	0.10	1.94	1.92	1.89	1.84	1.79	1.77	1.74	1.68	1.64	1.61
	0.05	2.35	2.31	2.28	2.20	2.12	2.08	2.04	1.95	1.90	1.84
	0.025	2.77	2.72	2.68	2.57	2.46	2.41	2.35	2.22	2.16	2.09
	0.01	3.37	3.29	3.23	3.09	2.94	2.86	2.78	2.61	2.52	2.42
24	0.10	1.88	1.85	1.83	1.78	1.73	1.70	1.67	1.61	1.57	1.53
	0.05	2.25	2.21	2.18	2.11	2.03	1.98	1.94	1.84	1.79	1.73
	0.025	2.64	2.59	2.54	2.44	2.33	2.27	2.21	2.08	2.01	1.94
	0.01	3.17	3.09	3.03	2.89	2.74	2.66	2.58	2.40	2.31	2.21
30	0.10	1.82	1.79	1.77	1.72	1.67	1.64	1.61	1.54	1.50	1.46
	0.05	2.16	2.13	2.09	2.01	1.93	1.89	1.84	1.74	1.68	1.62
	0.025	2.51	2.46	2.41	2.31	2.20	2.14	2.07	1.94	1.87	1.79
	0.01	2.98	2.91	2.84	2.70	2.55	2.47	2.39	2.21	2.11	2.01
60	0.10	1.71	1.68	1.66	1.60	1.54	1.51	1.48	1.40	1.35	1.29
	0.05	1.99	1.95	1.92	1.84	1.75	1.70	1.65	1.53	1.47	1.39
	0.025	2.27	2.22	2.17	2.06	1.94	1.88	1.82	1.67	1.58	1.48
	0.01	2.63	2.56	2.50	2.35	2.20	2.12	2.03	1.84	1.73	1.60
120	0.10	1.65	1.62	1.60	1.55	1.48	1.45	1.41	1.32	1.26	1.19
	0.05	1.91	1.87	1.83	1.75	1.66	1.61	1.55	1.43	1.35	1.25
	0.025	2.16	2.11	2.05	1.94	1.82	1.76	1.69	1.53	1.43	1.31
	0.01	2.47	2.40	2.34	2.19	2.03	1.95	1.86	1.66	1.53	1.38
∞	0.10	1.60	1.57	1.55	1.49	1.42	1.38	1.34	1.24	1.17	1.00
	0.05	1.83	1.79	1.75	1.67	1.57	1.52	1.46	1.32	1.22	1.00
	0.025	2.05	2.00	1.94	1.83	1.71	1.64	1.57	1.39	1.27	1.00
	0.01	2.32	2.25	2.18	2.04	1.88	1.79	1.70	1.47	1.32	1.00

참고문헌

〈영문 참고문헌〉

Anderson, David, Sweeny Dennis, and Williams Thomas (2007) Essentials of Modern Business Statistics with Microsoft Excel. Wadsworth/Thompson Learning.

Baayen, Harald (2001) Word Frequency Distributions. Kluwer Academic Press.

Baayen, Harald (2008) Analyzing Linguistics Data: A Practical Introduction to Statistics Using R. Cambridge University Press.

Barnbrook, Geoff (1996). Language and Computer. Edinburgh University Press.

Brainerd, Barron (1974) Weighting Evidence in Language and Literature: A Statistical Approach. University of Toronto Press.

Butler, Christopher (1985) Statistics Methods in Linguistics. Blackwell Publishing.

Church, Kenneth, William Gale, Patrick Hanks, and Donald Hinlde (1991) Using statistics in lexical analysis. In Uri Zernik (ed.), Lexical Acquisition, 115-164. Erbaum.

Church, Kenneth, and William Gale (1991) Concordances for parallel text. In Proceedings of the 7th Annual Conference of the UW Centre for the New OED and Text Research, 40-62.

Church, Kenneth, and Robert Mercer (1993) Introduction to the special issues on computational linguistics using large corpora. Computational Linguistics 19: 1-24.

Dowty, David (2000) 'The garden swarms with bees' and the fallacy of 'argument alternation'. In Ravin, Yael, and Claudia Leacock (ed.) Polysemy. 111-128. Oxford University Press.

Dunning, Ted (1993) Accurate methods for the statistics of surprise and coincidence. Computational Linguistics 19: 61-74.

Frazly, Afsaneh, and Graeme Hirst (2003) Testing the Efficacy of Part-of-Speech Information in Word Completion. In Proceedings of the 10th Conference of the European Chapter of the Association for Computational Linguistics (EACL03).

Garman, Micheal (1990) Psycholinguistics. Cambridge University Press.

Gries, Stefan, and Anatol Stefanowitsch (2004) Extending collostructional analysis: A corpus-based perspective on 'alternation'. International Journal of Corpus Linguistics 9:97-129.

Gries, Stefan (2006) Corpus-based methods and cognitive semantics: the many meanings of to run. In: Gries, Stefan, and Anatol Stefanowitsch (ed.). Corpora in Cognitive Linguistics.

Gries, Stefan, and Anatol Stefanowitsch (2006) Cluster Analysis and the Identification of Collexeme Classes. In Sally Rice and John Newman (ed.), Empirical and Experimental Methods in Cognitive/Functional Research. 1-18. CSLI Publications.

Gries, Stefan (2009) Quantitative Corpus Linguistics with R: A Practical Introduction. Rotledge.

Gries, Stefan (예정) Useful statistics for corpus linguistics. In: Almela, Moises (ed.) tba.

Hundt, M. and N. Smith. (2009): "The present perfect in British and American English: Has there been any change recently?", ICAME Journal 32: 45-63.

Johnson, Keith (2008) Quantitative Methods in Linguistics. Blackwell Publishing.

Jueston, John, and Slava Katz (1995) Principled disambiguation: discriminating adjective senses with modified nouns. Computational Linguistics 24: 1-28.

Jurafsky, Daniel, and James Martin (2000) Speech and Language Processing: An Introduction to Natural Language Processing, Computational Linguistics, and Speech Recognition. Prentice Hall.

Kenny, Anthony (1982) Computation of Style. Pergamon Press.

Kilgariff, Adam, and Tony Rose (1998) Metrics for corpus similarity and homogeneity. ITRI, University of Brighton.

Oakes, Micheal (1998) Statistics for Corpus Linguistics. Edinburgh University Press.

Lapata Maria, and Alex Lascarides. (2003) A probabilistic account of logical metonymy. Computational Linguistics 29: 261-315.

Lapata, Maria, and Chris Brew (2004) Verb class disambiguation using informative priors. Computational Linguistics 30: 45-73.

Levin, Beth (1993) English Verb Classes and Alternations. The University of Chicago Press.

Lowerse, Max (2004) Semantic Variation in Idiolect and Sociolect: Corpus Linguistic Evidence from Literary Texts. Computers and the Humanities 38: 207-221.

Manning, Christopher, and Hinrich Schütze (1999) Foundations of Statistical Natural Language Processing. MIT Press.

Manning, Christopher (2003) Probabilistic Syntax. In Rens Bod, Jennifer Hay, and Stefanie Jannedy (ed.), Probabilistic Linguistics, 289-341. MIT Press.

McEnery, Tony, and Andrew Wilson (1996) Corpus Linguistics. Edinburgh University Press.

Pagano. Robert (2001) Understanding Statistics in the Behavorial Sciences. Wadsworth/Thompson Learning.

Pitt, Mark, and Lisa Shoaf (2002) Revisiting biad effects in word-initial phonological priming. Journal of Experimental Psychology: Human Perception and Performance 28: 1120-1130.

Rietveld, Toni, and Roeland van Hout (1993) Statistical Techniques for the Study of Language and Language Behaviour. Mouton de Gruyter.

Ross, Sheldon (2005) Introductory Statistics. Elsevier Academic Press.

Shannon, Claude (1951) Prediction and entropy of printed English. Bell System Technical Journal 30: 50-64.

Smadja, Frank (1993) Retrieving collocations from text: Xtract. Computational Linguistics 19: 143-177.

Tottie, Gunnel (1991) Negation in English Speech and Writing. Academic Press.

Woods, Anthony, Paul Fletcher, and Arthur Hughes (1986) Statistics in Language Studies. Cambridge University Press.

Xu, Xin (1996) Building and aligning English-Chinese parallel corpus. MA dissertation, Department of Linguistics, University Lancaster.

〈한국어 참고문헌〉

강범모 (1999) 한국어의 텍스트 장르와 언어 특성. 고려대학교 출판부.

강범모 (2003) 언어, 컴퓨터, 코퍼스 언어학. 고려대학교 출판부.

강현화 (2005) 중-고급 학습자를 위한 감정 기초형용사의 유의관계 변별 기제 연구. 의미학 17: 43-64.

김광해(2003) 등급별 국어교육용 어휘. 서울 : 박이정.

김동성 · 최재웅 (2006a) 저빈도어를 고려한 개념학습 기반 의미 중의성 해소. 언어와 정보10 : 21-46.

김동성 · 최재웅 (2006b) 직관 실험 및 코퍼스를 바탕으로 한 의미 중의성 해소 계산 모형 연구. 인지과학 17: 303-321.

김동성 · 전종섭 · 채희락 (2007) 언어 자료 처리를 위한 Perl. 외대출판부.

김동성 (2007) 상대적 엔트로피를 통한 어의 구분 필요 동음이의어 추출. 언어와 언어학 40: 1-19.

김동성 (2009) 언어 치료를 위한 어휘들의 의미 공간 모델. 강원대학교 인문과학연구소. 인문치료의 모색, 143-157. 강원대 출판부.

김정남 (2005) 국어 형용사의 연구. 역락.

김지승 · 이준호 · 이상호 (2001) 세 가지 정보 검색 모델의 성능 평가 및 분석. 정보과학회논문지: 데이터베이스 28: 266-278.

김홍규 (1990) 사회통계분석 SPSS/PC+. 나남.

남승호 (2007) 한국어 술어의 사건 구조와 논항 구조. 서울대학교 출판부.

박상규 (2002) 엑셀을 활용한 통계의 이해. 중앙대학교 출판부.

샤를르 뮐레 (2000) 통계언어학. 배희숙 역. 태학사.

서상규 (2000) 한국어 교육 기초 어휘 의미 빈도 사전의 개발. 2000년도 한국어 세계화 추진을 위한 기반 구축 사업 보고서. 문화관광부.

신지영 · 차재은 (2005) 우리말 소리의 체계: 국어 음운론 연구의 기초를 위하여. 한국문화사.

신효필 (2005) 언어 자료의 통계 분석과 관련된 몇 가지 고려사항들. 어학연구 41: 655-682.

신효필 (2007) 연어의 통계적 접근을 통한 로그 우도비 중심의 연어 검증. 언어학 47:

107-138.

유현경 (1998) 국어 형용사 연구. 한국문화사.

유현경 (2000) 국어 형용사의 유형에 대한 연구. 국어학 36.

이해윤 · 김동성 · 김유진 (2008) Collostructional analysis: locative alternation in Korean. 한국언어정보학회 학술대회.

임지룡(1991) 국어의 기초어휘에 대한 연구, 국어교육연구 23.

장병탁 외 (2001) 지능형 인터넷 정보 서비스를 위한 대규모 텍스트 분류 및 검색 기술에 관한 연구. 정보통신부 정보통신연구진흥원.

정재범 · 임희석 · 남기춘 (1997) 한국어 코퍼스에서 나타나는 빈도효과 비교. 대한음성학회 25주년 기념 학술대회.

정한진 · 이옥본 · 서경희 (2007) 성인용 동사 이름 대기 평가 어휘 목록, 언어치료연구 16: 161-172.

타카하시 신 (2006) 만화로 쉽게 배우는 통계학. 김선민 역. 성안당.

최재웅 · 김동성 · 전지은 (2006) 통계적 검증을 이용한 어휘분류 목록 비교. 언어와 언어학 38: 185-211.

〈사이트〉

http://en.wikipedia.org/wiki/Variance#Population_variance_and_sample_variance

http://www.bordalierinstitute.com/images/languageNetwork.jpg

http://www.cs.cornell.edu/people/pabo/movie-review-data/

http://www.r-project.org/index.html

http://searchengineland.com/the-long-tail-of-search-12198

http://www.sejong.or.kr

찾아보기

찾아보기

언어 자료 분석을 위한 통계학

초판 인쇄　2010년 2월 20일
초판 발행　2010년 2월 28일

지은이 ▪ 김 동 성
펴낸이 ▪ 박　　철
펴낸곳 ▪ 한국외국어대학교 출판부
130-791 서울특별시 동대문구 이문동 270
전화: 02)2173-2495, 2496
FAX: 02)2173-3363
홈페이지: http://press.hufs.ac.kr
전자우편: press@hufs.ac.kr
출판등록 ▪ 제6-6호(1969. 4. 30)
편집 · 디자인 ▪ (주)이환디앤비 02)2254-4301
인쇄 · 제본 ▪ 동화인쇄공사 (02)719-7181

ISBN 978-89-7464-591-5　93700　　정가 15,000원

* 잘못된 책은 교환하여 드립니다.